Lucie HOARAU
Catherine MAZODIER
Claude RIVIERE

Université de Paris VII
Institut d'études anglophones Charles V

EXERCICES COMMENTÉS DE GRAMMAIRE ANGLAISE

Volume 2

DEUG,
Classes préparatoires,
Recyclage individuel

OPHRYS

ISBN 2-7080-0875-7
© Ophrys, 1998

OPHRYS, 6, avenue Jean Jaurès, 05003 GAP CEDEX
OPHRYS, 10, rue de Nesle, 75006 PARIS

MODE D'EMPLOI

Ce volume 2 des *Exercices commentés* peut soit être utilisé **indépendamment** soit servir de **source complémentaire et d'approfondissement** (avec révision).

Les points traités sont (bien sûr) les mêmes, avec quelques **nouveautés** :
— les questions indirectes
— les exclamations
— la place des adverbes
— les schémas résultatifs
— les propositions relatives

Ceci permettra de varier les exercices, d'en aborder de plus difficiles, de traiter de nouveaux domaines.

Chaque **chapitre** de ce livre comprend :
— un **test d'entrée**
— des **exercices**
— un **test de sortie**
— les **corrigés** des exercices (placés dans la deuxième partie du livre).
— avec les corrigés, des **commentaires** qui expliquent la solution qu'il fallait choisir
— des **aide-mémoire** pour fixer les idées sur les points essentiels.

Les **chapitres** portent sur 7 points essentiels de la grammaire de l'anglais. Ils ne sont pas ordonnés entre eux. Etudiez les points qui vous préoccupent dans l'ordre de votre choix.

Les **tests** portent sur les problèmes où vous risquez le plus de faire des fautes. Comparez votre score entre l'entrée et la sortie. Si vous n'avez pas assez progressé, n'hésitez pas à recommencer les exercices, et relisez bien les explications.

Les **exercices** sont de genres variés : Q.C.M., exercices à trous, reformulation, fabrication de phrases à partir d'éléments donnés, sans oublier la comparaison avec le français, dont il est difficile de se passer : thème à choix multiples, thème grammatical.

Certains exercices sont divisés en deux :
— acquisition, pour vous permettre de comprendre à l'aide des corrigés et commentaires.
— vérification, pour que vous puissiez appliquer ce que vous avez appris et le renforcer.

Les **corrigés** et les **commentaires** (placés dans la deuxième partie du livre) donnent une ou plusieurs solutions, en expliquant pourquoi ce sont elles qui sont bonnes. Vous avez alors une leçon de grammaire adaptée à un point très précis. Quand le même problème revient, le commentaire répète en partie la leçon, ou bien y renvoie. Les exercices qui suivent supposent que vous avez retenu la leçon, ils vous y renvoient.

Les **aide-mémoire** donnent l'essentiel sous une forme brève. Apprenez-les par cœur. ATTENTION : les aide-mémoire ne servent à rien à eux seuls, il faut d'abord avoir compris et appris les explications. Comme leur nom l'indique, les aide-mémoire permettent alors de fixer ce dont on ne peut pas se passer et d'évoquer l'ensemble des commentaires grammaticaux.

Si vous avez besoin d'aide pour un point de grammaire, vous pouvez consulter :

Larreya et Rivière : *Grammaire explicative*, Longman

Berland-Delépine : *Grammaire anglaise de l'étudiant*, Ophrys

Pour vérifier les constructions des verbes, le caractère dénombrable ou non-dénombrable des noms, la prononciation, etc., il existe deux dictionnaires en anglais à orientation grammaticale, qui sont destinés aux étrangers :

Longman Dictionary of Contemporary English
Oxford Advanced Learner's Dictionary of Current English

SOMMAIRE

TABLE DES AIDE-MÉMOIRE

0 à reprendre.

CHAPITRE 1. FORME DE LA PHRASE ÉLÉMENTAIRE : AUXILIAIRES, QUESTIONS, EXCLAMATIONS, PLACE DES ADVERBES

hardly ever

TEST D'ENTRÉE

Traduisez :

0 1. Qu'est-ce qui s'est passé ?
 2. D'où vient cette bague ?
 3. Cela fait combien de temps que tu joues du piano ?
 4. Comment ton chien s'appelle-t-il ?
 5. Cette tour, elle mesure combien ?
 6. Elle m'a demandé pourquoi il n'était pas venu.
0 7. Qu'est-ce qu'elle est jolie ta montre !
0 8. Je me trompe rarement, pas toi ?
 9. C'est quoi déjà ton numéro de téléphone ?
10. Il n'a pas encore lu le testament.

Le corrigé du test se trouve au début des corrigés de ce chapitre.

Score :

10 Parfait, mais faites quand même les exercices. Sait-on jamais ?
7-9 Des points à vérifier et à renforcer.
5-6 Attention, révisez un peu avant de faire les exercices.
5 ou moins Repérez vos points faibles, entraînez-vous beaucoup.

1.1 QUESTIONS

1.1.1 Posez la question qui correspond à l'élément souligné dans la réponse donnée

1. I have a bath every morning.
2. There were 5000 people at the meeting.
3. It has been raining for three days.
4. I have £400 on my bank account.
5. She is a very nice girl, with blond hair, and always smiling.
6. It takes hours to get there.
7. She likes the red shirt better.
8. These papers are my mother's.
9. My husband is a writer.
10. Vince looked after his little sister.
11. I opened this box with a hammer.
12. My delay made him angry.
13. The music was very bad.
14. Jane told me Stephen would spend some time in Paris this year.

1.1.2 Traduisez   *Aux + sujet + verbe*

1. Qui a mis du sel dans le sucrier ?
2. Comment s'appelle cet animal ?
3. Combien coûte un magnétoscope ?
4. A qui ont-ils volé cet argent ?
5. Elle est comment, leur maison ?
6. Les gens qui ont de très grands pieds, ils arrivent à trouver des chaussures ?
7. Elle est grande comment, leur chambre ?
8. Si on allait au cinéma ?
9. (suite) Oui, mais et le bébé ?
10. Il est déjà parti ?

1.1.3 Traduisez

1. Comment se fait-il qu'il ne soit pas là ?
2. Comment c'était la vie sur ton île ?
3. Comment elle est ta sœur ? Sympa, branchée, jolie… ?
4. Comment ça marche ce truc-là ?
5. En quoi c'est fait ? Bois, plastique ?
6. En quoi cela changerait-il quelque chose ?
7. En quoi est-il plus gentil que Luc ?
8. En quoi il assure ? Maths, Français… ?

1.1.4 Traduisez en français ces questions d'un anglais très quotidien

1. How is it going ?
2. Have you done complaining ?

have done + ger = celle de faire qlq c.

3. Whose go is it?
4. Will this do you?
5. What do you think she makes?
6. What do you make of her?   make → think.
7. How much does that make?
8. How're you doing?
9. What's up?
10. What's the matter with you?

1.1.5 Traduisez

1. C'est toi qui a payé le repas? – Non, c'est Brian.
2. Quel temps avez-vous eu depuis la semaine dernière?
3. Il y a combien de temps que vous savez la vérité?
4. A qui appartient la voiture qui est garée devant la porte?
5. Qui a mangé les gâteaux de cette petite fille?
6. – Savez-vous où est son bureau?
   – Non, mais je vais demander à la réceptionniste.
7. Combien gagnez-vous?
8. A qui est cette veste?
9. Depuis quand est-ce qu'elle est en vacances?
10. Je vais acheter quelques bouteilles de vin pour la soirée de demain. – Combien?
11. Ça fait combien de temps qu'il est venu pour la dernière fois?
12. Il est comment, le stylo que tu as perdu?
13. Je voudrais des épinards. – Combien?
14. Tu as passé combien de temps en Angleterre l'année dernière?
15. Qu'est-ce que tu écoutes?
16. Qui est-ce qui s'est servi de ma brosse à dents hier?
17. De quoi avez-vous parlé?
18. Qu'est-ce que tu veux que je fasse?
19. C'est la mère de qui qui t'a ramené de l'école?
20. La maison de Janet, c'est laquelle?

1.1.6 Ajoutez le question tag qui convient

1. Let's go shopping, …?
2. I am supposed to be a spy , …?
3. Stop giving me advice, …?
4. Pass me the salt, …?
5. Anyone can apply for the job, …?
6. There were two sailors in the room, …?
7. You had lunch with him, …?
8. Nobody has agreed on that question, …?
9. They had to buy a new car, …?
10. Ian seldom went to the pictures, …?
11. Harvey used to be a teacher, …?
12. Your father can't have seen us, …?
13. She has plenty of money, …?
14. Celia has got a new dress, …?

15. Jane and I are your best students, … ?
16. Brenda is likely to become a dancer, … ?
17. Your brother wasn't working at that time, … ?
18. This is a new book, … ?
19. She hardly ever reads ghost-stories, … ?
20. He'd better come right now, … ?
21. Few of them agreed to work on Sunday, … ?
22. That should be easy, … ?
23. Everybody has a little money to spare, … ?
24. He'd rather not call her tonight, … ?

1.1.7 Interrogatives indirectes

A. Traduisez les questions suivantes, puis formez des interrogatives indirectes introduites par les éléments donnés entre parenthèses :

1. Combien coûtent ces meubles ? (I wonder)
2. Depuis combien de temps attendez-vous ? (I'd like to know)
3. De quelle école venez-vous ? (Could you tell me)
4. A quoi ressemblent vos bagages ? (Could you tell me)
5. Que signifie cette phrase ? (Have you any idea)
6. Quand est-ce qu'elle reviendra ? (I wonder)

B. Transformez les questions directes qui suivent en questions indirectes :

Pour cela, il faut commencer par une formule exprimant l'ignorance ou le doute, par exemple :

question directe :   *Did Bertie kiss Samantha ?*
question indirecte :   *Bob doesn't know if Bertie kissed Samantha.*
I wonder if Bertie kissed Samantha.

Cherchez à varier les formules introductrices.

1. Did Brenda go to the film festival ?
2. How many films did she see ?
3. Did she like the films ?
4. Which film did she like best ?
5. What kind of film is Brenda interested in ?
6. Who did Brenda meet at the festival ?
7. What films did she write about ?
8. How long did Brenda stay there ?
9. What hotel did she stay at ?
10. How much money does a film star make ?

1.1.8 Traduisez en faisant attention aux questions indirectes

1. Vous savez d'où vient ce bus ?
2. Je me demande ce que transporte cet énorme camion.
3. Personne ne sait de quel vélo se servira le champion.
4. J'aimerais bien savoir où est la station de taxis.

5. Ils ne lui ont pas dit dans quelle rue se trouvait la pharmacie.
6. Vous savez quand ce bus va partir ?
7. Je me demande où est passé mon porte-feuille.
8. Personne ne sait où est la rue que je cherche.
9. Tu sais ce qu'attendent tous ces gens ?
10. Personne ne sait à quoi sert ce truc.

1.2 EXCLAMATIONS

1.2.1 Formez une exclamation en **what** *ou* **how** *à partir de la phrase donnée*

Il peut y avoir plusieurs solutions.

1. He is very fat.
2. He cooks excellent spaghetti.
3. They live in a very small house.
4. They have a very powerful computer.
5. She drives very carefully.
6. He is incredibly stupid !
7. He must have been very angry.
8. It is a very good film !
9. He runs awfully fast !
10. This is a fabulous record.

1.2.2 Traduisez

Il peut y avoir plusieurs solutions.

1. Ce que cette pièce est sale !
2. Quel temps merveilleux ! Ce qu'il fait chaud !
3. Quel talent a cet artiste !
4. Il a un de ces culots !
5. Ce que c'est bête de ma part !
6. Quels meubles splendides !
7. Comme ce serait beau si tout le monde était d'accord !
8. Qu'est-ce qu'il a fait comme progrès !
9. Qu'est-ce qu'il est bête !
10. Ce qu'il devait être ennuyeux !

1.2.3 Traduisez

1. Qu'est-ce qu'il est bon, ce vin !
2. Ce qu'elle était belle dans sa robe de mariée !
3. Qu'est-ce qu'elle était en train de manger ?
4. Ce qu'il chante mal !
5. Ces chaussures qu'il s'est acheté !
6. C'est comment, un schnauzer ?

7. Le bel arbre !
8. Quelle nouvelle étonnante !
9. Tu as acheté combien de farine ?
10. Que ses cheveux sont sales !

1.3 PLACE DES ADVERBES

1.3.1 *Reconstruisez la phrase en plaçant le ou les adverbe(s) donnés.*

Plusieurs solutions sont parfois possibles.

1. Yesterday, they decided to go to the seaside. <suddenly>
2. Amanda thought it was too far. <probably> <maybe>
3. They left at ten. <probably> <certainly>
4. They liked the beach. <very much> <rather>
5. They didn't like the restaurant. <very much> <much>
6. They didn't want to spend too much. <probably> <maybe>
7. They don't have lunch at the restaurant. <often>
8. Do you drink wine ? <sometimes>
9. Bobby doesn't like spinach. <unfortunately> <certainly> <definitely>
10. We enjoyed the evening. <quite> <enormously>
11. I knew that he was a good guitar player. <already>
12. You'll get an answer. <soon> <tomorrow>
13. He lost his watch on the bus. <stupidly>
14. He asked if he could use the phone. <politely>
15. – Is she here ? <sometimes>
    – She is during the week. <often>
16. Do you ski ? – I do. <never>
17. Professor Silverbuck gave the library some very expensive books. <once>
18. Gary worked for the movies. <formerly>
19. Bobby met his grandmother at a rock concert. <once>
20. Could you lend me ten pounds ? – No, but Jo could. <certainly>

1.3.2 *Reconstruisez la phrase en plaçant le ou les adverbe(s) donnés.*

Plusieurs solutions sont parfois possibles. Vous devrez parfois opérer d'autres modifications.

A.
1. Samantha has the pen she was given when she went to college. <still>
2. The pen writes very well. <no longer>
3. Anyway, Samantha doesn't use a pen. <any longer>
4. Samantha hasn't found the courage to throw away such a memento. <yet>

B.
1. Do you like oysters ? <still>
2. Unfortunately, I can't eat them. <any longer>
3. The baby doesn't eat oysters. <yet>

C.
1. Bobby can't drive. <yet>
2. Bobby hasn't passed his driving licence. <yet>
3. Bobby has to go to work by bus. <still>
4. Bobby doesn't use his bicycle. <any longer>

D.
1. Susie can't afford a car. <any longer>
2. Susie hasn't bought a bicycle. <yet>
3. Susie is looking for a fairly cheap model. <still>
4. Susie thinks that walking is fun. <no longer>

1.3.3 Placez les adverbes STILL, ALREADY, YET, NO LONGER ou ANY LONGER dans les phrases.

N'ajoutez rien. Il peut arriver qu'il y ait plusieurs solutions.

1. John is the world champion, he's the best.
2. John is the world champion, Peter beat him at Roland Garros.
3. The students have to learn how to work on their own.
4. The students know how to work on their own.
5. I can't believe he has finished his work : he is usually so slow.
6. I might have bet he would not have finished : he is so slow.
7. He lives in that old house.
8. He doesn't live in that old house.
9. Do you want to be a dancer ?
10. You have to become a great dancer.

TEST DE SORTIE

Traduisez

1. Depuis combien de temps les vampires existent-ils ?
2. T'en as marre de quoi ?
3. A quoi ressemblent les chaussures que tu as perdues ?
4. Comment ça se fait qu'il y ait un virus dans cet ordinateur ?
5. C'est une si belle fin ! Je n'ai jamais autant pleuré !
6. Ron se demande ce que Ted a de plus que lui.
7. Tu ne peux pas imaginer à quel point ses remarques sont énervantes !
8. Je dois manifestement me saisir plus calmement des baguettes.
9. Mes enfants ne sont plus des petits, mais ils ne sont pas encore très raisonnables.
10. Ces jeunes enquêteurs auraient sûrement dû être formés plus soigneusement au maniement de la dynamite.

Le corrigé du test se trouve à la fin des corrigés de ce chapitre.

SCORE comparez avec le test d'entrée

10 Bravo, surtout pour les adverbes.
8-9 En très bonne voie.
6-7 Attention, il y a là des points élémentaires.
5 ou moins Dommage, à refaire.

CHAPITRE 2. LES CONSTRUCTIONS VERBALES

TEST D'ENTRÉE

Choisissez la bonne réponse :

1. I hope they won't ask (a) for too much money (b) too much money (c) of too much money
2. To buy a car, he borrowed (a) ten thousand dollars to the bank (b) the bank ten thousand dollars (c) ten thousand dollars from the bank
3. Nobody ever explained (a) to them the new system (b) them the new system (c) the new system to them
4. Do you think (a) you are better than me (b) to be better than me (c) being better than me
5. The dog doesn't mind (a) the cat eating its food (b) that the cat eats its food (c) the cat to eat its food
6. Her friends made (a) her to change her mind (b) her changing her mind (c) her change her mind
7. The government won't survive (a) to this crisis (b) this crisis (c) over this crisis
8. Will you please stop (a) talk (b) to talk (c) talking
9. I suggest that your friend (a) sees a lawyer (b) see a lawyer (c) saw a lawyer
10. The colonel made the men (a) walk 50 kilometres (b) walking 50 kilometres (c) to walk 50 kilometres

Le corrigé du test se trouve au début des corrigés de ce chapitre.

Score :

10   Parfait, mais vous découvrirez peut-être des choses en faisant les exercices.
7-9   Des points à vérifier et à renforcer.
5-6   Attention, c'est un sujet facile, mais il faut apprendre des listes.
5 ou moins   Allez lentement, et apprenez bien vos listes.

2.1 VERBES ET COMPLÉMENTS NOMINAUX

2.1.1 Insérez une préposition lorsque c'est nécessaire

Dans le doute, vérifiez la construction des verbes dans un dictionnaire unilingue (Longman ou Oxford Advanced Learner's). Remarquez que les phrases constituent une séquence narrative.

1. How can we account ..... the disappearance of Jane Bomb, our best agent?
2. A week ago, she attended ..... a lecture at the Royal Institute of Biology.
3. We've asked ..... several people who were there when they'd last seen her.
4. Of course, we trust ..... those people.
5. But can we rely ..... such eye-witnesses? Those scientists are so absent-minded.
6. Some of them didn't seem to be able to remember ..... their own address.
7. Others didn't want to answer ..... our questions. They thought we were spies.
8. We're desperately looking ..... a clue.
9. We don't even know what to look ......
10. Jane Bomb survived ..... some very dangerous situations. But could this be the end for her?

2.1.2 Insérez une préposition lorsque c'est nécessaire

Dans le doute, vérifiez la construction des verbes dans un dictionnaire unilingue (Longman ou Oxford Advanced Learner's). Les phrases forment une séquence qui est la suite de l'exercice précédent.

1. We are waiting ..... a phone call, or some sign that Jane is alive.
2. We're ready to pay ..... any information.
3. We keep expecting ..... a message from some foreign power.
4. We know that Jane never parted ..... her nail-size transmitter.
5. She can resist ..... almost any kind of attack with her bare hands.
6. She can live ..... a few drops of water for several days.
7. We're sure she can look ..... herself.
8. If kidnappers ask ..... money, we're almost ready to give it.
9. And yet, it's the rule never to obey ..... kidnappers' instructions.
10. In principle, we strongly oppose ..... the payment of ransoms.
11. We'll wait ..... the end of the week before we launch the Super Purple Plan.
12. Then we'll hope ..... the best.

2.1.3 Traduisez. Vérifiez la construction des verbes anglais dans un dictionnaire unilingue.

Les verbes à employer : *answer, attend, blame, divorce, hope, marry, operate, oppose, remember, resign.*

1. Il s'est opposé à tous les projets, et on n'y peut rien.
2. Il avait seulement la rougeole, mais le chirurgien l'a opéré.
3. Il a divorcé de sa deuxième femme, puis il s'est remarié avec la première.
4. Il a démissionné de son poste, ensuite il est parti de chez lui.

5. Je ne me souviens même pas de la première fois qu'on s'est rencontré.
6. Ne lui reprochez pas cette erreur.
7. Nous n'avons plus rien à espérer.
8. Il a assisté à la réunion mais n'a pas répondu aux questions qu'on lui a posées.

2.1.4 Insérez une préposition partout où c'est nécessaire

Attention, double problème puisque ces verbes ont deux compléments. Dans le doute, vérifiez la construction des verbes dans un dictionnaire unilingue (Longman ou Oxford Advanced Learner's).

1. Mr Lewis, can you spare ..... me ..... a few minutes ?
2. Do you think the company could supply ..... me ..... a mobile phone ?
3. Yesterday, I had to borrow ..... a phone ..... a friend of mine.
4. Ah, Smallwood, that reminds ..... me ..... the conference in the boss's office last week.
5. The boss first said ..... a few words ..... each area manager.
6. He congratulated ..... several of them ..... their excellent results.
7. But he blamed ..... the increase in expenses ..... the excessive use of mobile phones.
8. He said he would send ..... a note ..... all the sales representatives.
9. He blamed ..... several people ..... their reckless use of telephones.
10. He added that the area managers would have to explain ..... the principle ..... them.
11. The area managers then asked ..... the boss ..... several questions.
12. He only said that nobody was to ask ..... the area managers ..... new mobile phones.
13. That's all, Smallwood. You can always steal ..... one ..... one of your colleagues.
14. Oh, Mr Lewis ! I would never rob ..... a colleague ..... one of his prized possessions.

2.1.5 Mettez les compléments en ordre, en fournissant les prépositions nécessaires

1. The Prime Minister has announced <the MP's ; the new measures>
2. Yesterday, the Prime Minister told <the press ; the new measures>
3. The Prime Minister addressed <the leaders of industry ; his remarks>
4. I'll buy <you ; a drink>, and then we can talk.
5. Why don't you help <your children ; a little more apple-pie>
6. What a shame ! He's given <himself ; the best share>
7. The new directors have issued <the press ; a statement>
8. The directors blame < the former manager ; the company's losses>
9. The police are about to charge <the former manager ; embezzlement>
10. First, it would be necessary to explain <the ministers ; what people want>
11. Should a new government always promise <the electors ; a change for the best>
12. The electors should keep reminding <the government ; their needs>
13. We should buy <the dog ; a new collar>
14. Did the dog really ask <you ; a new collar>
15. Your employer will issue <you ; all the necessary equipment>
16. In some places the employees have to pay <the employer ; the equipment>, or, in other words, they buy <the employer ; the equipment>

2.1.6 *Insérez de manière adéquate les verbes (avec ou sans préposition) entre parenthèses dans les énoncés ci-dessous*

1. Look, I've already .... the bill. Do you really want me to .... the meal twice? (PAY x 2).
2. The policeman .... Sneaky Jim a question. Sneaky Jim ignored him. The policeman then .... an explanation for his silence. (ASK x 2)
3. I hope you haven't been .... me too long. I .... a very interesting lecture on Egyptian History, and I couldn't possibly leave before the end. (ATTEND / WAIT)
4. Ginie enjoys .... the piano very much and she hates it when her little toddler-brother .... her piano, knocking hard on the keyboard. (PLAY x 2)
5. The boss .... John that Suzy had .... him about their fiddling with the petty cash. The boss wanted an explanation but John refused to .... him. (SAY / TELL / ANSWER) [*fiddle with the petty cash :* traficoter la caisse des dépenses courantes]

2.1.7 *Traduisez. Vérifiez la construction des verbes anglais dans un dictionnaire unilingue*

1. Tu connais Ken, comment est-ce que je peux lui expliquer la situation?
2. Je ne voudrais pas lui emprunter encore de l'argent. Je lui dois déjà 50 livres.
3. Ken ne m'a jamais refusé un prêt. Il est charmant, il me confie sa voiture quand j'en ai besoin.
4. Une fois, j'ai volé 20 livres à ma mère pour pouvoir rembourser Ken.
5. Je ne peux pas lui reprocher ce qui s'est passé.
6. Douglas a montré à Larry une photo de sa petite amie et il lui a décrit sa maison.
7. Douglas a envoyé une lettre à ses parents. Il veut leur présenter sa petite amie.
8. Douglas a annoncé son prochain mariage à tout le monde, et il a emprunté un costume à Jerry.
9. Ses collègues ont félicité Douglas de son mariage, et ils veulent lui offrir un service en Wedgwood.
10. Un escroc a vendu un collier miraculeux à Maggie, et il lui a volé toutes ses économies.
11. Toutes ses amies ont reproché sa naïveté à Maggie, mais elles lui ont quand même fourni de l'argent pour finir le mois.
12. Tu connais la nouvelle? Le voisin a été arrêté, il est accusé d'avoir volé les économies de Maggie.

2.2 VERBES SUIVIS D'UNE PROPOSITION SUBORDONNÉE

2.2.1 *Pour chaque verbe, contruisez une phrase correcte avec les éléments fournis entre crochets*

Vous apporterez les modifications nécessaires. Il peut y avoir plusieurs solutions.

1. A strong wind
caused
made
forced
helped   <the boat, reach the harbour>

2. The management
ordered
allowed
let
asked   <the employees, work on Saturdays>

3. The Queen Mother
wanted
thought
expected
would like   <the Prince of Wales, marry the girl he loved>

4. The journalists
saw
told
got
said   <the film star, drink a whole bottle of whisky>

5. The investigating team
warned
insisted
reminded
preferred   <the main witness, not to leave town>

6. The neighbours
heard
reported
said
forbade   <the new tenants, dance all night.>

2.2.2 Traduisez

Verbes à employer : *allow, ask, expect, forbid, hear, help, make, let, order, want, like.*

1. Certaines personnes veulent interdire aux jeunes de faire de la musique. Bien sûr, quand vous avez entendu un groupe répéter jusqu'à trois heures du matin...
2. Les jeunes aimeraient que les gens soient plus compréhensifs, mais il faut aussi qu'ils permettent à tout le monde de dormir.
3. On s'attendrait à ce que les personnes les plus âgées soient plus sévères, mais comme souvent elles sont sourdes, elles laissent les musiciens faire ce qu'ils veulent.
4. Si le bruit est trop fort, demandez gentiment aux musiciens de baisser le volume, ne leur ordonnez pas d'arrêter.
5. La musique aide beaucoup de jeunes à s'exprimer et, en même temps, elle leur fait comprendre qu'on ne peut pas faire n'importe quoi avec des instruments.

2.2.3 Dans les phrases qui suivent, associez chacun des verbes de la colonne de gauche avec un des termes de la colonne de droite

Vérifiez la construction des verbes dans le dictionnaire avant de prendre une décision. Il peut y avoir plusieurs possibilités.

1. *The Prime Minister*

A. said   a. being
B. thought   b. to be
C. wanted   c. that his government was
D. enjoyed   d. his government to be
           the most popular for many years.

2. *The actors*

A. heard   a. the audience laugh
B. noticed   b. the audience to laugh
C. hated   c. the audience laughed
D. made   d. the audience laughing
           when they forgot their lines.

3. *Mathilda*

A. quit   a. wear mini-skirts
B. started   b. to wear mini-skirts
C. forbade   c. wearing mini-skirts
D. let   d. her daughter to wear mini-skirts
             e. her daughter wear mini-skirts
           after reading an American fashion magazine.

4. *Car manufacturers*

A. proved   a. to have ignored the danger
B. were believed   b. that their new models would be a success
C. expected   c. their new models to be a success
D. seemed   d. to be moderately optimistic

5. *One of the students*

A. told   a. that he hadn't done the homework
B. said   b. when she could hand in her essay
C. asked   c. to skip the test
D. answered   d. the instructor to skip the test
             e. the instructor if she could skip the test

2.2.4 Traduisez

Verbes à employer, parmi d'autres : *answer, ask, believe, enjoy, expect, forbid, let, prove, say, see, seem, start, stop, think, want.*

1. La soirée semble avoir été un succès, personne ne voulait qu'elle se termine.
2. Les invités ont apprécié de fabriquer leurs sandwiches eux-mêmes, et certains ont demandé aux serveurs à se verser eux-mêmes leur whisky. Mais il y a des limites.
3. Les serveurs leur ont répondu poliment que le traiteur les payait pour faire quelque chose.

4. Certains invités plus paresseux ont demandé aux serveurs de leur préparer d'énormes mélanges.
5. Les gens d'un certain âge s'attendent à être servis, mais les plus jeunes disent s'amuser d'avantage quand ils font tout eux-mêmes.
6. Le principe s'est révélé efficace et amusant et des gens que l'on croyait un peu coincés demandaient encore de la musique vers deux heures du matin.
7. Les hôtes n'ont pas interdit au disc-jockey de passer des morceaux un peu violents, ils l'ont laissé choisir ce qu'il voulait.
8. Les plus de quarante ans qui croyaient avoir encore vingt ans ont commencé à danser avec vigueur.
9. Certains s'attendaient à ce que la soirée se termine tôt et ils se sont arrêtés de danser assez vite.
10. Vous auriez dû voir danser le maire et sa femme : ils ont demandé au disc-jockey de monter le son et de jouer tous les succès des années cinquante.

2.2.5 Dans les phrases qui suivent, associez chacun des verbes de la colonne de gauche avec un des termes de la colonne de droite

Vérifiez la construction des verbes dans le dictionnaire avant de prendre une décision. Assurez-vous aussi du sens de certains verbes, très courants mais que vous ne connaissez peut-être pas.

1. *The school*
A. happened   a. to be very old
B. claimed   b. that it was very old
C. was said   c. being very old

2. *The teachers*
A. believed   a. to be the best
B. expected   b. that they were the best
C. turned out   c. being the best
D. were rumoured d. the pupils to be the best

3. *The PT instructor* (si vous ne comprenez pas, cherchez *PT* dans le dictionnaire)
A. imagined   a. to have been a champion
B. chanced   b. that he had been a champion
C. remembered   c. being a champion
D. proved

4. *The cricket coach*
A. said   a. to have been on the England Eleven
B. claimed   b. having been on the England Eleven
C. seemed   c. that he had been on the England Eleven

5. *Once, the headmaster*
A. thought   a. to have lost the key of the chapel
B. seemed   b. he had lost the key of the chapel
C. remembered   c. losing the key of the chapel
                  d. having lost the key of the chapel

2.2.6 Traduisez

1. Le ministre de l'Agriculture, qui se trouvait être à la télévision hier soir, a avoué être surpris des réactions des consommateurs.
2. Le ministre a rappelé aux téléspectateurs qu'il avait interdit aux importateurs de dépasser les quotas.
3. Le gouvernement a ordonné aux douaniers de saisir tout chargement suspect.
4. Les syndicats d'agriculteurs ont demandé à leurs membres de surveiller les frontières, pensant ainsi démasquer les trafiquants.
5. Les services des douanes ont rapporté au ministre que les contrevenants étaient de plus en plus rares.
6. Le journaliste a dit ne pas voir comment expliquer aux consommateurs que les agriculteurs seraient payés pour cultiver moins de terres.
7. Le ministre a fait remarquer au journaliste qu'il avait conseillé aux autres pays de prendre des mesures similaires.
8. Le journaliste s'est plaint au ministre que la campagne d'information ait été insuffisante, mais celui-ci lui a rappelé que des sommes considérables avaient déjà été dépensées.

2.2.7 Dans les phrases qui suivent, associez chacun des verbes de la colonne de gauche avec un des termes de la colonne de droite

1. *The police*
A. insisted   a. that all parked cars be removed.
B. ordered   b. that all parked cars should be removed.
C. stated   c. that all parked cars would be removed.

2. *The pupils*
A. suggest   a. that the cook prepare better meals.
B. wish   b. that the cook might prepare better meals.
C. ask   c. that the cook prepared better meals.

3. *Most of the voters*
A. hope   a. that the mayor not stand for re-election.
B. wish   b. that the mayor won't stand for re-election.
C. request   c. that the mayor wouldn't stand for re-election.

4. *The car's manual*
A. recommends   a. that the heating not be used in warm weather.
B. tells   b. that the heating should not be used in warm weather.
C. implies   c. that the heating can't be used in warm weather.

5. *The parliamentary committee*
A. urges   a. that the ministers make their intentions clearer.
B. says   b. that the ministers should make their intentions clearer.
C. remarks   c. that the ministers could make their intentions clearer.

2.2.8 Traduisez : le subjonctif anglais

Employez le « vrai » subjonctif quand c'est possible, mais vous pouvez suggérer d'autres solutions en parallèle.

1. Les partis de l'opposition déclarent avec insistance qu'ils sont prêts à gouverner.

2. Le chef de l'opposition aurait bien voulu que le premier ministre demande des élections anticipées.
3. Les grands journaux incitent vivement le gouvernement à préciser ses intentions.
4. Les électeurs préféreraient sans doute que l'opposition ait une politique de rechange.
5. En privé, le premier ministre regrette de ne pas être pêcheur à la ligne.
6. Beaucoup de gens espèrent que la situation se calmera bientôt.
7. La loi contraint le gouvernement à tenir des élections tous les quatre ans.
8. Les journaux d'opposition demandent avec insistance que les plus défavorisés soient pris en considération.
9. Les commentateurs s'attendent à ce que le premier ministre fasse une déclaration à la télévision.
10. Dans son éditorial d'hier, un journal très sérieux a recommandé qu'une rencontre ait lieu entre les chefs de tous les partis.

2.2.9 Dans les phrases qui suivent, associez chacun des verbes de la colonne de gauche avec un des termes de la colonne de droite

1.
A. Would you mind   a. to buy some bread on the way back
B. Have you forgotten   b. buying some bread on the way back
C. Don't forget   c. that I bought some bread on the way back

2. *Alice*
A. remembers   a. spending blissful days in the sun.
B. would love   b. having spent blissful days in the sun.
C. doesn't regret   c. to spend blissful days in the sun.

3.
A. You should avoid   a. eating meat at every meal.
B. They can't afford   b. to eat meat at every meal.
C. Some people would love c. eat meat at every meal.
D. Don't make your family

4.
A. Mary likes   a. the children to arrive on time.
B. The weather prevented   b. the children arriving on time.
C. The new mistress made   c. the children arrive on time.

5. *The runners*
A. failed   a. to break the record
B. succeeded   b. in breaking the record
C. tried   c. break the record

fail to
try to

2.2.10 Dans les phrases qui suivent, associez chacun des verbes de la colonne de gauche avec un des termes de la colonne de droite

1. *My doctor*
A. suggests   a. eating more fruit.
B. proposes   b. you to eat more fruit.
C. advises   c. to eat more fruit.

2. *Hilary*
A. can't stand
B. stopped
C. doesn't want
D. can't help

a. the children being so rude.
b. the children to be so rude.
c. the children's being so rude.

3. *The city council*
A. planned
B. considered
C. agreed

a. to build a new covered market.
b. building a new covered market.
c. on building a new covered market.

4. *The guards*
A. stopped
B. prevented
C. helped

a. the children from climbing over the fence.
b. the children climbing over the fence.
c. the children climb over the fence.
d. the children to climb over the fence.

5. *The children*
A. looked forward
B. objected
C. insisted

a. to spend a day at the fairground.
b. on spending a day at the fairground.
c. to spending a day at the fairground.
d. to their cousin's spending the weekend with them.

6. *The old landlady*
A. allowed
B. couldn't stand
C. disliked

a. to smoke in the lounge.
b. smoking in the lounge.
c. the lodgers to smoke in the lounge.
d. the lodgers smoking in the lounge.

7. *The police chief*
A. barred
B. blamed
C. forbade

a. several journalists to attend the press conference.
b. several journalists from attending the press conference.
c. several journalists for attending the press conference.

8. *Max*
A. explained
B. remembered
C. told
D. reminded

a. Roger to turn off the gas.
b. turning off the gas.
c. to Roger how to turn off the gas.
d. to turn off the gas.
e. Roger turning off the gas.

2.2.11 *Traduisez*

N'employez jamais une proposition subordonnée en *that* (= à verbe conjugué).

1. La direction envisage de changer tous les ordinateurs. La société a-t-elle vraiment les moyens de dépenser autant d'argent ?
2. Il y a longtemps que tout le monde a arrêté de se servir des machines à écrire.
3. C'est comme si personne ne se rappelait s'être servi de ces antiques machines.
4. Personne n'était habitué à se servir du nouvel ordinateur, mais Michael a accepté d'essayer.
5. Changer de matériel implique de former le personnel à de nouvelles méthodes.

6. Même le patron avait l'intention d'apprendre, mais après quelques tentatives, il a renoncé à essayer.
7. Ce n'est pas très grave d'oublier d'éteindre, mais quand même, pensez à vérifier tous les voyants avant de quitter la pièce.
8. Les écrans ont besoin d'être nettoyés de temps en temps, et le constructeur conseille de passer l'aspirateur sur les claviers.
9. La difficulté, c'est que le patron veut [utiliser *intend*] que tout le monde continue à travailler normalement pendant le changement.
10. Les techniciens ont conseillé à la direction de faire en sorte que les employés jouent avec les ordinateurs. De cette façon, ils s'habitueront facilement à manier les machines.

2.2.12   Traduisez : *Spécial* proposer

1. La commission *a proposé* quelques noms au président.
2. Le président n'est pas satisfait. La commission lui *a proposé* quelques noms indésirables.
3. La mairie *a proposé* du travail à mon voisin.
4. Mon voisin est très content. La mairie lui *a proposé* du travail.
5. La commission *a proposé* de nommer plus de femmes.
6. La commission *a proposé* au président de nommer plus de femmes.
7. Les enfants *ont proposé* de tondre la pelouse gratuitement.
8. Les enfants *ont proposé* à nos voisins de tondre leur pelouse gratuitement.

2.2.13   Complétez les phrases avec les élément fournis

1. He succeeded (solve / the problem) but failed (understand / the implications). Still, it was worth (make / the effort).
2. Brenda insisted (I / go there), but Brandon insisted (go there himself).
3. I prefer (drive) to (be driven), but I'd rather (walk) any day of the week.
4. I consider (Charles / my only friend), and I'm not looking forward to (meet / anyone else).
5. Do you mind (Roberta / play / the accordion) while I bang on the tambourine ?

2.2.14   Traduisez

A. STOP et GO ON

Il *s'est arrêté* pour regarder par la fenêtre, puis il *s'est mis* à parler de son enfance. Il *a continué* à parler pendant une bonne demi-heure. Il *s'est* enfin *arrêté* de parler pour se moucher.

B. REMEMBER et REMIND

Il faut que je *pense* à répondre à Marcel. Il m'a demandé de lui *rappeler* l'anniversaire de mariage de Josette, et c'est aujourd'hui. Je ne me *souviens* pas d'avoir été invitée à son mariage, mais c'était il y a si longtemps ! Maintenant elle me *fait penser* de plus en plus à sa mère.

2.2.15 Dans les phrases qui suivent, associez chacun des verbes de la colonne de gauche avec un des termes de la colonne de droite

1.

A. Helen helped	a. on Steven cleaning his bedroom
B. Helen made	b. Steven to clean his bedroom
C. Helen saw	c. Steven clean his bedroom
D. Helen insisted	d. Steven cleaning his bedroom

2.

A. Pablo tried	a. painting Helen's car pink
B. Pablo dared	b. to paint Helen's car pink
C. Pablo envisaged	c. paint Helen's car pink
D. Pablo intended	d. have painted Helen's car pink

3.

A. Suzy promised	a. me for a blue dress
B. Suzy lent	b. me a blue dress
C. Suzy asked	c. a blue dress to me
D. Suzy chose	d. a blue dress for me

4.

A. Juliet refused	a. a kiss for Romeo
B. Juliet saved	b. Romeo a kiss
C. Juliet stole	c. a kiss to Romeo
D. Juliet owed	d. a kiss from Romeo

2.3   LES CONSTRUCTIONS CAUSATIVES

2.3.1   Les verbes causatifs make, have et get

Cet exercice porte sur les verbes causatifs *make*, *have* et *get*. Faites d'abord la partie (A) et lisez attentivement le corrigé de (A) avant d'aborder la partie (B).

Formez une phrase correcte en réunissant les éléments fournis à l'aide d'un verbe indiquant la cause (*make*, *have* ou *get*). Faites toutes modifications qui peuvent être nécessaires. Finalement, traduisez ce que vous aurez obtenu en français.

(A)
1. Priscilla — Kenneth was furious.
2. Spring — the flowers bloom.
3. Kenneth — somebody delivered orchids to Priscilla.
4. Kenneth — orchids were delivered to Priscilla.
5. The headmaster — the pupils sing the national anthem every morning.
6. Priscilla — Kenneth drove her to the airport.

(B)
1. The jockeys — the horses walked backwards and forwards, and then trot.
2. The television serial — Joyce thought of a name for their future child.
3. That famous novelist — somebody always typed his manuscripts before he revised them.
4. The manager of the hotel — all the floors have been polished.
5. That new hair style — Jimmy looks like his brother Irving.
6. Did that joke — you laughed?
7. Mick — his wife boils his eggs exactly two minutes and a half.
8. Our neighbours — some workmen have installed double-glazing in their house.
9. The noise of the bulldozers — everybody has closed their windows.
10. The manager — somebody checked the accounts.
11. Drinking that wine — your grandmother is sleepy.
12. Mick — his eggs are boiled exactly two minutes and a half.

2.3.2 *Traduisez*

1. Je vais faire livrer une pizza pour le dîner, ça fera très plaisir aux enfants.
2. Quand nous avons des invités, nous faisons souvent préparer une pizza par la voisine, elle est italienne.
3. Si tu ne travailles pas davantage à l'école, je te ferai nettoyer les vitres ou livrer des pizzas pendant les vacances.
4. Vous allez vraiment faire imprimer ce livre? Ça va faire pleurer toutes les âmes sensibles.
5. Pour le concours de chant, le jury fait chanter aux candidats un air qu'ils n'ont pas étudié.
6. Quand les enfants ont renversé mon puzzle, j'étais si furieux que je leur ai fait ramasser toutes les pièces une à une.
7. Pour pénétrer dans la maison, la police a dû se faire ouvrir la porte par un serrurier.
8. La grosse chute de neige de la semaine dernière a fait rentrer chez eux en vitesse tous les habitants.
9. La gymnastique m'a donné chaud, mais ça m'a fait du bien.
10. Ton tapis a changé de couleur. Tu l'as fait nettoyer?
11. Le prof les oblige à lire deux livres par mois, ils n'ont plus le temps de regarder la télé.
12. Les voleurs se sont fait donner la clé de la banque par le directeur, mais il n'ont pas pu faire en sorte que le coffre s'ouvre.
13. « Ils auraient dû se faire ouvrir le coffre » — « C'étaient des débutants. Ils se sont fait prendre en ressortant. »
14. Le mauvais caractère de cet acteur ne l'a pas rendu populaire.
15. Le comte a fait expertiser les portraits de ses ancêtres. Pas de problème : ils sont tous faux.
16. Faites sentir au lecteur que tout ce que vous dites est vrai. Le but est de vous faire comprendre.
17. Tony Hoarse a écrit cette chanson il y a longtemps, mais il ne l'a jamais fait enregistrer.
18. Chacun des enseignants de la classe de Jimmy essaye de faire comprendre aux élèves que sa discipline est la plus importante.

2.3.3 Traduisez

ATTENTION : bien que le verbe *faire* se trouve dans toutes les phrases françaises, et que l'idée de cause soit bien présente, ce n'est pas toujours un des verbes *make, get, have* qui l'exprimera en anglais. Cherchez un peu.

1. Faites dissoudre le comprimé dans un verre d'eau, et ne faites pas attention à l'odeur.
2. Si tu me fais passer la carte qui est sur l'étagère, je pourrai te faire voir l'endroit où vit mon grand-père.
3. Le conférencier leur a fait entendre quelques vieux enregistrements, puis il leur a fait transcrire les paroles des chansons.
4. Miss Inkhorn, faites entrer Mr Smythe-Jones dans la salle d'attente et faites-le asseoir.
5. Quand j'aurai une réponse, je vous le ferai savoir tout-de-suite.
6. Ne quittez pas, j'espère ne pas vous faire attendre trop longtemps.
7. La princesse portait un chapeau qui m'a fait penser au jardin de ma grand-mère.
8. Les délégués syndicaux ont fait remarquer au patron qu'il s'était fait verser une prime spéciale de fin d'année.
9. Ce thé a vraiment mauvais goût, j'espère que je pourrai me faire rembourser.
10. «Le chat veut manger.» — «Fais-le manger.» — «Le chat veut sortir.» — «Fais-le sortir.»
11. Faites frire les oignons dans un peu d'huile, mais faites attention de ne pas les faire brûler.
12. La neige a fait plier les branches, et à certains endroits elle a même fait casser les fils du téléphone.
13. Il faudrait faire sauter tous ces immeubles et faire pousser des arbres à la place.
14. Ma grand-mère fait toujours venir les cadeaux gratuits.
15. Si tu fais tomber le vase en cristal de la tante Jemina, je te le ferai payer.
16. Est-ce que les hommes préhistoriques faisaient rouler ces énormes pierres, ou bien est-ce qu'ils les faisaient tirer par des animaux ?

2.3.4 Traduisez

ATTENTION : bien que le verbe *faire* se trouve dans toutes les phrases françaises, il n'y a pas toujours d'idée de cause. Sans idée de cause, *make* est exclu, mais on va trouver *have* ou *get*.

1. Monsieur l'agent, mon chien s'est fait écraser hier. Mais j'ai retrouvé l'horrible chauffard et je veux le faire mettre en prison.
2. Non, non, on ne fait pas sauter la banque, on se ferait prendre.
3. Le commissaire s'est fait voler son carnet de chèques. Voilà un voleur qui sait se faire remarquer.
4. Catastrophe ! La princesse s'est fait renverser de la sauce tomate sur la robe.
5. Notre maire s'est fait prédire l'avenir : maintenant, il sait qu'il ne pourra jamais se faire élire député de la circonscription.
6. J'ai payé ce disque 40 dollars, j'ai l'impression de m'être fait escroquer.
7. Mon grand-père s'est fait retirer son permis de conduire parce qu'il conduisait trop lentement sur l'autoroute.
8. Tiens, une photo intéressante : la princesse s'est fait surprendre au moment où elle se grattait le nez. Le photographe va se faire féliciter par son rédacteur en chef.

2.4   LES SCHÉMAS RÉSULTATIFS

2.4.1   *Associez les deux phrases pour former une phrase unique. Le modèle est le suivant*

Exemple (a)   *The pirates dug — the treasure was out of the ground*
    → *the pirates dug the treasure out of the ground.*
Exemple (b)   *Ann walked quietly — she was in the room*
    → *Ann walked quietly into the room.*

Vous devez aboutir à un schéma de la forme suivante :

Sujet	Verbe	(Groupe Nominal) + préposition GN / gérondif
Sujet	Verbe	(Groupe Nominal) + Adjectif
Sujet	Verbe	(Groupe Nominal) + Adverbe
	exprimant	exprimant
	la manière	le résultat
They	*dug*	*the treasure out of the ground*
She	*walked*	*( ) into the room*

[La parenthèse vide (   ) = le sujet *she*]

1. The boy scouts limped — they were at the top of the hill
2. The dog frightens the people — they keep away from the warehouse
3. Every day, Doreen hurries — she is back home to get the children's tea ready
4. The Rolls Royce purred — it moved
5. At the news, many shareholders panicked — they sold their shares
6. Young Tommy has licked his bowl of custard — the bowl is clean
7. The boys bullied Thomas — he gave them all his pocket money
8. At her birthday party, Belinda danced — all the boys were exhausted (employer *off their feet*)

2.4.2   *Reformulez les phrases pour en faire des phrases résultatives*

Modèles :
The pirates *extracted the treasure from the ground by digging.*
⇒ The pirates dug the treasure out of the ground.
Ann *entered the room, walking quietly.*
⇒ Ann walked quietly into the room.

Les phrases de départ peuvent avoir des formes variables, mais vous devez toujours aboutir au schéma résultatif donné au début de l'exercice 2.4.1. Vous devrez parfois trouver vous-même le verbe ou un des termes exprimant le résultat.

1. The door *got shut as a result of slamming.*
2. Sorry to be late, but I had to *take the children to school by car.*
3. *Shaking him,* they *woke up the chairman* at the end of the meeting.
4. *Swimming,* Tarzan *got across the river* faster than the crocodiles.
5. When he saw the strangers come into the bank, the cashier *shut the door of the safe with a bang.*

6. We *took a plane to go to Athens*, it's quicker than sailing.
7. Charlie had too much to drink but *after some sleep he was sober again.*
8. The salesgirl *talked so cleverly that she got Priscilla to buy several dresses.*
9. All the family *laughed so much that Henry gave up wearing* his tartan bermudas.
10. He came out of the shower, *dried with a towel* and *quickly put on some clean clothes.*

2.4.3 Traduisez en employant les schémas résultatifs. Pensez à utiliser les formules que vous avez vues dans les exercices précédents.

1. Joan veut se teindre les cheveux en roux.
2. Les élèves sont sortis de l'école en courant.
3. A force de faire honte à son mari, Helen l'a contraint à laver ses chemises lui-même.
4. Ne gaspillez pas la nourriture, pensez aux gens qui meurent de faim.
5. Est-ce que vous pourriez emmener Jimmy à son cours de violon en voiture ?
6. Nous avons dissuadé les enfants de passer la nuit sous la tente.
7. Le prince et la princesse ont traversé la salle de bal en dansant.
8. Nous nous sommes tellement moqués de lui qu'il a renoncé à ses projets.
9. La voiture ne marche pas, il faut que j'aille au bureau à pied.
10. A force de menaces, ils l'ont amené à dire la vérité.
11. J'endors toujours le bébé en chantant –Moi, j'endors le mien en le berçant.
12. Ils lui ont fichu une peur bleue.
13. Baisse un peu la télé, je n'entends rien.
14. Allume la lumière et tire les rideaux.
15. Le docteur Jones-Brown nous a fait visiter l'hôpital.
16. Les cambrioleurs ont pénétré par effraction dans la pièce où le professeur Weinstaub a sa collection de timbres.
17. Mick a persuadé Angela de monter dans sa chambre.
18. La garçon d'étage va vous conduire à votre chambre.

2.4.4 Traduisez en employant des schémas résultatifs

A. Petit thème conduit : traduisez en vous servant si nécessaire de l'exercice qui suit. Les groupes verbaux susceptibles d'être rendus en anglais par un schéma résultatif sont soulignés en français.

Comme tous les matins, je faisais du jardinage quand tout d'un coup la camionnette de mon voisin a débouché dans mon allée dans un vacarme insensé. Mon voisin a bondi hors de la camionnette, l'a verrouillée à distance avec sa clé électronique et s'est avancé jusqu'à moi. Il s'est écrié :

— Votre chien me rend dingue. Je l'ai chassé trois fois ce matin de mon jardin où il creuse des trous et encore des trous ! Enfermez-le ! Autrement je vais lui défoncer la tête !

Mon visage s'est fait souriant :

— C'est pas grand chose. Regardez ! Moi, tous les matins, je recouvre les trous que mon chien a faits la veille. Il suffit de bien les aplatir en les piétinant fort, comme ça.

A ces mots, mon voisin, bizarrement, s'est retourné et est sorti à grands pas de mon terrain, oubliant sa voiture dans mon allée.

Comme je suis un type sympa, j'ai ouvert la porte de sa camionnette avec un levier afin de la lui ramener. Je l'ai garée juste devant sa porte.

B. Reconstituez les schémas résultatifs à l'infinitif qui vous serviront pour le thème en associant un terme de la colonne de gauche avec un terme de la colonne de droite.

to drive	its head off
to jump	up to me
to walk	them flat
to knock	into a grin
to lock	the door of his truck open
to roar	out of my backyard
to stride	up my driveway
to tread	off his truck
to fold	it away
to pry	me mad
to chase	it in

TEST DE SORTIE

Choisissez la bonne réponse

1. The book should remind (a) every reader his childhood (b) his childhood to every reader (c) every reader of his childhood
2. Nobody would pay (a) a hotel room 100 pounds (b) 100 pounds a hotel room (c) 100 pounds for a hotel room
3. Surprisingly, the operating manual answers (a) to every question (b) every question (c) for every question
4. The idea made Elsie (a) to blush (b) blush (c) blushing
5. The mad millionaire stole (a) that statue to the British Museum (b) the British Museum that statue (c) that statue from the British Museum
6. It is often hard to resist (a) from temptation (b) to temptation (c) temptation
7. Don't let (a) those people annoying you (b) those people annoy you (c) those people to annoy you
8. The boss insists (a) that the work be finished tonight (b) that the work is finished tonight (c) for the work to be finished tonight
9. Her parents would hate (a) her to become a policewoman (b) that she becomes a policewoman (c) that she should become a policewoman
10. I wish (a) the climate became warmer (b) for the climate to become warmer (c) that the climate become warmer

Le corrigé du test se trouve à la fin des corrigés de ce chapitre.

SCORE comparez avec le test d'entrée

10 C'était facile? C'est que vos réflexes sont bien en place.
8-9 Pas mal, mais quelques lacunes, encore un petit effort.
6-7 Avez-vous vraiment bien appris les listes de verbes?
5 ou moins Pourtant, c'est facile, il suffit d'apprendre.

CHAPITRE 3. LE PASSIF

TEST D'ENTRÉE

A. Construisez une phrase en passivant le verbe en caractère gras, quand c'est possible. Inutile de mentionner l'agent.

1. Somebody has **told** the journalists that the president is ill.
2. Everybody **wants** the president to recover before the conference.
3. They **described** the plans of the new housing estate to the town councillors.
4. The bank must have **lent** the developers a lot of money.
5. Somebody **said** that the president was ill.
6. Somebody has **stolen** a medieval statue from the museum.
7. They have **allowed** the children to play football in the park.
8. Nobody has **heard** from their Australian cousin for a long time.

B. Traduisez (verbes pronominaux français)

1. Ils sont entrés en même temps, mais ils ne se sont même pas regardés.
2. La tour se voit depuis depuis la gare.

Le corrigé du test se trouve au début des corrigés de ce chapitre.

Score :

10   Parfait, les exercices ne devraient être qu'une formalité.
8-9   Quelques points à vérifier.
6-7   Méfiance.
5 ou moins   Abordez le chapitre pas à pas.

3.1 LE PASSIF

3.1.1 Passivez, quand c'est possible

1. Didn't they give you something to eat?
2. They are doing up the new house we've just bought.
3. Someone should teach that boy a lesson.
4. Will someone send me the details?
5. His best friends have let him down.
6. They broadcast the news as soon as they found the body.
7. The staff wanted the manager to resign.
8. People were talking about him behind his back.
9. We are now dealing with your case.
10. No one has lived in this place for ages!

3.1.2 Mettez les phrases au passif, quand c'est possible. Il n'y aura pas nécessairement de complément d'agent (by somebody).

Vérifiez dans le dictionnaire le sens de certains verbes très courants mais que vous ne connaissez peut-être pas bien (par exemple : *account for sth.*).

1. Nobody has ever answered that great question.
2. Don't worry, we'll look after all your dogs while you're away.
3. The police have carefully gone into all the evidence.
4. The theory doesn't account for some marginal facts.
5. They paid for the hotel room in advance.
6. Did someone call for that parcel?
7. They mysteriously hinted at some changes.
8. They will deal with that minor point later.
9. Did someone tell you the name of the street?
10. They sent the time-table to all the participants.
11. They sent all the participants a detailed time-table.
12. They couldn't teach them anything.
13. Nobody explained the diagram to the TV viewers.
14. The authorities have promised a reward to anyone who can provide information.
15. In spite of the law, they denied the families the right to visit their relatives.
16. Nobody said anything to the people who clamoured for information.
17. Should we trust a newcomer with such an important job?
18. They will provide the agent with all the necessary documents.
19. You must show the tourists all the sights around the town.
20. The university only grants scholarships to the best students.

3.1.3 Mettez au passif, quand c'est possible. Il n'y aura pas nécessairement de complément d'agent.

1. Somebody saw the headmaster take some bottles out of the cellar.
2. Why did they make the pupils wear such ridiculous uniforms?
3. Most people would like peace to prevail in Ireland.

4. When did anybody last hear the Red Vampires sing in concert?
5. How did they get the pupils to wear such ridiculous uniforms?
6. Nobody wants the cost of living to rise.
7. They have asked the staff to agree to a wage cut.
8. The authorities have warned the public that there may be some danger.
9. The salesman should have told the customers that the product was to be discontinued.
10. Everybody believes that solution to be impracticable.
11. At the end, the article pointed out to the readers that there was no need to panic.
12. The electric company has informed the public that there would be occasional power cuts.
13. Everybody says to the director that this film is his best yet.
14. People say that the director worked in Hollywood in the 50s.
15. People hope that business will pick up by the end of the year.
16. The experts expect the balance of trade to recover next year.
17. Somebody should explain to consumers that a new product is not necessarily better than what it replaces.
18. Some people have known that salesman to persuade bald men to buy hair-dryers. Last year, his company awarded him a prize for selling a deep freeze in Greenland.

3.1.4 Complétez avec des tournures passives en utilisant les verbes TELL, SAY, EXPECT, ASK, SEE selon les énoncés

1. Thousands of firearms ……… to be handed to the police as a nation-wide guns amnesty begins today.
2. When he was a child, Dr Frankenstein ……… to be his mother's favourite.
3. On the first night, the new actress ……… at once to have unusual talent.
4. The nurse ……… firmly not to give John any medicine for two days.
5. The local grocer ……… to have been a police informer for years now.
6. The nurse was thrilled when she ……… John was a former tennis-player.
7. At a press conference yesterday, the minister ……… whether he was willing to negotiate.
8. The weather may ……… to be fine over the weekend.

3.1.5 Traduisez en choisissant une tournure passive. Utilisez les verbes donnés entre parenthèses.

1. On a expliqué à tous les participants les règles de la vente aux enchères. (EXPLAIN)
2. On m'a vendu ce tapis pour 240 dollars. (SELL)
3. Quelqu'un a posé la question à Charley. (ASK)
4. On demandera à l'administration de mener une enquête sur les causes de l'accident. (ASK)
5. On a refusé à Mr Winston tout traitement médical avant qu'il n'arrête de fumer. (REFUSE)
6. Les systèmes téléphoniques sont en train d'être dépassés par les réseaux informatiques. (OVERTAKE)
7. Suzy a admis s'être fait battre par ses camarades de classe. (BEAT UP)
8. Ce problème n'a pas encore été abordé par notre équipe. (DEAL WITH)

9. Est-ce que quelqu'un a retiré cette lettre recommandée ? (CALL FOR)
10. A l'hôpital, on avait dit au chirurgien que j'étais une chanteuse célèbre. On s'est très bien occupé de moi. (TELL, LOOK AFTER)

3.1.6 Traduisez en employant des passifs, si c'est possible

Il est souhaitable d'avoir fait complètement les exercices précédents.

1. Est-ce qu'on vous a expliqué toutes les possibilités de notre nouvelle machine ?
2. Alors, vous dites qu'on ne vous a rien volé ? Bizarre. Décrivez-moi votre maison s'il vous plaît.
3. Quand on est une vedette, on est souvent montré du doigt ou dévisagé dans les lieux publics. Il faut s'y attendre.
4. Il n'a pas pu me prêter sa machine à écrire, elle lui a été empruntée par un autre ami il y a quelques jours.
5. Comme on n'a pas résisté à temps à l'invasion de produits étrangers, on doit s'attendre à ce que la production nationale baisse.
6. On dit que les vedettes sont avides de publicité, mais il faut reconnaître que c'est la base de leur vie.
7. L'argenterie du XVIIIème siècle est très recherchée par les collectionneurs. Achetez-la de préférence à des marchands à qui on peut faire entièrement confiance.
8. Le député a posé la question, mais il ne lui a pas été répondu directement. On lui a dit que le point serait examiné ultérieurement.
9. Il a été avoué au jury que des écoutes téléphoniques avaient eu lieu, mais seulement quand elles avaient été réclamées par un ministre.
10. On prétendait que Billy the Kid était le tireur le plus rapide de l'Ouest. Ce titre de gloire ne lui sera pas refusé, mais on dit aussi que c'était un débile mental.
11. A Hollywood, à la grande époque, on faisait chanter et danser n'importe quel acteur, et on n'aimait pas qu'il se plaigne de ne pas avoir été prévenu.
12. On n'a jamais entendu chanter le premier ministre, et je me demande ce qu'il ferait si on l'y obligeait.
13. Le maire s'est fait reprocher de mal dépenser l'argent des contribuables. On lui a même demandé comment sa voiture avait été payée.
14. A l'école, on leur a fait lire des ouvrages scandaleux qui sont réprouvés par les autorités morales. [*frown upon sth.*]
15. On peut s'approcher du village par une route en lacets. On peut faire confiance aux habitants pour fournir un logement et une excellente nourriture.
16. Alors que nous avions demandé une soupe de poisson, nous nous sommes vu donner un horrible mélange instantané. Vous pouvez être sûr que le restaurateur n'a pas été payé.

3.2 AUTOUR DU PASSIF : LES PRONOMINAUX FRANÇAIS

Avant de commencer, bien comprendre les verbes pronominaux français.

La construction pronominale a plusieurs sens :
a. réfléchi : *Tu devrais t'entendre chanter / Elle se lave.*
b. réciproque : *Ils s'aiment / Ils se battent.*
c. équivalent de passif : *Ça ne s'écrit pas comme ça / Ça se lave facilement.*
d. aucun des précédents : *Ils se sont emparés de l'argent.*

Il faut d'abord bien comprendre l'interprétation à donner à la construction pronominale. MAIS ATTENTION le passage à l'anglais n'est pas automatique. Les traductions évidentes sont parfois possibles (pronom réfléchi du type *herself*, pronom réciproque *each other*, passif), mais pas toujours, par exemple ici :

a. *You should hear yourself sing / She is washing.*
b. *They love each other / They are fighting.*
c. *It is not spelt that way / It washes easily.*
d. *They grabbed the money.*

Vous voyez que souvent le pronom francais n'a aucun équivalent en anglais.

3.2.1 *Insérer les pronoms adéquats quand cela est nécessaire :* **one another, each other,** *pronoms en -SELF*

The baker's wife

1. After two hours' walk, the baker found … in front of a large iron portal.
2. He was looking for his wife : they had just separated ….
3. Now he had come to clear … and apologize….
4. He hurt … trying to open the rusty portal.
5. He told … that it was a bad omen.
6. He turned … back toward the road.
7. On the opposite pavement, two youngsters were kissing….
8. That reminded him of the first time he and Jane met ….
9. He remembered how they had enjoyed … at the beginning of their married life.
10. Then, without realizing it, they had ceased talking to ….
11. And they started to fight … over everything.
12. The baker was lost in thought : suddenly he straightened … up and started walking back home.

3.2.2 *Traduisez*

1. Jean et sa sœur se ressemblent beaucoup.
2. Je me suis brûlée en enlevant le couvercle.
3. Elle faisait du jogging pour se maintenir svelte.
4. Les membres du club se rassemblent toutes les semaines.
5. Jean et sa sœur s'entendent bien mais il leur arrive parfois de se disputer.
6. Helen s'est encore perdue dans ses explications.
7. Jean s'est ressaisi à temps.

8. Elle ne s'est pas lavée ce matin.
9. Comme d'habitude, Helen voulait se mettre en avant.
10. Tu t'es lavé les mains avant de manger ?
11. J'ai peur de m'électrocuter.
12. J'espère qu'elle ne s'est pas cassé la jambe.

3.2.3 Traduisez.

1. La folie se lisait dans ses yeux.
2. Ce CD se vend très bien.
3. Ton livre se lit facilement.
4. L'été s'annonce chaud.
5. Le problème est en train de se résoudre.
6. Ça se voit que tu es malade.
7. Ça se gâte, ton affaire.
8. Ce tableau se regarde avec des yeux d'enfant.
9. Cette machine se répare en 15 minutes.
10. Ce tissu se lave facilement.

3.2.4 Thème suivi : traduction des verbes pronominaux français

Helen s'entend de mieux en mieux avec sa belle-mère. Sa belle-mère pourtant s'exprime peu ; elle se méfie même un peu de tout le monde, à l'inverse d'Helen.

Dernièrement elles se sont rencontrées par hasard dans un salon de thé, où chacune a l'habitude de se réserver quelques instants de paix. Elles se sont alors rendues compte qu'elles se plaisaient dans les mêmes endroits : salons de thé luxueux, boutiques très chics, etc.

Depuis, à la surprise de Jim, le fils et mari, elles s'embrassent à chaque fois qu'elles se disent bonjour ou se quittent. Jim n'est pas sûr de se sentir mieux dans cette nouvelle situation familiale, où finalement il se retrouve tout seul face à deux monstres féminins.

3.2.5 Thème suivi : traduction des verbes pronominaux français

On se demande comment doit se comprendre le texte qui précède. Doit-il se lire comme une manifestation de machisme traditionnel ? Pour qui l'auteur se prend-il ? Mais se peut-il que l'auteur soit une femme ? A-t-elle alors voulu se moquer d'elle-même, ou des hommes qui se croient supérieurs ? Qu'est-ce qui se cache derrière la simplicité de la narration ? Qu'est-ce qui se passe dans cette histoire banale ? Le lecteur s'étonne du choix d'un milieu suranné où les femmes se racontent leurs petites histoires tout en se gavant de petits gâteaux. Nul doute que le mari (et fils) se tue au travail pour elles. Et finalement on se pose la question : ces deux femmes s'aiment-elles vraiment ? Ou bien se sont-elles seulement alliées pour se venger du fils (et mari) ?

TEST DE SORTIE

A. Fabriquez une nouvelle phrase en passivant le verbe en caractères gras, quand c'est possible. Inutile de mentionner le complément d'agent.

1. They didn't **explain** to the shareholders the reasons for the change of policy.
2. The company **sold** the customers second-rate products.
3. The teachers have **made** the children learn the list of the American states.
4. Did they **pay** for the meal with a credit card?
5. People **say** that the president speaks Japanese very fluently.
6. Some people would **like** the Prime Minister to resign.
7. The report doesn't **account** for the disappearance of the money.
8. People **expect** the new government to introduce tax cuts.

B. Traduisez (verbes pronominaux français)

1. Les petits pois ne se mangent pas avec une cuillère.
2. Zut! La bande s'est cassée.

Le corrigé du test se trouve à la fin des corrigés de ce chapitre.

SCORE comparez avec le test d'entrée

10   C'était facile? Vous avez bien travaillé.
8-9   Pas mal, mais un instant d'inadvertance?
6-7   Précisez les points qui vous ont fait chuter.
5 ou moins   Vous êtes certain(e) d'avoir fait les exercices?

CHAPITRE 4. TEMPS ET ASPECTS

TEST D'ENTRÉE

Traduisez :

1. Je vais au théâtre ce soir. Tu viens avec moi ?
2. Ça fait une heure qu'il est parti.
3. Depuis combien de temps est-ce que tu as ce VTT ?
4. Cela faisait une demi-heure qu'il rêvassait lorsque le téléphone sonna.
5. J'ai dormi pendant quelques minutes, et après je me suis remise au travail.
6. Il faut toujours qu'elle fasse son intéressante !
7. Le train part à dix heures. Je te parie qu'on l'aura si on part maintenant.
8. Rappelle-moi quand Marcel sera reparti.
9. Ce n'était pas la première fois qu'elle mangeait du haggis.
10. Cela fait exactement une semaine que je n'ai pas bu de vin.

Le corrigé du test se trouve au début des corrigés de ce chapitre.

Score :

10   Parfait, mais faites quand même les exercices. Sait-on jamais ?
7-9   Quelques points à vérifier et à renforcer.
5-6   Attention, révisez bien avant de faire les exercices.
5 ou moins   Relisez la grammaire, entraînez-vous beaucoup.

4.1 FORME SIMPLE (Ø) ET FORME PROGRESSIVE (BE + -ING)

4.1.1 Analysez la différence de sens des énoncés donnés en couple en mettant en avant les différentes valeurs des formes Ø et BE + -ING

1. I leave tomorrow at ten.
2. I'm leaving tomorrow.
3. She told me funny stories when I was depressed.
4. She was always telling funny stories.
5. She lives in a flat.
6. They're living in London.
7. I don't dance.
8. Sorry, I'm not dancing.
9. They left when the band started playing.
10. They were leaving when the band started playing.

4.1.2 Thème

Ça ne fait pas très longtemps que l'ai eue au téléphone. En fait, je crois que c'était la veille du jour où elle a disparu. Elle avait l'air en bonne santé, mais elle me disait qu'elle avait l'impression d'être suivie par un vieil aveugle barbu. Je me souviens très bien de ce qu'elle m'a dit : «C'est quand même incroyable ! Chaque fois que je me retourne dans la rue, cet aveugle est là qui me suit». Je lui ai dit qu'elle avait des visions, et qu'elle devrait essayer de faire un peu de yoga pour se détendre. Elle m'a raccroché au nez, et je me rends compte maintenant qu'elle devait dire la vérité. Et depuis ce jour-là, personne n'a plus entendu parler d'elle !

4.1.3 Mettez les verbes entre parenthèses à la forme adéquate (Ø ou BE + -ING), par ailleurs le temps peut être le présent ou le prétérit

1. I may sound like I always (BE) mad at you, but you've got to admit that you constantly (PROVOKE) me.
2. I've told you before that Mary (NOT HAVE) George in her house again, whatever you may say.
3. Don't bother me ! Stop reminding me of the past ! I (NOT GIVE) you any money.
4. When the telephone rang, the murderer (HIDE) already behind the curtains ready to kill.
5. Contrary to what you might think, you (NOT MOVE IN) with Laura. I'll see to that, believe me.
6. How come you are so tired ? – I (WORK) hard all night long yesterday.
7. When her husband left, she (SWITCH) on the TV.
8. The banker swore that he (WIND) his grandfather clock in the next room when his accountant jumped out of the window.
9. Here (COME) Steward who (CONTROL) the ball and (SHOOT) right into the high-left corner of the goal. And YES, this a goal ! Poor Italian goalkeeper who (SHOUT) now at the defenders of his own team.

4.1.4 Traduisez ces petits textes en prêtant particulièrement attention à l'opposition entre forme Ø et forme BE + -ING

1. – Qu'est-ce que vous voulez boire ? Du whisky ? De la bière ?
   – Non merci, juste un jus d'orange. C'est moi qui conduis.
2. Je ne me rappelle plus à quoi je pensais pendant que le coiffeur me faisait la barbe. Après je me suis endormi, et quand je me suis réveillé j'étais allongé sur un lit dans une chambre inconnue. Je me souviens que j'ai pensé : « Je me tire d'ici en vitesse ». Mais je ne voyais pas le coiffeur, qui est sorti de derrière la porte en criant : « Vous, vous n'allez nulle part, vous êtes retenu en otage ».
3. Est-ce que tu aimes être dérangé à l'heure du dîner pour qu'on te dise que tu mourrais de faim si tu étais né en Afrique plutôt qu'en Europe ? Eh bien pas moi.
4. Puisque tu vois Marcel ce soir, dis-lui que je ne travaille pas demain, et que je l'inviterai à déjeuner quand il aura choisi le restaurant.
5. – Qu'est-ce que tu racontes ?
   – Je te dis que je l'ai vu hier, et qu'il m'a dit qu'il partait demain en Birmanie.
   – Il faut toujours qu'il s'invente des excuses bidon !

4.2. PRÉTÉRIT OU PRESENT PERFECT ?

4.2.1 Prétérit ou present perfect ? Traduisez (attention aux verbes irréguliers)

1. Hier, je me suis réveillé à l'heure du déjeuner.
2. Elle a pris lentement le livre posé à plat sur la table, et elle me l'a lancé violemment à la figure.
3. Quand tu étais enfant, un jour, tu as déchiré tous les journaux de ton grand-père.
4. J'ai bien caché le portefeuille volé, et je me suis senti plus tranquille après.
5. Regarde moi ça, veux-tu ? Il a pratiquement cousu cette robe sur moi.
6. Hier, j'ai trouvé un chien abandonné qui sentait si mauvais que les mouches lui volaient autour.
7. Pourquoi est-ce que tu m'as apporté un marteau ? Je t'ai demandé un tourne-vis.
8. Tu as bu tout le coca cola ? – Oui et j'ai complètement oublié d'en racheter.
9. La dernière fois que je l'ai vue, elle était couchée sur son lit toute éveillée. Je ne l'ai pas frappée, je le jure.
10. Ce n'est pas la première fois que je conduis une Rolls Royce.
11. Il y a quelques années de cela, le gouvernement des Etats-Unis a entrepris de récupérer les richesses du Titanic, le paquebot qui a coulé dès son premier voyage.
12. Quelle nouvelle surprenante ! Tu as entendu cela ? Le Lac de Genève a gelé la nuit dernière.
13. Je me rappelle qu'un petit ruisseau coulait au bout du champ, mais maintenant les arbres ont poussé et l'ont caché.
14. Pas étonnant que la télé ne marche pas, l'antenne a été frappée par la foudre.
15. Le cheval sur lequel j'avais parié a mené toute la course, mais il est tombé à la dernière haie.
16. J'ai oublié de te dire... Jean a moulu du café, alors si tu en veux une tasse, c'est possible.

17. Elle n'est pas maladroite du tout : elle a tissé ce panier en dix minutes, et la robe que je portais hier, elle l'a cousue en une après-midi.
18. As-tu déjà fendu un morceau de bois avec un marteau ?

4.2.2 Thème

Je vous apporte quelques fleurs, car les bonbons, c'est périssable. L'année dernière, je vous ai apporté des fraises, mais vous avez été malade pendant quinze jours à cause de ça. J'ai toujours aimé apporter un cadeau aux femmes qui m'invitent, mais ça fait au moins trois ans que ça tourne au drame à chaque fois. Pourtant j'en ai fait, des efforts ! Mais il n'y a rien à faire ! Alors que je vous connais depuis trente ans, je n'ai pas fermé l'œil depuis six mois à l'idée de vous voir aujourd'hui, alors j'espère que vous aimez les géraniums...

4.3. PRESENT PERFECT SIMPLE (HAVE + -EN) OU PROGRESSIF (HAVE + -EN + BE + -ING)

4.3.1 Mettez le verbe à la forme qui convient : Present perfect simple ou avec BE + -ING

1. Professor Mouchot (WRITE) his PhD for fifteen years now.
2. Why is your hair in such a mess ? – I (RIDE) my bike.
3. Sandra (NOT EAT) oysters since last summer's oil slick.
4. Look ! I (BUY) two records for his birthday.
5. The dog (BARK) since this morning.
6. – Look ! Your hands are shaking – I know, I (DRIVE) on those bad roads.
7. Since he got out of jail, he (LOOK FOR) new victims again and again.
8. Mary (WRITE) 15 letters today.

4.3.2 Present perfect simple ou avec BE + –ING ? Traduisez

1. Quelque chose a changé ici. Tu as fait de la peinture ?
2. J'ai peint ces deux murs en blanc, ça fait plus clair, non ?
3. J'ai un peu bougé les meubles [*move around*], du coup je n'ai pas eu le temps de faire la vaisselle.
4. Je regardais ton Renoir, je crois qu'il est faux.
5. Est-ce que Bob a remarqué le changement dans la pièce ?
6. Depuis combien de temps avez-vous cette voiture ?
7. Je conduis depuis ce matin. Je commence à être fatigué. C'est ton tour.
8. Ils achètent la même marque depuis trente ans.
9. Depuis quelques jours, nous avons des problèmes avec le carburateur.
10. Je connais ce restaurant depuis longtemps, et je l'apprécie toujours.

4.3.3 Thème

Sigourney regarda sa montre. Cela faisait exactement une demi-heure qu'elle attendait le bus sous la pluie. Elle prit son journal et se mit à lire : «L'INSPECTEUR CLOUSEAU

EST MORT. Peter Sellers est né en 1925. Très jeune, il devient acteur. Dans les années cinquante, son émission de radio (The Goon Show) fait rire toute l'Angleterre. Les rôles comiques (le docteur Folamour, l'inspecteur Clouseau) le rendront célèbre dans le monde entier. Peter Sellers est mort hier, à l'âge de cinquante-cinq ans.» Décidément, depuis ce matin, rien n'allait plus, se dit Sigourney.

4.3.4 *Present perfect simple ou avec BE + -ING ? Traduisez*

1. Tu sais pourquoi je suis tellement crevé(e), c'est que j'ai fait le ménage.
2. J'ai nettoyé tout l'appartement, j'espère que ça se voit.
3. Ne m'embrasse pas, j'ai transpiré.
4. J'ai bu deux bols de café, je me sens mieux.
5. Mais non il n'y a personne dans le placard, tu as dû rêver.
6. Tu m'as fait peur. Il faut dire que je lisais des histoires de fantômes.
7. Le vent souffle très fort depuis la nuit dernière.
8. J'ai bu du café et je suis trop nerveux pour aller me coucher.
9. Qui est-ce qui a fumé dans le salon ?
10. Ils séjournent à l'hôtel de la Couronne depuis quinze jours.
11. Ça fait une heure qu'on est assis à attendre, on s'en va ?
12. Depuis ce fâcheux incident, elle a peur d'ouvrir la porte du placard.
13. Ça fait bien une heure qu'il est arrivé.
14. Il fume cigarette sur cigarette depuis ce matin.
15. Il collectionne les papillons depuis son enfance.
16. L'idée de voyager dans l'espace fascine les hommes depuis longtemps.

4.4 REPÉRAGE DANS LE TEMPS ET MESURE

4.4.1 *Insérez FOR, SINCE ou DURING dans les phrases suivantes*

1. We slept ... the one-hour halt.
2. John has been away ... some days now.
3. The children were playing upstairs ... their parents' meal.
4. The director left the room ... a short while.
5. I haven't ridden a bicycle ... the years I spent in the Netherlands.
6. I haven't been to the pictures ... as long as I can remember.
7. He has been out of work ... last month.
8. We met them ... the last month of our holiday.
9. It has been raining ... the last week.
10. It's ten years ... I last went to the dentist's.
11. ... a moment I thought I would never make it.
12. They have been waiting ... five minutes.
13. War was declared ... Herbert's vacation.
14. Diana hasn't seen Herbert ... his last leave.
15. He had been President ... the autumn of 1994.
16. Suzy has been worried ... her children went out.
17. Dresses were very short ... the war.
18. Things have changed ... the war.

4.4.2 Remettez dans ce texte les prépositions temporelles qui conviennent : AGO, SINCE, FOR, DURING

.........centuries people have been trying to discover the secret of lasting youth. ....Antiquity, in fact, men have believed that the ravages of aging might one day be slowed, stopped or even reversed by access to new knowledge. ....the Middles Ages such hopes centred principally on alchemy and .... a long time the alchemist enjoyed immense power and prestige as a result of this belief. Such hopes have long.........been dashed, but the United States has found its modern equivalent in the vitamin. Interest in these essential compounds began long .... Some have been wildly popular ....decades for their supposed powers as « enhancers ».

4.4.3 Associez les séquences de gauche avec les séquences de droite. Plusieurs associations sont parfois possibles pour une même séquence. Certaines séquences peuvent se révéler inutilisables.

1.

A. Kenneth gave up smoking
B. Kenneth has given up smoking
C. Kenneth has been giving up smoking

a. three months ago
b. for three months
c. since last month
d. last month

2.

A. Ron smoked two packs a day
B. Ron has smoked two packs a day
C. Ron has been smoking two packs a day

a. for years
b. since he got that job
c. when he was in the army
d. since he was eighteen

3.

A. Wanda has got that dress
B. Wanda has had that dress
C. Wanda got that dress

a. for quite a while
b. since last year
c. a few weeks ago
d. at Harrods

4.

A. Phil has finished that book
B. Phil finished that book
C. Phil has been finishing that book

a. for several days
b. several days ago
c. in two days

4.4.4 Thème

Quand je déjeunerai avec Robert la semaine prochaine, cela fera vingt ans que nous nous connaîtrons. Il a toujours été avec moi d'une très grande gentillesse. Je me souviens que quand nous nous sommes rencontrés, il était très timide et faisait sans cesse tomber ses lunettes. Heureusement, il a beaucoup changé depuis, et de toute façon, il porte des lentilles !

4.4.5 Traduisez : prépositions temporelles

1. Pendant l'été, je nage une demi-heure tous les jours.
2. Il ne sera pas là avant une semaine au moins.
3. N'oublie pas de l'appeler pendant les vacances, elle ne sera là que pendant trois semaines.
4. Je lui ai parlé pendant un quart d'heure, mais j'ai bien vu que je l'avais convaincu en cinq minutes. Il ne te rappellera plus d'ici un certain temps.
5. C'était la première fois depuis des mois que j'avais de ses nouvelles.
6. On en parlera pendant le dîner.
7. Il a neigé pendant toutes les vacances. Le soir du 31 décembre, on a dû repartir.
8. Avec les années, son visage s'était ridé mais son sourire restait juvénile.
9. A partir de mercredi, je serai injoignable. Il faudrait que je prévienne tout le monde d'ici ce week-end.
10. Je n'ai cette Porsche que pour quelques heures, il faut que je la rende avant minuit, sinon elle se transforme en citrouille.

4.5 EQUIVALENCES

4.5.1 Transformez les phrases pour en faire des phrases de sens équivalent en utilisant un complément temporel introduit par FOR ou SINCE ou en employant l'expression IT IS (ou IT HAS BEEN)... SINCE.... Attention : précisez les conditions pour qu'il y ait équivalence.

1. The last time Tom visited us was on our wedding day.
2. Wait a minute! I only woke up two minutes ago.
3. Mary hasn't taken a day off for ten years.
4. He hasn't ridden a horse for years.
5. John became a doctor ten years ago.
6. I first felt sick this morning after breakfast.
7. He started running three hours ago.
8. I fell secretly in love with him six months ago.
9. I last came into this house when I was twenty-three.
10. It's been raining for over twelve hours.
11. The jury hasn't chosen a French artist for years.
12. She left six months ago.

4.5.2 Thème à choix multiples : pour chaque phrase française, donnez la ou les phrases anglaises qui correspondent. Attention certaines phrases anglaises peuvent ne pas être utilisées. Pensez à repérer les équivalences éventuelles.

1.

A. Je le connais depuis cinq ans	a. I met him five years ago
B. Je l'ai rencontré il y a cinq ans	b. I have known him for five years
C. Je le rencontre depuis cinq ans	c. I have been meeting him for five years
D. Ça fait cinq ans que je le connais	

2.

A. Il a travaillé pendant dix ans	a. He's been working for ten years
B. Ça fait dix ans qu'il	b. He worked for ten years
n'a pas travaillé	c. He didn't work for ten years
C. Il travaille depuis dix ans	d. He hasn't worked for ten years
D. Il n'a pas travaillé pendant dix ans	e. It is ten years since he last worked

3.

A. Il dort depuis deux heures.	a. He slept for two hours
B. Il a dormi pendant deux heures	b. He hasn't been sleeping for three days
C. Il ne dort pas depuis trois jours	c. He hasn't slept for three days
	d. He has been sleeping for two hours

4.5.3 *Traduisez*

1. J'ai cette voiture depuis la semaine dernière.
2. Il lit depuis ce matin.
3. Il enseigne l'anglais depuis trois ans.
4. Il n'a pas dormi depuis midi.
5. J'ai lu trois livres depuis la semaine dernière.
6. Aïe ! Je me suis coupé le doigt.
7. Je n'ai plus faim. J'ai mangé trois œufs durs.
8. Je suis fatiguée. J'ai couru.
9. Ça fait combien de temps que tu n'es pas allé au théâtre ?
10. Ça fait trois ans que son chat est mort.
11. Il est parti depuis cinq minutes.
12. Ça fait combien de temps que tu ne l'as pas vu ?
13. Ils sont arrivés depuis dix minutes.
14. Depuis combien de temps avez-vous votre permis de conduire ?
15. Je n'ai pas fait la cuisine pendant une semaine.
16. Ça fait une heure que je fais la cuisine.
17. J'ai fait la cuisine pendant une demi-heure.
18. Je n'ai pas fait la cuisine depuis une semaine.

4.5.4 *Transformez les phrases suivantes pour en faire des phrases de sens équivalent. S'il y a plusieurs possibilités, donnez-les. N'oubliez pas qu'il faut parfois modifier la phrase au niveau du verbe. Précisez éventuellement les conditions pour qu'il y ait équivalence.*

1. Her husband left when he found out she had a lover.
2. He last flew a plane thirty years ago.
3. They only got married yesterday.
4. I started feeling ill when I ate that last oyster.
5. He left the country 10 years ago.
6. I last drew a picture in the seventies.
7. He last drank vodka when his wife eloped with a Bolshoi ballet dancer.
8. She got that pet snake for her birthday.
9. I started playing the piano at the age of four.
10. Grandmother fell asleep ten minutes ago.

11. He last rode a bicycle ages ago.
12. Jimmy got a guitar for his fifth birthday.
13. He last wrote me a letter when I left him.
14. Grandmother fell asleep at 4 o'clock.
15. Laura's grandmother arrived when I woke up this morning.
16. On the very day they met, they got married.
17. Grandfather got his driving licence yesterday.
18. They left the country when the new government was elected.
19. He died five years ago.
20. I last took a day off two years ago.

4.5.5 Thème

— Tu as lavé ta R12 il y a deux jours, tu ne vas quand même pas recommencer ! C'est pas possible d'être aussi maniaque. Tu as déjà passé trois jours à la laver la semaine dernière. Ça ne peut plus durer, je rentre chez ma mère !

— Mais voyons chérie, d'accord, j'ai lavé ma R12 pendant trois jours, mais ça fait plusieurs jours que je l'utilise et je l'ai un peu salie, alors sois compréhensive, je t'en supplie !

— Non, c'en est trop, je te supporte depuis trop longtemps ! D'ailleurs, ce n'est pas la première fois que j'ai envie de te le dire... j'en aime un autre !

— Mais, ça fait combien de temps que ça dure ?

— Depuis que tu as ta R12.

4.5.6 Transformez les phrases suivantes pour en faire des phrases de sens équivalent. S'il y a plusieurs possibilités, donnez-les. N'oubliez pas qu'il faut parfois modifier la phrase au niveau du verbe. Précisez éventuellement les conditions pour qu'il y ait équivalence.

1. He hasn't smoked a cigarette for ten years.
2. Miniskirts have been in fashion since the sixties.
3. She's been in love with him since the day they met.
4. Crowds have been demonstrating since he was elected.
5. Grandfather has had the flu since Wednesday.
6. It is two years since she's had her teeth examined.
7. He hasn't mentioned his plans to anybody for some time.
8. I haven't had a cold since last winter.
9. It's quite a while since I've seen your English friends.
10. I haven't eaten Yorkshire pudding for years.

4.5.7 Traduisez : past perfect

1. Roger ouvrit son agenda. Cela faisait trois ans qu'il n'était pas allé chez le médecin.
2. Il se demandait depuis combien de temps Priscilla jouait du piano.
3. Elle regarda sa montre. Cela faisait une heure qu'elle l'attendait. Il avait plu, et ses pieds étaient trempés.
4. Il était malade depuis dix jours quand il accepta de prendre des médicaments.
5. Il ne cessait de se plaindre de la nourriture. C'était la première fois qu'il avait l'air de trouver ça bon.

6. Cela faisait dix minutes qu'il était parti quand elle se rendit compte qu'il avait oublié ses clefs.
7. Il n'était pas retourné chez sa mère depuis vingt ans.
8. Elle entra dans la pièce. Quelqu'un avait dormi dans le lit. Il était défait.
9. Ce n'était pas la première fois qu'il se rendait compte que Gladys avait bu.
10. Il avait regardé la télé toute la matinée, et maintenant il avait faim.

TEST DE SORTIE

Traduisez :

1. Je pars demain, mais je te promets que je reviendrai.
2. Ça fait une demi-heure qu'elle est arrivée.
3. Tu es divorcé depuis combien de temps ?
4. Il jouait du piano depuis un quart d'heure quand tout à coup, il se rendit compte qu'il pensait à autre chose.
5. J'ai fait du grec pendant trois ans, et après j'ai tout oublié.
6. Il faut toujours qu'il m'offre des cadeaux utiles !
7. Qu'est-ce que tu as fait ces temps-ci ?
8. Ça fait deux nuits que je ne dors pas.
9. C'était la première fois qu'elle le rencontrait.
10. Il a bu trois whiskys, c'est pour ça qu'il ne marche pas droit.

Le corrigé du test se trouve à la fin des corrigés de ce chapitre.

SCORE comparez avec le test d'entrée

10   Bravo, car tout n'est pas facile.
8-9   En très bonne voie.
6-7   Attention, révisez.
5 ou moins   Pas de découragement, mais il faut retravailler.

CHAPITRE 5. LES MODAUX

TEST D'ENTRÉE

Traduisez :

1. Est-ce qu'il est parti ? Je crois, mais je peux me tromper.
2. J'ai pu me tromper, c'est possible.
3. Je n'ai pas pu me tromper, je suis si bon en grammaire.
4. J'ai dû reconnaître que je m'étais trompé.
5. Je ne sais pas comment j'ai pu me tromper. C'est si facile !
6. Si je m'étais trompé, je serais moins fier.
7. Quand je me tromperai, les poules auront des dents !
8. J'aurais pu me tromper, mais ça ne m'arrive pas souvent.
9. J'aurais dû me tromper exprès, tu aurais été moins vexé.
10. Combien de fois ai-je bien pu me tromper ?

Le corrigé du test se trouve au début des corrigés de ce chapitre.

Score

10   Remarquable. Mais il y a des emplois difficiles des modaux qui ne sont pas dans ce test.
8-9   Presque parfait. Vous allez faire ce chapitre facilement.
6-7   C'est honorable. Sans doute quelques points à préciser.
Moins de 6   Vous avez des lacunes. Soyez patient et régulier dans votre travail.

5.1 LES BASES ESSENTIELLES : TYPES DE MODALITÉ ET NÉGATION

5.1.1 *Distinguez les deux types d'emplois des auxiliaires modaux*

1) ceux qui expriment une modalité épistémique (aussi appelée modalité de la connaissance ou de la phrase). Dans ce cas, l'énonciateur évalue les possibilités de réalisation de l'évènement. On est dans le domaine du possible et du probable.

2) ceux qui expriment une modalité radicale (aussi appelée modalité de l'action ou du sujet). On est dans le domaine de l'ordre et de la permission, ou encore dans celui de la capacité (du sujet) ou de ses caractéristiques.

Pour chaque couple d'énoncés trouvez le type de modalité exprimé.

1. May I open the window ?
2. John may arrive tomorrow.
3. John must leave at once.
4. She must be deaf.
5. You should work harder.
6. They should arrive any minute now.
7. (The phone rings.) That will be John.
8. John would say such nonsense !
9. She may be his mother.
10. She could be his mother.

5.1.2 *Quel est le type de modalité ?*

1. **Can't you see** I am busy ?
2. His father said she **can't go out** tonight.
3. John **mustn't drink** alcohol.
4. Steven **can't be coming** : he's sick !
5. He **might not have left** before we did. I don't know.
6. Students **may not smoke** in here.
7. I can't find my pen, but it **should not be** very far.
8. This book **should not have been published**.
9. I **may not** come tomorrow. I'm not sure I'll find the time.
10. You **needn't have arrived** so early.

5.1.3 *Réécrivez les énoncés suivants en introduisant une négation. Traduisez les énoncés transformés.*

1. You must take all your luggage.
2. Can you help me ?
3. You should have called for help.
4. That must be the solution.
5. If he had looked for it, he would have discovered it before us. (*Even if…*)
6. He may have left before we did.
7. It seems odd he should have said that to me.

8. Why should it have been you?
9. They might have gone of their own free will.
10. By that time you will have finished your work.
11. Will that be enough?
12. The schedules may have had to be changed.
13. He might have been sent abroad on a mission.
14. It's one of those things that you can't do. (*ajoutez une autre négation*)

5.1.4 Réécrivez les énoncés en contredisant leur contenu. Le but est d'opposer sur le plan sémantique l'énoncé que vous aurez produit à l'énoncé de départ.

Exemple : obligation → non-obligation, permission → interdiction, doute → certitude etc.
1. Rocco must have been Italian.
2. You may smoke in here.
3. That might be Rocco's motorbike.
4. The schedules may have been changed.
5. A toddler can't climb on that chair; it's too high. [cherchez *toddler* dans le dictionnaire]
6. The students must arrive on time.

5.2 EXPRESSION DE LA CAPACITÉ ET DE LA POSSIBILITÉ

5.2.1 Exercice d'analyse

Pour chaque groupe verbal en gras dites : 1) dans quel emploi l'auxiliaire modal est utilisé (modalité épistémique, modalité radicale?), 2) quel est le moment où se place l'évènement exprimé. Puis **donnez la traduction française de chaque énoncé.**

1. He **can't have driven that car**.
2. They **may not have heard** the phone.
3. I'm sure you **can smoke**, but I'm not sure **you may**.
4. You **can't come in** without a membership card.
5. You **may not come in.**
6. John **might not be looking** for us after all.
7. She **couldn't be thirteen**, she looks so confident!
8. You **might have let** me know you had changed your mind.

5.2.2 Réécrivez les énoncés en employant un auxiliaire de modalité à chaque fois que cela est possible

1. I'm pretty sure they didn't win.
2. Everything considered, it is possible that he hasn't met her before.
3. Customers are not allowed to roller skate in this shop.
4. It's possible that she didn't understand your question.
5. It is highly probable that she didn't meet the Pope.
6. There's a remote chance he is still waiting for us.

7. He read my thesis but he was unable to remember a word of it.
8. Even toy cars are dangerous.
9. I'll do you a big favour and let you drive me home tonight.
10. I don't believe he's been to China! He doesn't speak a word of Chinese!
11. Perhaps Priscilla wants to marry Simon.
12. It is possible that we didn't choose the quickest way.
13. It was possible for her to see the Eiffel tower from the window of her hotel room.
14. It was possible for her to get in touch with me before she left : she'll be here any minute.
15. Why don't you buy this car, it's a bargain!
16. You tell me I don't work hard, ok, but still, I've got good grades.

5.2.3 Exercice à trous : CAN, COULD, BE ABLE TO, ou BE ALLOWED TO ? (Ne pas employer MAY ou MIGHT bien qu'ils soient parfois possibles)

1. I ... play chess very well when I was your age.
2. But Jane is much stronger at this game than I am : she ... beat me since she was 5 years old.
3. ... I move this piece this way ?
4. Jane ... (not) have taken your bishop with her queen : she never moves her queen before the fifth move.
5. The public ... (not) see much of the board from where they sat.
6. A chess contest ... last for days.
7. «The players ... leave their seat during the game» the judge declared.
8. Jane ... beat him, although he is much older.

5.2.4 Exercice de traduction : expression de la capacité ou de la permission dans le passé

Niveau 1
1. On l'avait prévenu de ne pas se retourner mais il n'a pas pu s'en empêcher.
2. J'ai pu m'échapper juste avant que l'immeuble ne s'écroule.
3. Je pouvais courir pendant des heures quand j'avais ton âge.
4. Pourquoi n'avez-vous pas pu réaliser votre rêve d'enfance ?
5. Grâce à un prêt bancaire, Roberta a pu s'acheter des Reebok.
6. Je ne pouvais pas fumer chez moi, pourtant c'était moi qui payais le loyer.
7. Depuis l'entrée, il voyait tout le living.
8. Après une garde à vue de 24 heures, j'ai enfin pu appeler ma femme.

Niveau 2
1. Il n'avait pas l'air d'un homme qui pouvait faire face à Moose Malloy. Mais il avait pu combattre seul contre Mice New sans trop de dommages.
2. Malgré son grand âge, il a pu traverser la rivière. Et dire qu'il ne savait même pas encore nager à 70 ans !
3. Depuis qu'il s'était cassé la jambe en 1950, il ne pouvait plus courir. En fait, quand je l'ai rencontré en 1970, il pouvait à peine marcher normalement.
4. Quand nous étions chez grand-mère, nous pouvions lire tard le soir. Mais, de retour au pensionnat, nous pouvions seulement lire jusqu'à 8 heures et demie.

5.2.5 Exercice de traduction : expression du degré de possibilité

1. Il n'est pas impossible qu'il soit tombé de cheval.
2. Il se peut qu'il n'ait pas pu résister à la tentation.
3. Une femme enceinte peut avoir envie de manger ces cochonneries.
4. Brad Pitt n'aurait pas pu rencontrer James Dean, et il ne pourrait pas non plus être son fils. Il est trop jeune.
5. Cet enfant a l'air jeune. Il ne doit pas avoir plus de cinq ans.
6. Dans une autre vie, elle a peut-être été chien de chasse, qui sait ?
7. Suzy pourrait être la grande sœur de Jean après tout.
8. Il est impossible qu'elle ait filé seule avec l'argent.
9. Le cambrioleur peut s'être enfui par les toits. Mais on ne le saura probablement jamais.
10. Ça ne peut pas être la voiture de Jane, ça c'est la voiture d'un homme ! Par contre, la voiture rouge pourrait bien être sa voiture.
11. Est-ce qu'elle aurait pu avoir raison ?
12. Qu'est-ce qu'il peut bien faire ? Ça fait une demi-heure qu'on l'attend.

5.2.6 Traduisez

1. Voudriez-vous me passer mon pyjama, s'il vous plaît ?
2. Le suspect n'a pas pu parler à sa femme, selon le Décret 96. 1388.
3. Tu as eu de la chance : tu aurais pu te couper la main.
4. Je trouve que ses parents auraient quand même pu lui en parler.
5. Un mari jaloux, ça peut être très méchant parfois, mais je n'ai jamais pu résister à une femme modérément présentable.
6. Elle ne voit strictement rien sans ses lunettes.
7. Suzy aurait pu venir si elle l'avait vraiment voulu.
8. Sa femme peut très bien être allée chez la vieille Irma.
9. Puis-je m'asseoir à côté de vous ?
10. C'était peut-être un grand cycliste, mais il n'a jamais pu gagner le Tour de France.

5.2.7 Traduisez

1. Il est possible qu'il ne lui ait pas encore prêté son dictionnaire.
2. Selon le règlement les garçons n'ont pas le droit d'entrer dans la cour des filles.
3. L'avion, c'est peut-être plus rapide, mais c'est aussi plus cher.
4. Aurait-elle pu préparer le coup toute seule ?
5. Il a eu beaucoup de chance ! Il aurait pu ne pas survivre à cet accident.
6. Bien que Morgan ait été sincère dans son amour, il a dérobé tout l'argent de son beau-père.
7. Vous pourriez faire quelque chose, non ?
8. Le maire aurait pu prévenir ses concitoyens, vous ne pensez pas ?
9. J'aurais aussi bien pu rester au lit.
10. Les preuves données par les témoins indiquent qu'il est possible que le cambrioleur ait été un espion américain.

5.3   EXPRESSION DE L'OBLIGATION ET DU « TRÈS PROBABLE »

5.3.1 Exercice d'analyse

Pour chaque groupe verbal en gras dites : 1) dans quel emploi l'auxiliaire modal est utilisé (modalité épistémique, modalité radicale ?), 2) quel est le moment où se place l'évènement exprimé. Puis **donnez la traduction française de chaque énoncé.**

1. John's car **must have been stolen.**
2. You **must not watch** this stupid program.
3. That **can't be** true.
4. Jane **should leave** now.
5. David **should** speak English well. He's spent two years in Great Britain.

5.3.2 Réécrivez les énoncés en employant un auxiliaire de modalité

1. It isn't necessary for John to leave a message.
2. I'm quite sure he was sleeping when the phone rang.
3. I wish you hadn't given Robert Redford my phone number.
4. As far as I know, he was supposed to arrive earlier.
5. We left at once, but now I think it was unnecessary.
6. You are absolutely not allowed to drink alcohol.
7. I'm quite sure he hasn't come back yet. His car isn't in front of his house.
8. It was not necessary for us to lock the door, the house was empty.

5.3.3 MUST, CAN, SHOULD ou HAVE TO ?

1. Colonel Teps is very British. He … have been educated in one of those famous British public schools.
2. When Jack the Tomcat threatened him with a knife, the Colonel said phlegmatically : « You …(NOT) possibly have gone to all that trouble to stab me ? I'm almost flattered. »
3. Jack said he … kill him because he had been paid for the job, and contrary to what Teps might think, he was an honest man.
4. « Besides, » Jack added, « you … know that since you are an important witness there is a lot of money on your head. »
5. « Oh really, » the Colonel said. « But there …(NOT) be more than $5000. That's the sum there … be on my bank account, if I remember well.
6. So if you cared to let me go, I would do all the necessary arrangements so that you … be paid in due time. »
7. Jack … let the Colonel go : the offer seemed honest.
8. Jack was killed two days later in his flat. The colonel … (NOT) have murdered him because he was in court that day.

5.3.4 Traduisez

1. Il n'aurait pas dû éternuer pendant la représentation.
2. Tu entends ces cris ? Les voisins doivent encore se bagarrer.
3. Ça fait plusieurs années que je n'ai pas eu besoin de voir un médecin.

4. Je pense qu'ils ne devraient pas arriver avant ce soir.
5. Pierre n'a pas dû m'appeler : il n'y a pas de message sur mon répondeur.
6. Tu n'aurais pas dû choisir ce pantalon : il te va mal.
7. Je pense qu'il faut qu'il change ses habitudes alimentaires.
8. Je suis pratiquement sûre qu'il a perdu l'esprit.
9. A cette époque là, Marylin devait absolument trouver un producteur assez clairvoyant pour l'aider.
10. Robert La Souris n'a pas dû s'enfuir par la fenêtre : elle est trop haute.

5.3.5 *Traduisez*

1. Il avait forcément un complice parmi les gardiens.
2. Les parents ne sont pas obligés d'accompagner leurs enfants au spectacle.
3. Il ne faut pas que tu abîmes mon livre.
4. Ils m'ont dit fermement que je ne devais pas sortir.
5. Comme vous devez le savoir, elle n'aurait pas pu voler un bijou à Paris, alors qu'elle se trouvait à Athènes.
6. Je n'avais pas besoin de lui préparer un goûter. Il se débrouillait.
7. Jane devait avoir raison quand elle disait qu'il devait se sentir rejeté.
8. Une voiture, ça a besoin d'essence, tu devrais être au courant.
9. Merci, c'est gentil, mais ce n'était pas la peine de faire tout ça.
10. Les candidats devaient se présenter à tour de rôle.

5.4 PRÉTÉRIT MODAL

5.4.1 *Mettez les verbes entre parenthèses à la forme adéquate*

1. I wish you (COME) to tomorrow's party ! Come on, change your mind !
2. I wish I (DRIVE) such a fast car and go with you to a sport rally !
3. I wish you (NOT ARRIVE) so late last night !
4. I wish his handwriting (BE) clearer !
5. I wish he (KNOW) how to tune that guitar.
6. Suppose she (CATCH) the train in time yesterday.
7. Suppose he (APOLOGISE), would you still be mad at him ?
8. Your dog only licked my child's arm but suppose it really (BITE) him.
9. Suppose I (STOP) answering your questions now.
10. It's quiet now, but suppose the baby (CRY) still.

5.4.2 *Réécrivez les phrases suivantes en vous servant de* **I'd rather, It's time**

1. Still, it's too bad he didn't come last night.
2. What a pity she is still sleeping.
3. Unfortunately he hasn't given up smoking yet.
4. We'd better be leaving now.
5. Please, make up your mind.
6. It's almost too late to call her.

5.4.3 *Mettez le verbe entre parenthèses à la forme adéquate*

Il peut y avoir plusieurs réponses.

1. (START)   It's high time you …working.
2. (NOT RIDE)   I 'd rather my son … such a big horse. I'm so scared !
3. (FLY AWAY)   If only the bird … in time, it would not have been shot dead.
4. (GROW UP)   It's high time he … a little bit.
5. (KNOW)   Now that he has gone, it's too late, but still I wish I … him better.
6. (WAKE UP)   It was about time she ….
7. (CALL)   I wished he … me back immediately, but he didn't.
8. (SHAKE)   I wish you … (NOT) hands with him.

5.4.4 *Traduisez les phrases suivantes en employant une expression suivie de preterit modal à chaque fois que cela est possible*

1. J'aimerais mieux que tu fasses des progrès en français.
2. Il souhaite que tu viennes seul.
3. Il est grand temps qu'il remonte son horloge.
4. Si seulement tu faisais tes devoirs tout seul !
5. Je regrette de ne pas avoir mieux connu Henri.
6. Il aimerait mieux que l'on chante avec lui.
7. Le commissaire souhaite que vous arrêtiez les recherches.
8. Il est temps qu'on parte.

5.5   EXPRESSION DE LA CONDITION

5.5.1 *Associez les débuts d'énoncés à gauche avec les termes appropriés de la colonne de droite. Donnez toutes les possibilités.*

1. If Othello were to doubt Desdemona's love

a. There would have been no wedding

2. If Othello doubted Desdemona 's love

b. She would already be dead

3. In case Othello has doubts about Desdemona' s love

c. He would kill her without a second's thought

4. If Othello had doubted Desdemona's sincerity

d. She will be in trouble

5. In case Othello should doubt Desdemona's love

6. Had Othello had doubts about Desdemona's sincerity

5.5.2 *Associez les propositions de la colonne de gauche avec les propositions de la colonne de droite*

Il peut y avoir plusieurs possibilités.

Série A

1. If the minister had told the truth
2. If the minister told the truth

    a. he wouldn't be in jail
    b. he wouldn't have been sent to jail
    c. he might have become Prime Minister
    d. he wouldn't be sent to jail

Série B

1. If they built the new motorway
2. If they had built the new motorway

    a. we should move to the country
    b. we would move to the country
    c. we would have to move to the country
    d. we would have moved to the country
    e. we would have had to move to the country
    f. we should have moved to the country

Série C

1. Sir Alan would be an MP
2. Sir Alan would have been elected
3. Sir Alan will be elected

    a. if he chooses to stand
    b. if he had chosen to stand
    c. if he chose to stand
    d. if he weren't such a bad public speaker

5.5.3 *WOULD, SHOULD ou WILL ?*

1. In case you .... be accepted, you .... have to return this application form before July 10.
2. I .... say you .... have looked nicer in another outfit.
3. .... there be any problem, you .... have to refer it to your immediate superior.
4. Unless it stops snowing this morning, tomorrow's football match .... have to be put off.
5. Had I read the play before, I'm sure I .... have been very disappointed by the movie that has been made of it.
6. If I .... ask you to marry me, what .... you say ?
7. Provided President Clinton negociates with the members of Congress, he .... be able to pursue a new policy.
8. I .... be grateful for that if I were you.

5.5.4 *Choisissez la forme verbale qui convient, en employant notamment l'auxiliaire WOULD et des prétérits (mais pas forcément)*

Plusieurs solutions sont parfois possibles.

1. The book [be] much better if it [be] shorter.
2. If the author [write] this ten years ago, he [become] famous.
3. If the manuscript [be] ready by the end of June, the book [be published] for Christmas.
   (a) spoken in April, (b) spoken in August
4. The author [have to alter] the ending if the publisher [not like] it.

63

5. The book [may be] a success in the seventies, but not now.
6. The book [may be] a success if the author [appear] on TV.
7. You [may tell] me yesterday, I [come] earlier.
8. She is a very good nurse, but she [can become] a doctor if only her parents [send] her to university.
9. At the end of that dinner last Saturday, I [can't eat] more, even if I [try].
10. Since you [know] that the book was good, you [should buy] it.

5.5.5 *Traduisez*

1. Si nous avions une maison plus grande, nous vous inviterions à passer les vacances avec nous.
2. Si nous avions su que vous aimiez la campagne, nous vous aurions invités.
3. Tu serais venu avec nous, si on t'avait invité ?
4. Si tu avais fait attention, tu n'aurais pas renversé le ketchup sur la table.
5. Je leur prêterais volontiers de l'argent, si j'étais sûr qu'ils me remboursent.
6. Si j'avais su que tu venais ce soir, j'aurais fait la vaisselle.
7. Si tu avais fait la vaisselle hier soir, tu n'aurais pas à la faire ce matin.
8. Si la porte d'entrée avait été fermée à clef, j'aurais dû rentrer par la fenêtre.

5.5.6 *Traduisez : attention, un conditionnel français ne donne pas toujours WOULD*

1. J'aurais aimé vous offrir du whisky, mais mon frère a tout bu.
2. Je serais ravie si cela vous sied.
3. Si tout a bien marché dans la première étape, la seconde étape devrait paraître facile.
4. Un des membres du gouvernement aurait mené des négociations secrètes avec les terroristes.
5. Je penserais plutôt qu'il s'agit d'une belle escroquerie.
6. Skier sur de la vraie neige, quel plaisir cela serait !
7. La star séjournerait en ce moment dans une maison de repos suisse.
8. Sa mère aurait été contente qu'il arrête la moto plus tôt.

5.6 LA TRADUCTION DU FUTUR : WILL, WOULD, SHALL, BE GOING TO, BE + TO, PRÉSENT, IMPÉRATIF

5.6.1 *Réécrivez les phrases suivantes en employant selon les cas WILL, SHALL, BE GOING TO*

1. Whatever the calculator, one plus one is bound to be two.
2. Suzy refuses to talk to him.
3. Do you want to marry me ?
4. Do you want me to do the washing up ?
5. Strange things are bound to happen in haunted houses.
6. I was about to take my umbrella, but the rain has just stopped.
7. Suzy is on her way in order to get everything settled.

8. Betray me once and next thing you know you're dead. *(réécrire la 2ème proposition)*
9. Do you want to come with me or what?
10. The doctor was about to leave the operating room when he realized he had forgotten his glasses somewhere.

5.6.2 Traduisez en employant le présent (simple ou BE+ –ING)

1. Demain je quitte Istanbul ; je prends l'avion pour Paris.
2. Eve ne recevra pas sa belle-sœur chez elle pendant les vacances.
3. Quand est-ce que tu déménages ?
4. Qui croira cela ? Jane va se marier !
5. Cours donc ! Ne sais-tu pas qu'on est pressés ? Le train part à 6 heures pile.
6. Je ne peux pas. Je vais dîner à l'extérieur ce soir. Mais on doit se voir demain, non ?

5.6.3 Complétez les énoncés suivants : présent, BE GOING TO, WILL, SHALL

1. I have put my track suit on because I ... play tennis with Tom.
2. Please don't call me Auntie , ... you ?
3. You're right, it's drizzling. I ... take my raincoat.
4. Stop bouncing the baby or she ... throw up !
5. The doctor said she ... have twins.
6. When I ... stop smoking that ... mean I'm in the graveyard.
7. For my birthday this year my father ... give me whatever I ... choose.
8. Let's go shopping, ... we ?

5.6.4 Traduisez

1. Ça y est, c'est convenu, ils doivent aller ensemble voir le docteur lundi prochain.
2. Il court depuis des heures ; il va être épuisé quand il s'arrêtera.
3. Qu'est-ce qu'on peut faire pour vous aider ?
4. Ne touchez pas au blessé. De toute façon, la police va arriver.
5. J'aurai fini ce travail pour demain.
6. Si tu veux bien regarder par la fenêtre tu verras que ta voiture est mal garée.
7. Quand tu seras adulte, il est possible que tu aies des droits, mais tu devras aussi être un exemple pour les plus jeunes.
8. Dès que Laura aura eu tous ses examens, elle partira faire le tour du monde.

5.6.5 Traduisez

1. Vous me donnerez un autre verre d'eau, s'il vous plaît.
2. Tu n'auras plus, j'en fais le vœu, à te plaindre de moi, le pardon que tu m'offres, je saurai le mériter.
3. D'accord, je m'occuperai de Juliette pendant que tu causeras avec sa sœur. Tu tâcheras de ne pas faire l'enfant.
4. J'ai tout raconté à ma mère. Elle va me les acheter, ces bottes. Je les aurai en rentrant chez moi.
5. Eh bien ! Puisque vous êtes mes amis, comment les choses se sont passées, je vais vous le dire.
6. Toi, tu vas aller en reconnaissance et on verra ce que tu sais faire.

7. Un beau matin, Martin resta au lit et annonça qu'il n'irait pas à l'école. «Oh si», lui dit sa mère. «Et je t'y emmenerai même personnellement.»
8. «Je dois y aller» – «Attends, je vais te raccompagner.»

5.6.6 *Traduisez : concordance des temps dans les circonstancielles de temps*

1. Il a dit qu'il irait leur rendre visite dès qu'il aurait terminé sa thèse.
2. Tant que tu ne m'auras pas dit ton âge, je ne te laisserai pas entrer.
3. Elle savait que lorsqu'il rentrerait, il la réveillerait.
4. Je promets de penser à toi chaque fois que j'irai dans le jardin.
5. Quand le cycle de lavage serait terminé, il ne faudrait pas qu'il oublie de sortir le linge de la machine, lui avait-il dit.

TEST DE SORTIE

Traduisez :

1. Mon prof m'a dit que je devais faire ces exercices de toute façon.
2. Mon prof aurait fabriqué ces exercices.
3. Il se peut que je doive faire ces exercices pour la semaine prochaine.
4. Il est grand temps que je commence à faire sérieusement mes exercices.
5. Je n'avais peut-être pas fait tous les exercices, mais j'avais bien compris quand même.
6. Tu aurais pu me faire mes exercices !
7. Il se pourrait qu'il n'ait pas fait tous les exercices.
8. Tu n'avais pas besoin de faire tous les exercices pour aujourd'hui, c'est pas grave.
9. Nous ne devions pas faire les exercices avant d'apprendre le cours.
10. Devons-nous faire ces exercices ?

Le corrigé du test se trouve à la fin des corrigés de ce chapitre.

SCORE comparez avec le test d'entrée

10 Félicitations
9 C'est bien.
6-8 Essayez d'identifier les points à revoir.
5 ou moins   Il faut revoir le chapitre entièrement, sans vous découragez !

CHAPITRE 6. GROUPE NOMINAL ET DÉTERMINANTS

TEST D'ENTRÉE

1. Les nouvelles sont bonnes. Il n'y a pas eu de dégâts.
2. La princesse Stéphanie n'aime pas les roses blanches.
3. Je ne mange presque jamais rien entre le petit-déjeûner et le déjeûner.
4. C'est un bon ami à moi, mais en tant que psy, il est nul.
5. Marcel est sorti sans chapeau ! Il va attraper la grippe !
6. Quatre-cents infirmières ont signé cette pétition.
7. Il a fait si peu de progrès qu'il n'aura pas sa maîtrise cette année.
8. Les trois fils de M. Dugenou sont encore vivants.
9. Il passe des nuits entières à faire des mots croisés, même s'il faut qu'il se lève à six heures tous les matins.
10. La plupart des astronomes ne lisent jamais leur horoscope.

Le corrigé du test se trouve au début des corrigés de ce chapitre.

Score :

10 Très bien, mais faites quand même les exercices. Ce chapitre est très dense.
7-9 Quelques points à vérifier et à renforcer.
5-6 Attention, révisez bien avant de faire les exercices.
5 ou moins   Il va falloir beaucoup travailler.

6.1 TYPES DE NOMS ET DÉTERMINANTS

6.1.1 Traduisez

1. Aux Pays-Bas, même les enfants circulent à vélo.
2. Il faudra passer à la douane quand vous aurez repris vos bagages.
3. Mathilda monta sur la balance, puis choisit une pince à épiler. Elle songeait à s'acheter un nouveau collant rose pour son cours de danse.
4. Il n'y avait que peu de passants à cette heure tardive, et le carrefour était désert.
5. Les crises économiques sont cycliques.
6. Le politicien intègre est une espèce en voie de disparition.
7. Le gouvernement veut faire appliquer une nouvelle série de mesures préventives.
8. Il cherchait des larves pour servir d'appât.
9. Nos hypothèses ont été largement confirmées.
10. Les critères de sélection ont été abandonnés.
11. Notre prof de maths nous a assuré que l'économie, c'était facile.
12. Le jeune Gallois était étendu sur un lit dans la caserne humide.

6.1.2 Thème

«Pourquoi emportes-tu tant de meubles? Où vas-tu les mettre? Tu n'as pas encore trouvé de logement à Londres!» dit Sigourney. «Le problème, c'est que je ne peux pas les laisser ici. Je déménage la semaine prochaine. Alors en attendant, je vais les mettre chez ma grand-mère» répondit Richard. «Elle habite tout près de la Tamise, et elle passe tout son temps à chercher des preuves du meurtre de son mari. Elle pense que la police a de bonnes raisons d'étouffer l'affaire.»

6.1.3 Traduisez

1. Quel vêtement horrible! Comment peut-on porter un pantalon aussi laid!
2. J'ai toujours deux paires de lunettes, au cas où j'en perdrais une.
3. Ces spaghettis sont bien meilleurs que ceux de la semaine dernière.
4. Il ne m'a pas donné beaucoup de conseils.
5. Les Japonais mangent du poisson cru.
6. La police recherche d'autres preuves, celles qu'elle a ne sont pas suffisantes.
7. Ce pantalon ne me va pas, je vais en choisir un autre.
8. Le vieux Chinois attrapait toutes sortes de poissons.
9. Il m'a donné très peu de renseignements.
10. Les épinards de Popeye ont l'air bien meilleurs que ceux qui sont dans mon assiette.
11. Les meubles de ma grand-mère sont affreux.
12. Tes bagages sont très lourds, tu devrais les laisser ici.
13. Les dernières nouvelles de ma tante sont mauvaises.
14. Tes cheveux sont sales! C'est impossible que tu les aies lavés hier!
15. Il est possible que les dégâts n'aient pas été causés par la foudre.

6.1.4 Thème

«Pourquoi emportes-tu tant de bagages? Qui va les porter? Réponds-moi, Madeleine!» dit Sylvia. «Eh bien, j'ai besoin de cinq pantalons, d'une douzaine de chemises et de trois pulls. Et puis deux robes, des sous-vêtements, un pyjama...». «Ca va, ça va. Je suppose que tu emportes aussi ton maillot de bain, alors que tout le monde sait qu'il fait un temps épouvantable dans cette région de l'Ecosse en novembre!»

6.1.5 Traduisez, (puis comparez la détermination nominale dans les phrases paires et les phrases impaires)

1. Les médecins ne sont pas tous des charlatans.
2. Les éléphants que tu vois là-bas sont nés au zoo.
3. La linguistique, c'est plus facile que les maths.
4. Ah! Voici le vin hongrois dont on m'a tant parlé.
5. Robert n'aime pas le poisson pané, mais il adore les frites.
6. Tous les médecins que j'ai vus m'ont expliqué que je n'étais pas malade.
7. Les éléphants d'Afrique ont de grandes oreilles.
8. Je n'ai pas besoin des preuves que tu m'apportes, je sais qu'il est innocent.
9. J'aime beaucoup la cuisine japonaise, mais je crois que la nourriture chinoise est encore plus variée.
10. J'ai encore oublié les sandwiches et la bière!

6.1.6 Insérez le déterminant qui convient

... Doctor Roberts isn't really ... doctor, and ... name he uses is actually ... false one. His real name is Smith, and he's ... undercover agent for ... CIA ; ... undercover agents always have to use ... false identities .... Doctor Roberts now has ... split personality; and with ... end of ... cold war, he might be out of ... job soon!

6.1.7 Thème

Personne ne m'a jamais expliqué pourquoi il y a deux sortes de pellicules : les pellicules grasses et les pellicules sèches. Heureusement, je n'en ai pas : mes cheveux sont en excellente santé, merci! Mais il faudra que je demande à mon coiffeur, un de ces jours. Il est toujours très content de donner quelques renseignements sur les soins capillaires.

6.1.8 Traduisez

1. Le petit-déjeuner est servi dans le hall.
2. Je regrette qu'il aille si souvent à l'église.
3. Il est certainement au lit à cette heure-ci. Il se lève à l'aube, même le dimanche.
4. L'hiver, de nombreux Suisses vont au ski.
5. Il a quitté l'école à l'âge de quatorze ans.
6. Cette fois-ci, je suis venue à bicyclette, la prochaine fois je viendrai à pied.
7. C'est toujours la nuit que j'ai de bonnes idées.
8. N'oublie pas de te laver les mains avant le déjeuner.
9. Il est revenu en ville la semaine dernière.

10. Il faut apprendre le chapitre 5, de la page 32 à la page 45, pour la semaine prochaine ; on a un devoir sur table mercredi.
11. Elle a dû retourner à l'hôpital parce qu'elle avait encore mal aux pieds.
12. N'oublie pas de faire la vaisselle après le petit déjeuner.
13. Pendant la journée, je n'ai pas peur. Mais à la tombée de la nuit, je ne suis pas très rassuré.

6.1.9 Thème

«Si c'est ça que tu appelles des progrès, on n'est vraiment pas d'accord» dit le vieux professeur Mouchot à son fils. «Je t'ai déjà expliqué cent fois que les adjectifs ne se mettent pas au pluriel en anglais !» «Ah bon ? C'est bien la première fois que j'entends une chose pareille», lui répondit Alphonse. «Ne me prends pas pour un imbécile, sinon j'appelle ta mère, et elle t'obligera à te mettre en pyjama et à aller au lit».

6.1.10 Insérez le déterminant qui convient

1. Have you been crying ? You have ... red nose and ... puffy eyes.
2. He was disapproved of by ... U.S. diplomats as ... Secretary-General of ... United Nations, but as ... person he was appreciated by all.
3. Do what Brenda tells you. She has ... eye for ... bargain.
4. When he found out he could have paid one dollar ... pound for his tomatoes, he walked around with ... pale face for weeks.
5. ... weather permitting, the meeting will be held outside. Still, I wouldn't dream of going out without ... umbrella. I'm already running ... temperature.
6. What ... terrible weather ! There has been ... sudden fall in ... temperature, and it has been raining steadily for ... past three days. And ... weather forecast for tomorrow is just as bad.

6.1.11 Commenter la détermination des mots en gras

Termes à employer : fonctionnement du nom (dénombrable ou indénombrable), nombre (singulier ou pluriel), valeur du déterminant (spécifique ou générique).

It isn't too difficult to train a neurotic dog, providing we use **Ø psychology** instead of common sense.

His education should start at an early age. It may take the dog a lifetime to learn. The adage, « You can't teach an old dog new tricks » has no validity. You can't teach new tricks to a young dog either.

This does not mean he is stupid. **Ø Man** often fails to get through to his dog simply because of the language barrier. His dog just does not understand him. Few people achieve proficiency in barking, and when they do their performances only tend to confuse their listeners.

It has yet to be proved to **A dog** that his readiness to obey will actually improve his lot. **Ø Cats**, for example, hardly ever pay attention to a command, yet they have man's respect. **Ø Birds and Ø fish** do even less for a living, yet they get fed as often as **THE dog** does.

Stephen Baker, *How to Live with a Neurotic Dog.*

6.1.12   Traduisez : emplois divers de A/AN

1. L'été, il sort sans chemise.
2. Cette station-service est ouverte 24 heures sur 24, sept jours sur sept.
3. Il a commencé comme homme d'affaires, puis il est devenu clochard du jour au lendemain.
4. En tant que spécialiste du bricolage, je peux vous assurer que cette perceuse ne vaut rien.
5. Il faisait du cent quarante à l'heure, sans ceinture de sécurité.
6. Ce genre de miracle n'arrive qu'une seule fois dans la vie.
7. Une demi-vérité vaut-elle mieux qu'un mensonge ?
8. Autrefois, il rendait visite à sa belle-famille tous les huit jours. Mais depuis que l'oncle Paul est mort, il n'y va plus que deux fois par an.
9. Il était officier de renseignements pendant la seconde guerre mondiale.
10. Il s'est retrouvé sans travail, sans ami et sans domicile.

6.1.13   Insérez le déterminant qui convient

   ... Ancient Egyptians and ... Aztecs did it. Even ... Neanderthal man did it. Every society has discarded ... used packages, from ... broken amphoras to ... plastic bags. ... Germans are hoping to become ... first to break ... habit with ... stringent new rules that make ... country's manufacturing, retailing and packaging sectors responsible for recycling ... wrappings and ... containers of everything they sell, right down to ... tops of ... used toothpaste tubes.

6.2   QUANTIFICATION

6.2.1   Quantifieurs SOME, ANY ou NO. Indiquez s'il s'agit de quantité ou de qualité

1. ... sensible human being would ever dream of learning to fly !
2. Don't give me ... cigarettes, even if I ask you for ...
3. Wow, Jimmy Connors is ... tennis player !
4. You can't wear just ... old dress to go to the party !
5. Would you like ... toast ?
6. Don't try to deceive him. He's ... fool.
7. ... language teacher will tell you a good workbook helps.
8. For ... reason, he refused to answer my question.
9. ... people don't like oysters.
10. There was hardly ... wine left.

6.2.2   Quantifieurs LITTLE, FEW, A LITTLE, A FEW : insérez celui qui convient

1. It's a shame you're late ! I'm afraid we have very ... spaghetti left.
2. ... exercise won't do you any harm !
3. What a relief ! I've still got ... change for the meter.

4. Hurry up! We have ... time before the show starts.
5. There are still quite ... problems to discuss.
6. ... loose change is better than nothing at all!
7. Would you like … bacon?
8. … people know what a clone is.
9. Help yourself to … peanuts.
10. There's … butter left. I'm afraid we'll have to buy some more.

6.2.3 Traduisez

1. Chaque année il y a moins de gens qui votent.
2. Je n'ai pas assez de pommes de terre, il m'en faut encore plusieurs.
3. Il ne reste presque plus de meubles à déménager.
4. Il a de moins en moins de cheveux, mais sa barbe pousse.
5. Il y a moins de nourriture et moins d'eau, mais de plus en plus de gens sur la planète.
6. C'est Stan qui a le plus de petites voitures, et Oliver qui en a le moins.
7. Tu veux vraiment encore du poulet? Il en reste très peu.
8. Un tout petit conseil de belle-mère, ça vaut mieux que rien du tout, non?
9. Très peu de gens ont pris conscience de l'importance du drame.
10. Il a reçu de nombreuses lettres de ses fans.
11. Quelqu'un a dû oublier de se laver les pieds!
12. La défense n'a pas pu produire de témoin oculaire.
13. Je t'en supplie! Ne me donne pas autant d'épinards que la dernière fois.
14. Il y avait environ trois cents CRS, mais deux fois moins de manifestants.
15. Quand je commande des spaghettis au restaurant italien, j'aime qu'il y en ait beaucoup (mais pas trop), avec une tonne de sauce tomate.
16. Ne sois pas si mauvais joueur! Tu as déjà gagné plus de deux millions de livres, c'est plus qu'assez, non?

6.2.4 Traduisez en employant ALL, WHOLE, EVERY

1. Il a plu toute la journée hier et toute la maison sentait l'humidité.
2. Les invités étaient si déprimés qu'ils ont bu tout le whisky, et une partie du champagne. Tous les enfants étaient devant la télévision.
3. Toutes les heures, quelqu'un essayait de sortir faire un tour, et tout le monde se moquait de lui.
4. Le docteur du village nous a exposé toute sa philosophie. Malheureusement, tout ce qu'il dit est déjà bien connu depuis des siècles.
5. Si c'est tout ce qu'il a à dire, il n'avait pas besoin de passer toute une heure à nous l'expliquer.
6. La publicité dit : « Toutes les femmes tomberont amoureuses de notre lessive. » Toutes, vraiment?
7. Au LWC (Liberated Women's Club), quand elles ont vu cette publicité, toutes les femmes se sont indignées. Elles ont toutes juré de ne jamais employer cette lessive.
8. « Je ne pourrai jamais porter tous les bagages, il y en a trop. » « Je porterai ta serviette, c'est tout ce que je peux faire. »
9. « Tous les Américains connaissent la liste de tous les présidents. » « Et est-ce qu'ils savent tous quand ils étaient au pouvoir? »
10. « Et on élit un nouveau président tous les combien? » « Tous les quatre ans, voyons. »

6.2.5 MOST/ MOST OF : mettez la forme qui convient dans les espaces

1. ... hairdressers' apprentices are under 18.
2. ... Parisian hairdressers have learnt their job at Jean-Paul's.
3. ... hairdressers I have been to refused to shave my head.
4. Yesterday, I read that ... teenagers living in Paris wanted to have their hair dyed.
5. Contrary to what ... people think, ... dinosaurs were herbivores.
6. In that film, ... dinosaurs were created by computer.
7. ... today's children dream of seeing real dinosaurs.
8. ... dinosaur skeletons have been found in deserts.
9. ... dinosaur skeletons that were reconstructed by Dr Brown have fallen apart by now.
10. ... triceratops, which were over nine meters long, were quite harmless.

6.2.6 Proportions, nombres, mesures

1. Pour faire ce gâteau, il faut deux cents grammes de sucre, deux fois plus de farine et deux fois moins de beurre.
2. A New York, des centaines de personnes sont sans domicile fixe.
3. Il m'a donné trois billets de dix livres pour que je me taise, et m'a promis cinquante livres de plus si je ne dis pas toute la vérité à la police.
4. Nous avons reçu plusieurs centaines d'appels la première semaine, mais seulement quelques dizaines la deuxième.
5. «Deux demis, s'il vous plaît!»
6. Je n'ai pas eu le temps d'écouter tous ses conseils, mais j'en ai quand même retenu la moitié.
7. Il a réussi à s'évader en escaladant un mur de trois mètres de haut.
8. Le jardin ne fait que vingt mètres carrés.
9. Il n'a couru qu'un quart de mile, puis il s'est effondré.
10. Il n'est pas aussi lourd qu'il ne le paraît : il doit peser dans les soixante-dix kilos.
11. Le médecin m'a interdit de boire plus d'un demi-litre de vin par jour.
12. Il dépense la moitié de son salaire en disques.
13. Cela fait bientôt un mois que des dizaines de milliers d'étudiants défilent en Syldavie pour protester contre le régime du roi Ottokar.
14. Ils étaient assis en demi-cercle.
15. Vous devrez prendre une pilule toutes les demi-heures.
16. Je voudrais deux douzaines d'œufs pas cassés.
17. La partie d'échecs a duré une heure et demie.
18. Il s'est passé un mois et demi depuis que je l'ai vu.
19. La moitié des voyous de cette ville ont des connections avec le monde de la drogue.
20. Il a enterré une partie de ses économies au fond du jardin

6.2.7 Traduisez en employant notamment EITHER, NEITHER, BOTH, mais aussi quelques autres

A
1. Tu te rends compte! Ses frères sont tous les deux albinos!
2. Ni l'une ni l'autre de mes grands-mères ne porte de dentier.
3. Il est possible que l'un ou l'autre de mes parents me téléphone.
4. Seulement deux d'entre nous ont de l'expérience en matière d'enseignement.
5. Il y avait des arbres de chaque côté de la route.

B

1. «Tout le monde devrait parler plusieurs langues.» «Pas de chance, je n'en parle aucune.»
2. «J'ai appris l'allemand et l'espagnol à l'école, mais je ne connais ni l'un ni l'autre. Je les ai oubliés tous les deux.» «Lequel tu préférais?» «Aucun des deux. Ils m'ennuyaient beaucoup tous les deux.»
3. «Je crois que j'aurais aimé apprendre soit le russe soit l'italien.» «Moi non plus je n'ai pas pu apprendre ma langue préférée.» «C'était quoi?» «L'indonésien.»
4. «Toutes les langues sont belles. Aucune langue n'est méprisable. Seulement, certaines langues sont plus utiles.»
5. «C'est l'allemand qui est le plus difficile ou l'anglais?» «Ni l'un ni l'autre. L'anglais a l'air plus facile, mais aucune personne sérieuse ne le croit vraiment.»
6. «En fait, soit on aime une langue, soit on en a besoin. D'une façon ou de l'autre, on apprend vite. Mais si on n'a aucune de ces motivations, on n'apprend pas.»
7. «Aucun de mes professeurs ne m'a donné de passion pour aucune des deux langues que j'étais obligé(e) d'étudier. Quand je pense qu'il y avait des gens qui apprenaient à la fois le latin et le grec...»
8. «Alors tu n'as pas non plus appris de langue ancienne?» «Non, je n'étais attiré par aucune.»
9. «Mais personne ne peut dire qu'il ne parle aucune langue, et toi non plus.» «Comment ça?» «Tu parles ta langue maternelle, non?»

6.3 GÉNITIF

6.3.1 Avec les éléments fournis, formez un génitif qui vous permettra de compléter la phrase

Il sera parfois nécessaire de faire quelques modifications dans les termes fournis, et il y a aussi des impossibilités. N'oubliez pas que les déterminants possessifs sont des équivalents exacts du génitif : *the postman's car = his car.*

1. This article is adapted from [Anthony Holden – the newly published book].
2. Tackling crime is [business – everybody].
3. [the powerful and lasting influence – Inigo Jones] as the father of English classical architecture cannot be denied.
4. [the architect who built those churches – reputation] spread throughout Europe.
5. [the bestselling book – the Prince of Wales], called *A Vision of Britain* created quite a stir.
6. Many of [family, friends and counsellors – the Princess] refuse to talk to the press.
7. [the butler – Charles and Diana] told the journalist that he had to leave because they were so boring.
8. Celebrities try to preserve [they – private lives].
9. [butler – Diana – remarks] are not in the best of tastes.
10. [this autumn – the Queen – the Speech] may not be very well received.

6.3.2 Exercice d'analyse

Analysez les GN au génitif soulignés dans ces énoncés : de quel type de génitif (générique, déterminatif, de mesure) s'agit-il ? Sur quoi porte le déterminant ? Donnez une traduction.

1. His attitude got on the young man's nerves.
2. It wasn't my sister's idea to come back late at night.
3. John had been a grocer's assistant in London.
4. He replied without a second's thought.
5. The man held a leather coachman's whip in one hand.
6. Tony was disconcerted by the unexpectedness of the men's responses.

6.3.3 *Traduisez les phrases suivantes en employant le génitif chaque fois que cela vous paraît possible*

1. Les deux premières nouvelles du professeur Schnock ont été publiées le mois dernier.
2. J'ai suivi tous les conseils de ta sœur, et je n'ai emporté que la moitié de mes bagages.
3. Les nouvelles d'aujourd'hui sont pires que celles d'hier.
4. Au bout de cinq mois de recherches, il a rendu un rapport très détaillé sur le sujet.
5. Je n'ai pas suivi tous les conseils de Mme Irma, et je n'ai acheté qu'un livre d'enfants.
6. Veux-tu manger les épinards d'hier soir, ou préfères-tu des spaghettis ?
7. La femme du vieux général Poupard a été mordue par un serpent dimanche dernier.
8. Après le petit-déjeuner, il est tout prêt à affronter le travail du jour.
9. Les deux premiers livres du pape Jean-Paul II se sont vendus à des millions d'exemplaires.
10. D'ici à chez James, il n'y a que cinq minutes de marche.

6.3.4 Thème

Le mari d'une de mes collègues m'a rappelé hier que c'était l'anniversaire de sa femme demain. Il a organisé secrètement une fête avec la plupart de ses amis. Je me demande si je mets une robe, ou alors un pantalon, comme d'habitude.

6.3.5 Traduisez

1. Le docteur a insisté pour qu'il prenne un mois de repos.
2. Je n'y ai pas réfléchi une seconde.
3. Le premier prix de la saison littéraire sera décerné la semaine prochaine.
4. La ferme est à vingt kilomètres d'ici en voiture, mais à pied cela fait seulement douze kilomètres. A vous de choisir : un quart d'heure de voiture ou une demi-journée de marche !
5. Je me demande à quoi il va ressembler après dix ans d'absence.
6. Le bulletin météo d'aujourd'hui est dans le journal d'hier.
7. Il a demandé un an de congé pour pouvoir élever les trois enfants de feu sa femme.
8. Tout ce dont j'ai besoin, c'est d'une bonne nuit de sommeil.
9. J'ai encore la moitié des bagages de ma grand-mère dans la voiture, je n'ai pas pu tout porter.
10. La fille d'une amie à moi va arriver dans une heure.

6.4 NOMS COMPOSÉS

6.4.1 *Formez des noms composés à l'aide des noms fournis*

1. *door mouse speed trap* (3 mots)
2. *cheese cream cube ice* (3 mots)
3. *defense rate interest self* (3 mots)
4. *heat length stroke wave* (3 mots)
5. *lip lamp reading speed* (3 mots)
6. *food junk order mail poisoning* (4 mots)
7. *book dog case guide* (3 mots)
8. *bag gown dressing shopping window* (4 mots)
9. *chocolate piece cake fish* (3 mots)
10. *top page front floor teeth* (3 mots)

6.4.2 *Exercice d'analyse : noms composés et adjectifs composés*

Dans ce texte, (1) relevez les noms composés de 2 termes ou plus ; donnez une traduction, (2) relevez les adjectifs composés et pour chacun dites sur quel nom il porte ; donnez une traduction.

(Adapted from an article in *The Times* Tuesday July 30 1996 by G. Walters)

Exiting Baker Street tube station on a weekday afternoon in midsummer comes as a shock. The atmosphere feels more like a teenage carnival than the London of Holmes and Watson. Hordes of schoolchildren wearing tie-dyed T-shirts and pastel-coloured bumbags swig Coke and drop litter, and the only English being spoken is by cockney wide-boys soliciting ample Danish girls for bus tours.

The children are, of course, waiting to enter Madame Tussaud's and the London Planetarium. The former boasts its traditional half-mile-long queue, whereas the latter seems to hold comparatively little interest. In fact there is no queue at all, and entering seems a doddle.

José the doorman blocks the entrance. Standing next to José is Julie, the doorwoman, who is being harangued by a Burberry-wearing American family. My optimism is quickly punctured. « Sorry. No people can come in. It's closed for an hour, » she informs us. Has there been a bomb scare ? « No, » she replies, « Someone is sick. »

6.4.3 *Exercice de traduction*

Trouvez les noms composés anglais correspondant aux noms simples français. Pour vous aider, tous les noms à utiliser sont donnés. Certains servent plusieurs fois. Un conseil, traduisez d'abord les noms que vous connaissez, puis procédez par élimination.

un élastique (à cheveux)	un fax (l'appareil)
une crèche	la maternelle
la tension (maladie)	l'omoplate
un douanier	une tirelire
une télévision	un cil
un styliste	un vendeur
l'infographie	l'annulaire
une librairie	un policier

assistant	*holder*	*graphics*	*fashion*
box	*day*	*ponytail*	*lash*
fax	*eye*	*officer*	*shoulder*
machine	*television*	*designer*	*police*
nursery	*blood*	*set*	*computer*
ring	*blade*	*money*	
school	*customs*	*book*	
shop	*pressure*	*finger*	

6.4.4 Exercice de traduction

Trouvez les noms composés anglais correspondant aux groupes nominaux complexes français, en vous aidant des indices donnés entre parenthèses. Il y a quelques impossibilités.

une carte de visite	une poignée de main
une poignée de cerises	une pause-café
un chauffeur de taxi	le confort matériel (*creature*)
un film classé X (*rated*)	un syndicat d'initiative
un accident de train	le numéro de téléphone à domicile
un drogué	un moniteur d'auto-école
un car de touristes	la maladie de la vache folle
un garde du corps	

6.4.5 Génitif et noms composés : comparez et commentez

1. *Sunday's paper / a Sunday paper.*
2. *A children's bookshop / my children's teacher.*
3. *This butcher's old knife / a blunt butcher's knife.*
4. *A night flight / a whole night's flight.*
5. *The master bedroom / the master's bedroom.*

6.4.6 Exercice d'analyse GN complexes

Dans ce texte, relevez
— d'un côté tous les GN composés, et décrivez leur structure en en donnant une paraphrase.
— et de l'autre, tous les GN génitifs. Pour chaque forme trouvée, dites de quel génitif il s'agit et éventuellement sur quoi porte le déterminant.

Winter sun-seekers in northern Florida awoke to temperatures below zero and a wind chill factor which took the mercury to –8F (-22C). The state's citrus farmers had to take emergency measures to protect crops, spraying fruit to create an insulating outer layer of ice. Bobby McKown, chief executive of Florida Citrus Mutual, predicted bad defoliation of orange trees. The damage may push up orange-juice prices. Many motorists had trouble trying to start their cars. Residents of Windsor Locks, Connecticut, awoke yesterday to temperatures of –13F (-25C), and in upstate New York the waterfall at Haines Falls froze, creating an array of icicles. Petrol pump attendants complained that their hands were too numb to handle change, and thousands of people in Tennessee were left without electricity after ice unbalanced power pylons. Along the shores of the Great Lakes, pedestrians were urged to « keep blinking » to protect their eyes. (…) For the people of Duluth, Minnesota, yesterday morning's –10F (-23C) was a welcome rise on Friday's –60F (-51C). « This, » said John Myers, a local reporter, « feels positively springlike ».

(*The Times,* Tuesday February 6 1996)

TEST DE SORTIE

1. Ceux d'entre vous qui n'ont pas écouté tous mes conseils le regretteront dans quelques années.
2. Avez-vous quelque chose pour les cheveux secs ? N'importe quoi, du shampooing, du démêlant ?
3. Je connaissais une femme qui peignait deux douzaines de tableaux par semaine.
4. – J'ai fait un voyage de dix heures dans cette voiture que tu vois là-bas.
   – Ça pour une voiture, c'est une voiture !
5. Le pantalon du Prince Albert est un peu large pour toi.
6. Il reste si peu de beurre que ce n'est pas la peine d'essayer de l'étaler sur ces toasts.
7. J'ai passé toute la nuit à me demander si l'un ou l'autre de mes grands-pères était sourd.
8. Quelles sont les opinions politiques du docteur Martin ?
9. Les examens de fin d'année sont toujours les plus difficiles.
10. La moitié de ses meubles se sont vendus pendant la première demi-heure.

Le corrigé du test se trouve à la fin des corrigés de ce chapitre.

SCORE comparez avec le test d'entrée

10 Bravo, car ce n'est pas un chapitre facile.
8-9 En très bonne voie.
6-7 Attention, révisez, en essayant de repérer vos points faibles.
5 ou moins   Pas de découragement, mais il faut retravailler.

CHAPITRE 7. PROPOSITIONS RELATIVES

TEST D'ENTRÉE

Traduisez :

1. Le livre que tu cherches n'est pas à la bibliothèque.
2. Les idées auxquelles ces gens s'opposent ne sont pas nouvelles.
3. N'acceptez jamais d'argent dont vous ne connaissez pas l'origine.
4. Elle se dispute tout le temps avec sa mère, qu'elle adore.
5. Le jour où elle est venue me voir, j'avais la grippe.
6. Personne n'a répondu à ma dernière lettre, ce qui ne m'a pas vraiment surpris.
7. Tout le monde se demande qui a peint ces tableaux dont ils sont si fiers.
8. Elle est partie, c'est tout ce que je sais.

Le corrigé du test se trouve au début des corrigés de ce chapitre.

Score :

8   Très bon, vous pouvez faire les exercices calmement.
6-7   Des points à vérifier et à renforcer.
4-5   Attention, il faudra bien chercher à comprendre les points les plus délicats.
4 ou moins   Est-ce possible ? Abordez le chapitre avec beaucoup de soin.

7.1 Associez les deux propositions de façon à obtenir une phrase qui contient une proposition relative

La relative doit toujours être la deuxième proposition donnée. Il faudra parfois faire quelques ajustements pour une correction parfaite. Exemple :

Dogs should be kept on a leash.
Dogs run after cats.

→ *Dogs that run after cats should be kept on a leash.*

1. Tim fell in love with a girl.
   That girl was the daughter of the village grocer.
2. Tim fell in love with a girl.
   Tim met that girl at the newsagent's.
3. Some magazines were too expensive.
   Those magazines were on sale at the newsagent's.
4. The magazine was too expensive.
   Tim wanted to buy that magazine.
5. Some magazines were too expensive.
   Tim was looking for some magazines.
6. The girl was chatting with the newsagent.
   Tim borrowed some money from the girl.
7. The girl turned out to be very nice.
   Tim was a bit afraid of that girl.
8. Tim has met a girl.
   The girl's father is the village grocer.
9. The girl was the daughter of the village grocer.
   Tim fell in love with that girl.
10. Some books were real bargains.
    The covers of the books were slighty soiled.

7.2 Traduisez en prêtant attention aux propositions relatives

1. Les gens que Larry n'aime pas sont plus nombreux que les gens qui l'aiment.
2. Les gens à qui Larry plaît ne sont d'ailleurs pas forcément les mêmes que les gens qu'il apprécie.
3. Certaines personnes que Larry n'écoute jamais sont pourtant très estimables.
4. Les gens dont Larry reconnaît le talent sont forcément très supérieurs.
5. Larry ne lit que des livres que les meilleurs critiques recommandent.
6. Les livres dont tout le monde parle n'intéressent pas Larry.
7. Larry a une préférence pour des livres qui sont chers et difficiles à comprendre.
8. Bien sûr Larry ne regarde que des émissions qui sont diffusées à deux heures du matin.
9. Peu de gens regardent les émissions auxquelles Larry fait allusion dans sa conversation.
10. Toutes les œuvres dont la valeur est trop bien reconnue sont suspectes aux yeux de Larry.

7.3 Relatives restrictives et appositives

Placez la proposition (b) à l'intérieur de la proposition (a). Faut-il ou non ajouter des virgules ? Il peut y avoir deux solutions, de sens différent.

Ensuite, traduisez en anglais. Souvenez-vous que les pronoms relatifs que vous pouvez employer ne sont pas toujours les mêmes selon que la proposition relative est restrictive ou appositive.

1. (a) Les ordinateurs...................... ne coûtent plus très cher.
   (b) qui sont d'un maniement facile
2. (a) Les gens...................peuvent gagner beaucoup de temps.
   (b) qui connaissent bien l'informatique
3. (a) L'informatique.........................est-elle un bienfait ?
   (b) qui a changé la vie de tout le monde ·
4. (a) John von Neumann.....................n'imaginait pas ce que son invention deviendrait.
   (b) qui a inventé l'ordinateur programmé en 1948
5. (a) Le premier ordinateur..................n'était pas particulièrement rapide.
   (b) qui occupait toute une pièce
6. (a) Ma grand-tante Zelda.........................adore se servir de son ordinateur portable.
   (b) dont j'adore la cuisine à l'ancienne
7. (a) Les secrétaires.............................n'aiment pas beaucoup le traitement de texte.
   (b) que les ordinateurs ont chassées de leur travail
8. (a) L'ordinateur.........................prendra de plus en plus de place dans nos vies.
   (b) dont nous ne pouvons plus nous passer
9. (a) La plupart des gens..................ne savent presque plus écrire à la main.
   (b) que je connais
10. (a) Dans quelques années, nous aurons des machines..............
    (b) qui pourront se glisser dans la poche

7.4 Propositions relatives : exercice d'analyse et de structure

Pour chaque proposition relative, dites quel est le pronom relatif, quel est son antécédent, s'il s'agit d'une restrictive (qui détermine la référence de l'antécédent) ou d'une appositive (qui constitue un ajout d'information sur l'antécédent).

exemple : *the social class he came from was very poor*
pronom relatif : Ø
antécédent : *the social class*
type de relative : *restrictive*

1. Her son, of whom she is so proud, is now 34.
2. There was a whole bunch of old movie magazines, over which he had once gloated.
3. The movie which he made after the war deals with life in jail.
4. He told me the truth, which surprised me a lot.
5. Mr. Smith, whose children live in Scotland, has given us some advice about our trip to Edinburgh.
6. There is something here I cannot get hold of.
7. He told me that what I needed was a two-week vacation.
8. All I want is a little money.
9. Yesterday I saw your brothers, both of whom recognized me at once.

10. He was educated at University College, London, where he took his B.A. degree in 1955.
11. Do you remember the year when Elvis Presley died?
12. I recognized her the moment she got off the bus.

7.5 *Complétez les phrases suivantes en ajoutant la préposition (éventuellement) et le pronom relatif adéquats*

En général, les relatives appositives, qui sont plus souvent écrites que parlées, admettent bien l'ordre préposition + relatif (par exemple *with whom*), qui sonne trop guindé en anglais courant.

1. That year, the victory ____ Francis was to play a part began to take shape.
2. Mum's trip to Russia, ____ I accompanied her, was marked by profound relief.
3. Helen wrote to Sandy to report on the growth and progress of Little Charlie, ____ more money was needed.
4. The day____the boat was to be launched the most frightening storm broke out.
5. In the previous interviews, ____ the victim's mother was present, the suspect showed no pity.
6. They were once men of importance, ____ their governments turned for expert advice.
7. Tina, ____ handbag I had left my wallet, left the party without telling me.
8. I was back in the country ____ I had been so bitterly homesick.
9. She wasn't the kind of girl ____ it is necessary to apologize.

7.6 *Traduisez en utilisant des propositions relatives*

Attention aux constructions des verbes anglais. Surtout, ne calquez pas le français.

1. Vous n'imagineriez jamais les gens bizarres qu'on peut rencontrer dans une gare. [*come across sb*]
2. Il se passe tout le temps des choses auxquelles on ne s'attend pas.
3. Si quelqu'un veut porter votre valise, demandez-vous si c'est une personne à qui vous pouvez faire confiance.
4. Ne craignez pas d'aller au devant des choses dont vous avez peur.
5. Etre ou ne pas être. Voilà une question à laquelle il n'a jamais été répondu.
6. Personne ne se rappelle jamais le nom du roi auquel Victoria a succédé.
7. Il y a beaucoup de rois dont personne ne se rappelle le nom.
8. Je suis sûr que c'est un roi dont le nom commence par G.
9. L'ingratitude dont se plaignent les souverains est une forme de démocratie.
10. Le nombre de personnes auxquelles Victoria a survécu montre que le métier de reine permet de vivre vieux.

7.7 *Comment traduire* ce qui/celle qui, *etc.*

Surtout, pas d'automatisme pour traduire *ce que*.

1. Dites moi ce que vous détestez le plus.
2. *[réponse à la phrase 1]* Les gens, ceux qui vous marchent sur les pieds dans le métro.
3. *[réponse à la phrase 1]* Les voitures, celles qui refusent de démarrer le matin.

4. Vous trouverez dans ce magazine tout ce que vous adorez : des nouvelles, des jeux, des photos.
5. Parfois il pleut dès le matin, ce qui me déprime profondément.
6. Ce qui me déprime profondément, c'est le réveil qui sonne le dimanche par erreur.
7. Regardez ces trois photos, et montrez-moi celle qui vous plaît le plus.
8. Gardez la photo la plus intéressante, celle dont vous ne voudriez pas vous séparer.
9. Isabel Sailor, la vedette de cinéma, s'est mariée six fois, et finalement elle a ré-épousé son premier mari, celui qui lui plaisait le plus.
10. Ce magazine nous apprend qu'Isabel Sailor aime le changement, ce dont tout le monde se doutait.
11. « N'hésitez pas à jeter tout ce dont vous ne vous servez plus. » (Isabel Sailor)
12. « Tout est fini, » c'est tout ce qu'elle lui a dit, et elle est partie sans se retourner.

7.8   *Attention à la traduction de* dont

Analysez bien le rôle de *dont* en français, mais aussi le rôle que doit avoir le pronom relatif en anglais.

1. Les élèves dont le nom commence par un Z ont-ils vraiment de la chance ?
2. C'est un problème dont personne n'a jamais traité sérieusement.
3. En classe, les premiers élèves dont le professeur appelle le nom ont intérêt à bien savoir leur leçon.
4. Les derniers élèves appelés ont le temps d'apprendre les choses dont ils ne se souviennent plus.
5. Certains professeurs varient la lettre dont ils se servent comme point de départ.
6. Ce dont tous les élèves ont peur, c'est d'être interrogés les premiers.
7. Peut-être que les professeurs évitent les noms dont ils ne connaissent pas la prononciation.
8. Faudrait-il que les professeurs prononcent les noms étrangers selon la langue du pays dont viennent les élèves ?
9. Un professeur peut-il savoir prononcer un nom dont il ne connaît même pas l'origine ?
10. Et puis, il y a les élèves dont les professeurs ne se rappellent jamais le nom.

7.9   *Traduisez. Attention, vous allez trouver ici des pronoms relatifs nouveaux*

1. Est-ce que la façon dont s'écrit un mot change son sens ?
2. Le jour où tout le monde sera d'accord pour écrire *thru* au lieu de *through*, tout sera plus simple.
3. Souvent on ignore la raison pour laquelle l'orthographe a changé.
4. L'année où Shakespeare est mort, personne ne savait orthographier son nom : Shaksper, Shakespere ?
5. Le pays où l'orthographe est la plus simple est peut-être l'Italie.
6. Il faut admirer la façon dont Webster a modifié l'orthographe américaine.
7. A une époque où personne ne se préoccupe beaucoup de l'orthographe, certains chercheurs montrent son utilité.
8. De façon parfois compliquée, l'orthographe reflète la façon dont un mot se prononce.

7.10   *Traduisez*

1. La robe que tu m'as donnée est au linge sale. Et en ce qui concerne mon unique jupe, que je mets d'ailleurs très rarement, je n'arrive pas à la trouver. Je crois que je vais mettre le pantalon que je portais hier.
2. Benjamin Franklin, dont la passion pour la science était connue même en Europe, fut accueilli à Paris par des dizaines de scientifiques, dont Buffon.
3. Les 90% d'étudiants interrogés, dont 60% ne sont jamais allés à l'étranger, souhaiteraient des échanges plus fréquents avec les autres universités européennes.
4. L'époque sur laquelle je travaille est malheureusement riche en catastrophes diverses, dont les principales sont les épidémies, les guerres, et les famines.
5. L'hôtel que nous fréquentions tous les étés a brûlé le mois dernier.
6. C'est le genre de personne dont l'attitude ne peut être tolérée.
7. La voiture que j'ai vue partir était blanche. A l'intérieur il y avait quatre personnes, dont deux étaient cagoulées. J'ai reconnu le conducteur : c'est l'homme dont le portrait-robot est dans tous les journaux.
8. La télé, qui, selon tes dires, ne voulait pas marcher, avait tout simplement été débranchée. Ce qui m'inquiète, c'est qui l'a débranchée.
9. Après beaucoup de discussions, nous nous sommes mis d'accord sur la distribution du produit, ce qui, croyez-moi, n'était pas une mince affaire.
10. Le docteur Johnson, dont j'ai rencontré la femme avant-hier, m'a donné un rendez-vous étrange. Tout ce que je sais, c'est qu'il veut me voir.
11. «Le jour où je t'ai rencontrée est le jour que j'ai attendu toute ma vie», dit Don Juan à la fille du fermier.
12. La raison pour laquelle il est venu est la suivante : il voulait, ne serait-ce qu'une fois, voir la femme avec qui il avait parlé des heures au téléphone.

TEST DE SORTIE

Traduisez :

1. Tout ce qu'il a dit était dans le journal d'hier.
2. Il n'a pas beaucoup parlé, ce qui n'est pas son habitude.
3. Forcément, à l'heure où il est arrivé, toutes les boutiques étaient fermées.
4. Choisissez soigneusement les gens à qui vous obéissez.
5. Les gens avec qui j'ai beaucoup travaillé restent toujours mes amis.
6. Encore un film dont je n'ai pas compris la fin !
7. Comment veux-tu que je te dise le nom d'une personne dont je ne me souviens même pas.
8. Cet homme, avec qui j'ai beaucoup travaillé, était vraiment génial.

Le corrigé du test se trouve à la fin des corrigés de ce chapitre.

SCORE comparez avec le test d'entrée

8   Bravo.
6-7   Pas mal, mais encore un petit effort.
5-6   Visiblement, il y a plusieurs points qui vous échappent.
4 ou moins   Il y a des relatives partout. Alors ?

CORRIGÉS DU CHAPITRE 1 :
FORME DE LA PHRASE ÉLÉMENTAIRE :
AUXILIAIRES, QUESTIONS, EXCLAMATIONS,
PLACE DES ADVERBES

Corrigé du test d'entrée

1. What happened ?
2. Where does this ring come from ?
3. How long have you been playing the piano ?
4. What is your dog called ? What's the name of your dog/your dog's name ?
5. How high is this tower ?
6. She asked me why he hadn't come.
7. What a beautiful watch you have !
8. I hardly ever make mistakes, what about you ?/ do you ?
9. What's your phone number again ?
10. He hasn't read the will yet.

1.1 Questions

Corrigé de l'exercice 1.1.1

Corrigé selon les types de questions, dans l'ordre croissant des numéros.

Questions en HOW :

1. **How often do you have a bath ? 2. How many people were there at the meeting ?
3. How long has it been raining ? 4. How much do you have on your bank account ?
6. How long does it take to get there ? 13. How was the music ?**
HOW est l'élément interrogatif qui indique le degré et qui associé à un adverbe *often*, à un quantifieur *many*, ou à un adjectif *long* renvoie à une quantité de n'importe quel ordre (temporelle, physique, matérielle…). HOW tout seul est aussi utilisé pour poser une question d'ordre appréciatif (voir ph. 13).

Questions en WHAT

5. **What is she like?** 9. **What does your husband do?/ What's your husband's job?/What is your husband?** 11. **What did you open it with?** 12. **What made him angry?**
   WHAT est un élément interrogatif qui a de nombreux emplois. En (5), une erreur serait de réécrire en *HOW ... LIKE. C'est WHAT associé à BE LIKE, qui permet de poser une question sur la description du sujet. La réponse attendue est à la fois une description et une appréciation (voir *a very nice girl*). En (9) la question porte sur la profession d'une personne et il faut employer WHAT. Par opposition, quand la question porte sur l'identité d'une personne, on emploiera WHO : *Who is he? He is my husband*. En (11), la question porte sur le complément introduit par la préposition *with* qui est forcément rejetée en fin de phrase interrogative. En (12) WHAT réfère au sujet inanimé : l'ordre SUJET-VERBE est inchangé quand l'élément interrogatif WHO ou WHAT renvoie au sujet.

Autres questions en WH-

7. **Which does she like better?** En (7) WHICH opère un prélèvement sur un ensemble d'éléments considéré comme déjà connu : *WHICH of these does she like better?* WHICH peut référer à un sujet ou complément d'objet animé ou non : *Which of the candidates won the prize?*
8. **Whose papers are these?** WHOSE est l'élément interrogatif qui correspond au groupe nominal au génitif dans la phrase affirmative. C'est un déterminant suivi immédiatement du nom repéré : *my mother's **papers** → whose **papers***.
10. **Who(m) did Vince look after?** 14. **Who told you Stephen would spend some time in Paris this year?**
    L'élément interrogatif WHO sert à poser une question sur l'identité d'un sujet animé. WHOM, peu employé à l'oral, est réservé à l'objet animé. On note en (10) la place obligatoire de la préposition *after* juste après le verbe (impossible d'avoir *after who did Vince look?*). En effet, la place de préposition est toujours après le verbe lorsque l'élément interrogatif est un pronom.

Corrigé de l'exercice 1.1.2

En anglais, contrairement au français, l'ordre des constituants dans les phrases interrogatives est extrêmement figé. Pour chaque phrase vraiment interrogative il faut une structure interrogative AUXILIAIRE +SUJET +VERBE (sauf si la question porte sur le sujet : *who broke the window?*).

1. **Who put salt in the sugar bowl?** Quand l'élément interrogatif en WH- renvoie au sujet, il n'y a pas d'inversion.
2. **What is this animal called?** Question sur le nom en WHAT, jamais *HOW.
3. **How much is a video recorder? / How much does a video recorder cost? / What does a video recorder cost?** La quantité à évaluer ici porte sur l'argent (et non sur le nombre de billets ou de francs, livres etc...). On emploie MUCH parce que MONEY, sous-entendu, est indénombrable.
4. **Who(m) did they steal that money from?** En anglais, quand l'élément sur lequel porte la question est introduit par une préposition, celle-ci est placée en fin de question.
5. **What is their house like? / What does their house look like?** Cette question appelle une description, teintée d'appréciation. Impossible d'avoir HOW ou HOW...LIKE.
6. **Do people with big feet manage to find suitable shoes?** Quelle que soit la longueur du sujet, on ne peut pas comme en français le déplacer et reprendre par un pronom.
7. **How large is their bedroom?** Question sur la dimension. HOW renvoie à un degré, à préciser, sur l'échelle de mesure.

8. **What /how about going to the movies ? / Shall we go to the cinema ?** HOW *about* ou WHAT *about* suivi d'un gérondif permet de faire une nouvelle suggestion.

9. **Yes, but what / how about the baby ?** HOW *about* ou WHAT *about* suivi d'un nom permet d'introduire un nouveau sujet de conversation.

10. **Has he gone yet ?** Dans les phrases interrogatives, on traduit presque toujours DEJA par l'adverbe YET. L'emploi de ALREADY, *has he gone already ?*, dans ce contexte serait la marque d'une insistance (Quoi ? il est déjà parti ?)

Corrigé de l'exercice 1.1.3

1. **How come he hasn't arrived ?** La tournure interrogative HOW COME est figée; COME ici n'est pas un verbe.

2. **(a) How was it on your island ? (b) What was it like on your island ?** Noter la traduction de COMMENT en (a) par rapport à (b). En (a), la question est uniquement appréciative et correspond un peu à un *C'était bien ?*. Par contre en (b) la question appelle une réponse à la fois descriptive et appréciative. On a recours à WHAT + BE LIKE ? Ne mélangez surtout pas les 2 tournures : ~~*how ... like~~

3. **What is your sister like ? Is she nice and trendy and good-looking ?** Voir ph. 2(b)

4. **How does that thing work ?** Question sur la manière.

5. **What is it made of ? Is it wood or plastic ?** Question sur la matière composante.

6. **In what way would it change something ?** La préposition peut être placée en tête de phrase interrogative quand l'élément interrogatif est un déterminant, donc suivi d'un groupe nominal. Pour quelques rares expressions la place en tête de phrase de la préposition est systématique comme ici *In what way,* ou encore avec *Under what circumstances...* et *(At) what time ....*

7. **Why is he nicer than Luc ?** WHY renvoie aux raisons qu'a le co-locuteur de penser que HE-BE NICER THAN LUC est vrai.

8. **What is he good at ? Math or French ?** Il serait moins bon d'avoir une question en WHICH (*Which of these subjects is he good at ?*) puisque l'ensemble d'éléments à partir duquel on va faire un choix n'est pas considéré comme connu au moment où la question est posée.

En ce qui concerne la traduction de EN QUOI, vous remarquez qu'elle est très variable et parfois même il est un peu difficile de traduire en anglais les nuances de ce EN QUOI (voir ph. 7). C'est le contexte qui nous indique le sens de EN QUOI et qui nous permet de choisir une question adéquate en anglais.

Corrigé de l'exercice 1.1.4

1. **Comment ça va ?** Avec la même signification, on trouvera aussi **How are you ? How are you going** ? Attention à ne pas confondre ces expressions avec le célèbre *How do you do ?* dont la traduction en français serait *Enchanté !*.

2. **T'as fini pas de te plaindre ?** La tournure *Have done + gérondif* signifie cesser de faire quelque chose.

3. **A qui le tour ?** Avec *whose go is it* on renvoie au tour de quelqu'un dans une partie, dans un jeu. Plus généralement, on emploie *Whose turn is it*?

4. **Ça ira ?** Est-ce que cela vous suffira ? Est-ce tout ce dont vous avez besoin ?

5. **Combien penses-tu qu'elle gagne ?** On peut bien sûr employer *earn* au lieu de *make* plus familier.

6. **Que penses-tu d'elle ?** Autre emploi familier de *make*, substituable par *think*.

7. **Cela fait combien ?** Résultat d'une addition.

8. **Comment ça va ?** Voir ph. 1

9. **Qu'est-ce qu'il y a ? Qu'est-ce qui se passe ?** Difficile de ne pas mentionner le célèbre *What's up, Doc*? immortalisé par Bugs Bunny et traduit par *Quoi de neuf ?*

10. **Qu'est-ce qui ne va pas ?** On pourrait aussi dire : *What's wrong with you ?*

Corrigé de l'exercice 1.1.5

1. **"Did you pay for the meal ?" "No, Brian did."** Il ne faut pas reproduire la structure française *'C'est X qui...'* dans la traduction anglaise, dans la question comme dans la réponse.
2. **What has the weather been like since last week ?** Ne pas confondre HOW et WHAT *How has it been like....* voir 1.1.3 ph. 3.
3. **How long have you known the truth ?** La question porte sur la durée d'un état qui se poursuit jusqu'au moment présent, d'où l'emploi ici du present perfect. Pas de forme progressive possible avec *know*. La traduction *Since when have you known the truth* est possible mais a un sens polémique, *Et depuis quand tu connais la vérité, toi ?*
4. **Who does the car parked in front of the door belong to ? Whose is the car parked... ?** La longueur et la complexité du GN *car parked...* bloque la possibilité d'utiliser WHOSE comme dans *whose car is it ?*
5. **Who ate this little girl's cookies ?** La question porte sur le sujet du verbe, donc pas d'inversion, ni d'auxiliaire : *Who did eat the cookies...*
6. **"Do you know where his office is ?" "No, I don't, but I'll go and ask the receptionist."** Dans la première phrase, la proposition principale est interrogative d'où l'inversion AUXILIAIRE-SUJET-VERBE; par contre, la proposition *where his office is* est une interrogative indirecte; sa structure est donc celle d'une proposition affirmative (pas d'inversion). Notez la reprise SUJET-AUXILIAIRE *No, I don't* pour la traduction de *Non*.
7. **How much do you earn ?** MUCH et non MANY, voir 1.1.2 ph. 3
8. **Whose jacket is this ?** Sont aussi possibles : *Whose is this jacket?* (registre soigné) et *Who does this jacket belong to?*, mais *Whose jacket is this ?* est la plus employée.
9. **How long has she been on holiday ?** Voir ph. 3
10. **"I'm going to buy a few bottles of wine for tomorrow's party ?" "How many ?"** Quantité dénombrable, donc HOW MANY.
11. **How long is it since he last came here/ since he came here for the last time ?** La question porte sur la durée entre sa dernière visite et le moment présent. *How long has he come here for the last time* est absolument impossible, car cela impliquerait que l'on demande la durée de *HE-COME here for the last time* ce qui étant donné la nature ponctuelle de l'événement est contradictoire.
12. **What is the pen you've lost like ? What does the pen you've lost look like ?** La longueur et la complexité du sujet ne change pas l'ordre des constituants dans la phrase.
13. **"I would like some spinach" "How much ?"** Voir ph. 7 et 10. *Spinach* est un nom indénombrable.
14. **How long did you stay in England last year ?** La durée porte sur un événement entièrement situé dans le passé (le repère passé est *last year*), d'où l'emploi du preterit.
15. **What are you listening to ?** L'élément interrogatif WHAT renvoie ici au complément du verbe prépositionnel *listen to*. La préposition TO ne peut être qu'en fin de phrase.
16. **Who used my toothbrush yesterday ?** La question porte sur le sujet, voir ph. 5, d'une action située dans le passé (*yesterday*).
17. **What did you talk about ?** Voir ph. 15
18. **What shall I do ?** L'élément interrogatif WHAT renvoie au complément d'objet direct du verbe DO. L'emploi de l'auxiliaire SHALL est fréquent avec *I* dans les questions, et signifie que l'énonciateur a recours au co-énonciateur et se soumet à sa réponse. On pourrait paraphraser : *What do you think I should do?*
19. **Whose mother brought you home from school?** La réponse peut être *Steven's mother*. WHOSE, déterminant interrogatif, permet de poser une question sur le complément du nom au génitif. Ne jamais traduire DE QUI par *OF WHOM* quand il signale une relation de possession.

20. **Which house is Janet's ?** WHICH marque le prélèvement d'un élément sur un ensemble plus ou moins explicite. On peut vouloir expliciter cet ensemble *Which (one) of these houses is Janet's ?* mais cela n'est pas nécessaire. La relation de possession est exprimée dans *Janet's*, version obligatoirement élidée de *Janet's house.*

AIDE-MÉMOIRE I
LES "QUESTION-TAGS"

Les question-tags sont des phrases elliptiques (auxiliaire + sujet) interrogatives qui se trouvent à la suite d'une proposition affirmative. Longtemps considérées comme typiquement anglaises, ces propositions sont aujourd'hui moins fréquentes dans la langue courante. On les emploie quand le locuteur veut associer son interlocuteur à ce qui vient d'être dit dans la proposition affirmative.

Le tag qui suit les propositions affirmatives se compose ainsi :
— reprise de l'auxiliaire de la proposition principale, ou DO s'il n'y en a pas.
*He **is** a doctor, **isn't** he ?*
*You like coffee, **don't** you ?*
— reprise pronominale du sujet de la proposition principale,
***The Jones** won't come back, will **they** ?*
— inversion de la valeur positive ou négative de la proposition principale, une proposition positive → un tag avec négation et vice versa.
*He **didn't** go to China last year, **did** he ?*

Les tags qui viennent à la suite de propositions impératives sont soit négatifs soit positifs. On distingue deux cas :

1) lorsque l'injonction concerne celui à qui l'on s'adresse seulement, on peut utiliser CAN et WILL (formes présent et prétérit), mais surtout pas SHALL.

*Open up the bottle, **can/could/will/ would** you ?*
(reprise positive plus compatible avec des demandes ou des conseils)
*Leave me alone, **can't/won't** you ?*
(reprise négative plus compatible avec l'expression de l'irritation)

2) lorsque l'injonction concerne aussi celui qui parle (première personne du pluriel), la seule possibilité est la reprise par l'auxiliaire SHALL.

*Let's play basketball, **shall/shan't** we ?*

Corrigé de l'exercice 1.1.6

Corrigé en fonction des types de tags dans l'ordre croissant des numéros de phrases.

- *Tags suite aux propositions impératives*

1. **Let's go shopping, shall we ? 3. Stop giving me advice, can you / can't you / will you ? 4. Pass me the salt, will you ?**
A la suite de phrases à l'impératif, les tags sont soit négatif, soit positif , selon la valeur privilégiée par l'énonciateur. Les impératifs en LET font l'objet d'une reprise avec

l'auxiliaire SHALL. Pour les autres impératifs, on peut selon le contexte plus ou moins contraignant utiliser CAN/COULD et WILL/WOULD. Attention avec les formes preterit COULD et WOULD la valeur négative dans les tags ne marche pas.

- *Présence d'éléments négatifs dans la proposition qui précède le tag*

8. **Nobody has agreed on that question, have they?** 10. **Ian seldom went to the pictures, did he?** 17.**Your brother wasn't working at that time, was he?** 19. **She hardly ever reads ghost-stories, does she?** 21. **Few of them agreed to work on Sunday, did they?**
Lorsque la proposition affirmative est négative, le tag est positif et vice versa. Parfois les éléments négatifs dans la proposition ne sont pas aussi faciles à repérer que ne l'est *NOT* : *nobody, seldom, hardly, little, few* (à opposer à *A little* et *A few* qui sont positifs; voir ph. 23 plus bas).

- *Reprise des pronoms indéfinis dans les tags*

5. **Anyone can apply for the job, can't they?** 6.**There were two sailors in the room, weren't there?** 8. **Nobody has agreed on that question, have they?** 18. **This is a new book, isn't it?** 22. **That should be easy, shouldn't it?** 23. **Everybody has a little money to spare, haven't they/don't they?**
Les pronoms indéfinis singuliers SOMEBODY, EVERYBODY, NOBODY, ANYBODY font toujours l'objet d'une reprise pronominale au pluriel par THEY (pas seulement dans les tags). Notez aussi la reprise pronominale de THERE par THERE et de THIS, THAT par IT.

- *HAVE, verbe ou auxiliaire*

7. **You had lunch with him, didn't you?** 9. **They had to buy a new car, didn't they?** 13. **She has plenty of money, hasn't she / doesn't she?** 14. **Celia has got a new dress, hasn't she?**
HAVE est repris par DO quand il est employé comme un verbe, et par HAVE quand il est employé comme un auxiliaire. Quand HAVE tout seul exprime la possession, il peut être envisagé soit comme un verbe, soit comme un auxiliaire (voir ph. 13 et ph. 25). Par opposition, associé à GOT dans l'expression de la possession, HAVE fonctionne en tant qu'auxiliaire. Attention aux emplois de HAVE dans des expressions figées (voir. ph. 7) : *to have lunch = to lunch*, ce qui implique une reprise en DO.

- *Divers*

2. **I am supposed to be a spy, aren't I?** Reprise négative de *am* par *aren't* à la première personne. *Am I not?*, est possible mais archaïque ou très littéraire.
11. **Harvey used to be a teacher, didn't he?** Reprise de USED TO par DID.
12. **Your father can't have seen us, can he?** Ne pas se tromper d'auxiliaire : c'est le premier qui fait l'objet de la reprise, ici CAN.
15. **Jane and I are your best students, aren't we?** Quand il y a une coordination de sujets, ils sont repris par un pronom englobant dans le tag : Jane + I = WE, Peter+Mildred = THEY.
16. **Brenda is likely to become a dancer, isn't she?** BE est toujours repris par BE.
20. **He'd better come right now, hadn't he?** 24. **He'd rather not call her tonight, wouldn't he?**
Ne pas confondre les deux auxiliaires, HAVE en (20) et WOULD en (24),non distingués dans leur forme élidée. En (24), la négation NOT porte sur l'infinitif et non l'auxiliaire dans la proposition principale.

Corrigé de l'exercice 1.1.7

> **A.** L'inversion AUX+SUJET+VERBE est propre aux phrases interrogatives directes. Par contre quand il s'agit de questions **indirectes** l'ordre des constituants est celui des propositions affirmatives SUJET+ (AUX) + VERBE. Attention au fonctionnement des sujets ph. 1 et 5.

1. **How much is this furniture ? I wonder how much this furniture is.**
   What does this furniture cost ? I wonder what this furniture costs. La question porte sur une quantité indénombrable sous-entendue *how much money*, c'est pourquoi MANY est faux.
2. **How long have you been waiting ? I'd like to know how long you've been waiting.** C'est sur la durée d'une action débutée dans le passé et qui continue dans le présent que l'on s'interroge, d'où l'emploi de HOW LONG.
3. **What school are you from ? Could you tell me what school you are from ?** Les questions indirectes peuvent être exprimées dans des propositions subordonnées contenues dans des questions directes (voir aussi ph. 4,5). Dans ce cas aussi l'inversion n'apparaît pas dans la partie interrogative directe. On peut aussi avoir dans un registre moins spontané *From what school are you ?* (voir corrigé 1.1.3. ph. 6). Dans le passage vers le discours indirect, la préposition ne change pas de place.
4. **What does your luggage look like ? Could you tell me what your luggage looks like ?** *Luggage* étant comme *furniture* toujours indénombrable singulier, n'oubliez pas l'accord de l'auxiliaire dans la question et du verbe dans la question indirecte.
5. **What does this sentence mean ? Have you any idea (of) what this sentence means ?** Ici aussi, veillez à ne pas oublier le *-s* marque de la 3ème pers. sing. sur le verbe dans le passage vers la question indirecte.
6. **When will she be back ? I wonder when she'll be back.** Il est vrai que l'emploi de WILL est impossible dans les propositions subordonnées temporelles, *She'll call me when ~~she will arrive~~/ she arrives*, mais pas dans les questions, directes ou indirectes comme c'est le cas ici.

> **B.** Expression de l'ignorance et du doute (liste indicative : on peut bien sûr employer d'autres formules d'introduction) :
> | | |
> |---|---|
> | *I doubt whether/that …* | *Nobody knows +wh-…* |
> | *I cannot say whether/ wh– …* | *I was at a loss + wh-…* |
> | *I've no idea (of) + wh-…* | *I'm not sure + wh-…* |
>
> Note : *Wh-* = élément interrogatif, *how, what, who, etc.*

1. **Do you know if Brenda went to the film festival ?** 2. **I wonder how many films she saw.** 3. **I doubt whether she liked the films.** 4. **Nobody knows which film she liked best.** 5. **I'm not sure what kind of film Brenda is interested in.** 6. **Have you got any idea (of) who she met at the festival ?** 7. **I could check and see what films she wrote about.** 8. **Did he tell you how long she stayed there ?** 9. **Am I supposed to know what hotel she stayed at ?** 10. **I can't say how much money a film star makes.**

Corrigé de l'exercice 1.1.8

Quand on passe du français à l'anglais, il faut veiller à ne pas reproduire la structure française des questions indirectes : en anglais, contrairement au français, il n'y a pas d'inversion dans les phrases interrogatives indirectes (voir corrigé exercice 1.1.7.)

La préposition ne varie pas de place par rapport à la préposition dans la question directe.

A noter qu'en (5), on peut avoir 2 solutions parce que l'élément interrogatif est un déterminant (voir corrigé 1.1.3.(6)) :
> *They didn't tell him in which street the drugstore was.*
> ou *They didn't tell me which street the drugstore was in.*

1. **Do you know where this bus comes from?** 2. **I wonder what this huge truck carries/is carrying.** 3. **Nobody knows which bicycle the champion will use.** 4. **I'd like to know where the taxi stand is.** 5. **They didn't tell him in which street the drugstore was.** 6. **Do you know when this bus is going to leave/leaves?** 7. **I wonder where my wallet can be.** 8. **Nobody knows where the street I'm looking for is.** 9. **Do you know what all these people are waiting for?** 10. **Nobody knows what this thing is for.**

1.2 Exclamations

Corrigé de l'exercice 1.2.1

Dans les phrases exclamatives l'ordre des constituants est celui des propositions affirmatives : SUJET+ (AUX)+ VERBE. Lorsque l'exclamation porte sur un adjectif, un adverbe, ou un quantifieur, la phrase débute par le mot exclamatif HOW. On utilise WHAT pour les exclamations qui portent sur un nom. Quand le nom est accompagné d'un adjectif, on peut avoir le choix, voir ph. 4.

1. **He is <u>very fat</u> / How fat he is!** 2. **He cooks <u>excellent spaghetti</u> / What excellent spaghetti he cooks!** 3. **What a small house they live in!** 4. **What a powerful computer they have/ How powerful their computer is!** 5. **How carefully she drives!** 6. **How stupid he is!** 7. **How angry he must have been!** 8. **What a good film it is! / How good this film is!** 9. **How fast he runs!** 10. **What a fabulous record this is! / How fabulous this record is!**

Corrigé de l'exercice 1.2.2.

Reportez-vous à l'introduction du corrigé 1.2.1.

1. **How dirty this room is! / What a dirty room (this is)!** Contrairement au français, le nom sur lequel porte l'exclamation en anglais est déterminé par l'article A quand le nom est dénombrable. Quelle pièce sale! → What **a** dirty room!
2. **How terrific the weather is / What Ø terrific weather! It's so hot!** *Weather* = indénombrable singulier, donc ici déterminant zéro.
3. **What talent this artist has! How talented he is!** *Talent* = indénombrable singulier. Cependant on pourrait envisager *What a great talent!* C'est l'ajout de *great* qui permet de changer le fonctionnement habituel du nom. C'est comme si on distinguait un type de talent. Attention, cette possibilité n'existe pas pour tous les noms abstraits indénombrables. En cas de doute, préférez la détermination zéro, toujours possible (voir *What Ø great talent!*)
4. **He has a hell of a nerve! What a nerve he has! He's got some nerve!** L'expression *a hell of* a dans un autre registre la fonction de *such*. Il est employé dans la langue familière pour marquer une amplification.
5. **How stupid of me!** Impossible d'avoir une autre préposition que OF.
6. **How splendid this furniture is / What Ø splendid furniture (this is)!** *Furniture* est un indénombrable singulier.
7. **How nice it would be if everybody agreed/could agree! / It would be so nice if everybody agreed.** Le fait qu'il y ait une proposition hypothétique dans l'exclamation

en HOW ne change pas l'ordre des éléments dans la phrase exclamative : l'élément sur lequel porte l'exclamation, ici *nice*, suit toujours immédiatement *how*.

8. **What Ø progress he has made!** *Progress* est un indénombrable singulier.
9. **How stupid he is! / What a jerk/fool!/ He can be so stupid!** Les exclamations pour exprimer la bêtise sont nombreuses. *A jerk* est un terme familier américain pour référer à quelqu'un de stupide.
10. **How boring he must have been! / What a bore he must have been!** Impossible ici de faire l'économie de l'élément verbal dans l'exclamation en WHAT, car cela impliquerait une référence à la situation de l'énonciation et supprimerait toute modalité : *What a bore!* → *no doubt, he is a bore now.*

Corrigé de l'exercice 1.2.3

Dans cet exercice de traduction, vous devez systématiquement.
— ne pas reproduire les structures françaises dans votre traduction.
— différencier les phrases interrogatives et exclamatives du point de vue de leur structure en anglais.

1. **What Ø good wine!/ How good this wine is!** ** How good it is, this wine*, surtout ne pas reproduire la structure française. *Wine* fonctionne comme indénombrable dans ce contexte, donc détermination zéro dans l'exclamation en WHAT.
2. **How beautiful she was in her wedding dress!**
3. **What was she eating?**
4. **What a poor singer he is! / How badly he sings!**
5. **What awful shoes he bought!**
6. **What does a Schnauzer look like?** By the way, a Schnauzer is a small dog with long hair. It is also called a griffon.
7. **What a beautiful tree!**
8. **What Ø surprising news!** *News* est un indénombrable singulier.
9. **How much flour did you buy?** Ne pas se tromper dans la prononciation de *flour,* qui est identique à celle de *flower.*
10. **How filthy her hair is!** *Hair* est un indénombrable singulier.

1.3 Place des adverbes

En anglais, la place des adverbes dans la phrase n'est pas aussi souple qu'en français. Il existe bien des contraintes, mais il faut parfois prendre en compte des paramètres non-grammaticaux pour décider de la place d'un adverbe dans une phrase : l'intonation, la mise en relief, le registre, la longueur des constituants…et c'est surtout à l'usage que l'on apprend à bien placer l'adverbe dans une phrase. Ayez en tête que ces exercices sur les adverbes forment un bon test pour évaluer la qualité de vos réflexes en anglais oral.

AIDE-MÉMOIRE 2
RAPPEL SUR LA PLACE DES ADVERBES EN ANGLAIS

a. On ne sépare jamais le verbe de son complément d'objet.

He **softly** rubbed her shoulder.
He rubbed softly her shoulder.

b. Les adverbes de fréquence approximative *often, always, usually* ... se placent toujours juste avant le verbe, quel que soit le nombre d'auxiliaires

He may have **frequently** met her.

c. Les adverbes de manière *carefully, kindly, resignedly...* se placent soit juste avant le verbe (quel que soit le nombre d'auxiliaires) soit après l'ensemble V + Comp. d'objet.

They may have **seriously** considered me for the post.
Students should read the beginning of the book **carefully**.

d. Les autres adverbes qui portent sur le verbe se placent soit avant le verbe soit après le premier auxiliaire (voir aussi g. dans ce rappel).

They **really** considered me for the post.
They may **really** have considered me for the post.

e. Les adverbes de modalité *hopefully, presumably, certainly, perhaps* ... se placent soit en début de phrase, soit avant le verbe ou l'auxiliaire, cela dépend des adverbes et de leur portée.

Fortunately, my letter arrived in time.
You **certainly** know him.
Les adverbes de modalité ne peuvent être sous la portée (c'est-à-dire après) d'une négation.
Frankly my dear, I don't give a damn/ I **frankly** don't give a damn my dear.

f. Les adverbes de degré se situent devant l'élément qu'ils modifient à l'exception de *well, enormously, a little, a lot , much* qui portent sur le verbe et qui se situent après l'ensemble V+complément d'objet.

She has **practically** won the European championship.
He helped her **a little** with the garden.

g. BE fonctionne toujours comme un auxiliaire. Un adverbe, dans le groupe verbal, se place donc juste après BE sauf dans le cas où il s'agit d'une reprise par auxiliaire.

Jane is **surely** younger than me.
She **surely** is.

Corrigé de l'exercice 1.3.1

Les lettres entre crochets renvoient aux paragraphes dans l'aide-mémoire 2.

1. **Yesterday, they *suddenly* decided to go to the seaside.** Voir [d] *suddenly* = adverbe de manière. On ne peut mettre l'adverbe derrière *to go to the seaside*, qui constitue un long complément du verbe.

2. **Amanda *probably* thought it was too far. *Maybe* Amanda thought it was too far.** Voir [e]. *Maybe* est un adverbe de modalité qui, contrairement à *probably* se place toujours en tête de phrase.

3. **They *certainly* left at ten. They *probably* left at ten.** Voir [e].

4. **They liked the beach *very much*.** Voir [f], *much* = adverbe de degré qui porte sur le verbe en position finale. On trouve parfois *very much* placé avant le verbe quand le GN objet est long : *they very much liked the idea of going to a beach nobody knew about.* **They *rather* liked the beach.** *rather* = adverbe de degré qui, quand il porte sur un verbe, se situe avant celui-ci.

5. **They didn't like the restaurant *very much*. They didn't *much* like the restaurant. They didn't like the restaurant *much*.** Voir [f] et corrigé ph. 4. *Much* = adverbe de degré qui dans les phrases négatives peut éventuellement se placer avant le verbe, à condition qu'il ne fasse pas l'objet lui-même d'une modification adverbiale (*very much*).

6. **They *probably* didn't want to spend too much. *Maybe* they didn't want to spend too much.** Voir ph. 2 et [e].

7. **They don't *often* have lunch at the restaurant.** Voir [b]. Attention ici HAVE n'est pas un auxiliaire, c'est un élément du verbe *to have lunch.*

8. **Do you drink wine *sometimes*? Do you *sometimes* drink wine?** *Sometimes* est un adverbe de fréquence approximative, mais il peut contrairement aux autres se situer en tête ou en fin de phrase (Ici, pas en tête, car il s'agit d'une phrase interrogative).

9. ***Unfortunately*, Bobby doesn't like spinach. Bobby *unfortunately* doesn't like spinach. Bobby *certainly* doesn't like spinach. *Definitely*, Bobby doesn't like spinach. Bobby *definitely* doesn't like spinach.** Voir [e].

10. **We *quite* enjoyed the evening. We enjoyed the evening *enormously*.** Voir [f].

11. **I *already* knew that he was a good guitar player.** Voir [d], *already* est un adverbe de temps qui se place soit avant le verbe soit en position finale après un GN complément. Mais de la même façon qu'on ne sépare pas le GN complément du verbe, on évite de séparer la proposition complétive du verbe, dans ce cas la position avant le verbe est obligatoire.

12. **You'll *soon* get an answer. You'll get an answer *soon*. You'll get an answer *tomorrow*. *Tomorrow*, you'll get an answer.** Voir [d]. Les adverbes temporels sont souvent possibles dans plusieurs positions, mais les adverbes de repère précis comme *tomorrow* ne se trouvent jamais avant le verbe.

13. **He *stupidly* lost his watch on the bus.** Voir [c] et [e], *stupidly* est un adverbe de manière qui exprime aussi une certaine modalité (jugement de l'énonciateur), ce qui bloque la possibilité de l'avoir à la suite du GN complément.

14. **He *politely* asked if he could use the phone.** Voir [c].

15. **Is she *sometimes* here ?– She *often* is during the week.** Voir corrigé ph. 8 et [g] pour *sometimes*. La réponse est une reprise auxiliée de la question comme nous le montre l'absence de *here*. Dans ce cas, l'adverbe vient toujours avant l'auxiliaire.

16. **Do you ski? –I *never* do.** Voir [g]. Dans les reprises, où n'apparaissent que les auxiliaires, les adverbes sont toujours placés devant l'auxiliaire. Voir ph. 15.

17. **Professor Silverbuck *once* gave the library some very expensive books.** Lorsque l'adverbe temporel qualifie un GV composé d'un GN complément très long, comme c'est le cas ici, l'adverbe se place avant le verbe.

18. **Gary *formerly* worked for the movies. *Formerly* Gary worked for the movies.** *Formerly*, adverbe temporel, n'est normalement pas employé en position finale.

19. **Bobby met his grandmother at a rock concert *once*. Bobby *once* met his grandmother at a rock concert.** * Bobby met his grandmother once at a rock concert. Voir corrigé ph. 17. Impossible ici, de séparer *met his grandmother* et *at a rock concert*, car c'est l'ensemble qui est qualifié par l'adverbe.

20. **Could you lend me ten pounds ? – No, but Jo *certainly* could.** Voir corrigé ph.15 et 16.

AIDE-MÉMOIRE 3
STILL, YET, NO LONGER, ANY LONGER

adverbe	sens	place	exemple
STILL 1	continuité d'un état ou d'une action	– avant le verbe ou après l'auxiliaire	*Li is still a great dancer.* *Ron still hasn't finished.* *Is Brad still working ?*
STILL 2	adverbe de liaison marquant un contraste avec l'énoncé qui précède	– en tête d'énoncé	*I don't like to work with her.* *Still, she is a great dancer.*
YET 1	non-réalisation d'un état ou d'une action qui est envisagé comme à venir	– avant le verbe ou après l'auxiliaire (peu fréquent mais obligatoire avec les phrases affirmatives) – en fin de groupe verbal (complément du verbe compris)	*Li has yet to become a great dancer.* *The plan has yet to be approved by all of us.* *Li isn't a great dancer yet.* *Ron hasn't finished yet.* *Haven't you seen him yet ?*
YET 2	adverbe de liaison marquant une opposition avec ce qui précède	– en tête d'énoncé	*I don't like her. Yet, I have to work with her.*
NO LONGER	fin d'un état ou d'une action	– avant le verbe ou après l'auxiliaire	*Li is no longer a great dancer.* *I no longer need the computer.* *Does Brad no longer work here ?*
ANY LONGER	fin d'un état ou d'une action (associé à une négation ou à une interrogation)	– en fin de groupe verbal (complément du verbe compris)	*Li isn't a great dancer any longer.* *Do we have to wait any longer ?*

Corrigé de l'exercice 1.3.2

A.

1. Samantha *still* has the pen she was given when she went to college.
2. The pen *no longer* writes very well.
3. Anyway, Samantha doesn't use a pen *any longer*.
4. Samantha hasn't *yet* found the courage to throw away such a memento. La longueur du GN complément *the courage to throw…* fait que **yet** est plus naturellement avant le verbe dans cette phrase à la forme négative

B.

1. Do you *still* like oysters ?
2. Unfortunately, I can't eat them *any longer*.
3. The baby doesn't eat oysters *yet*.

C.
1. **Bobby can't drive** *yet*.
2. **Bobby hasn't passed his driving licence** *yet*. ~~*Hasn't yet passed.*~~
3. **Bobby** *still* **has to go to work by bus.**
4. **Bobby doesn't use his bicycle** *any longer*.
   D.
1. **Susie can't afford a car** *any longer*.
2. **Susie hasn't bought a bicycle** *yet*. ~~*Hasn't got bought.*~~
3. **Susie is** *still* **looking for a fairly cheap model.** L'adverbe est après l'auxiliaire BE, comme il se doit.
4. **Susie** *no longer* **thinks that walking is fun.**

Corrigé de l'exercice 1.3.3

Se reporter à l'aide-mémoire 3 pour *still, yet, no longer, any longer*.
1. **John is** *still* **the world champion, he's the best.** Adverbe placé après l'auxiliaire BE.
2. **John is** *no longer* **the world champion, Peter beat him at Roland Garros.** Adverbe placé après l'auxiliaire BE. **John is the world champion,** *yet* **Peter beat him at Roland Garros.**
3. **The students have** *yet* **to learn how to work on their own.** YET dans une phrase affirmative positive : il leur reste à apprendre. **The students no longer have to learn how to work on their own.** Ils n'ont plus à le faire.
4. **The students** *still/already* **know how to work on their own.**
5. **I can't believe he has** *already* **finished his work : he is usually so slow. I can't believe he has finished his work** *already* **(...)** ALREADY se place soit avant le verbe soit en fin de groupe verbal. En 4, étant donné la longueur du complément seule la première position est envisageable.
6. **I might have bet he would not have finished** *yet* **: he is so slow.**
7. **He** *no longer* **/** *still* **lives in that old house.**
8. **He doesn't live in that old house** *any longer*.
9. **Do you** *still* **/** *no longer* **want to be a dancer ?**
10. **You have** *yet* **to become a great dancer. You no longer have to become...**

Corrigé du test de sortie

1. How long have there been vampires ?/ How long have vampires existed ?
2. What are you fed up with ?
3. What are the shoes you have lost like ?/ What do the shoes you have lost look like ?
4. How come there is a virus in this computer ?
5. It's such a nice ending ! I've never cried so much !
6. Ron wonders what Ted has that he doesn't have.
7. You can't imagine how irritating his remarks can be.
8. Obviously, I must take hold of the chopsticks more calmy.
9. My children aren't kids any more / My children are no longer kids, but they aren't mature yet.
10. These young detectives should surely have been more carefully trained in the use of dynamite.

CORRIGES DU CHAPITRE 2.
CONSTRUCTIONS VERBALES

Corrigé du test d'entrée

1. I hope they won't ask **(a) for too much money**
2. To buy a car, he borrowed **(c) ten thousand dollars from the bank**
3. Nobody ever explained **(c) the new system to them**
4. Do you think **(a) you are better than me**
5. The dog doesn't mind **(a) the cat eating its food**
6. Her friends made **(c) her change her mind**
7. The government won't survive **(b) this crisis**
8. Will you please stop **(c) talking**
9. I suggest that your friend **(b) see a lawyer**
10. The colonel made the men **(a) walk 50 kilometres**

2.1 Verbes et compléments nominaux

Corrigé de l'exercice 2.1.1

Il faut savoir si le complément d'un verbe se construit directement (sans préposition), ou indirectement c'est-à-dire avec une préposition, et alors laquelle. Il faut malheureusement apprendre ceci par cœur. Il ne faut jamais se laisser influencer par le français : les verbes de chaque langue ont leurs particularités, c'est leur droit ! En apprenant un verbe, il faut apprendre sa construction, sinon, on ne sait pas s'en servir.

1. **account for the disappearance** 2. **attended a lecture** 3. **We've asked several people.** Construction directe pour les gens à qui on pose la question. *Ask* n'admet que la construction directe. 4. **we trust those people** 5. **can we rely on such eye-witnesses ?** 6. **to remember their own address** 7. **to answer our questions.** *Answer* n'a que des constructions directes. 8. **looking for a clue** 9. **We don't even know what to look for** Bien que le complément *what* soit placé en tête de la proposition, la préposition *for* qui relie *what* au verbe *look* reste à sa place aussitôt après celui-ci. 10. **survived some very dangerous situations.**

Corrigé de l'exercice 2.1.2

1. **waiting for a phone call** 2. **to pay for any information.** *For* pour introduire ce qu'on obtient en échange du paiement. Comparez avec *pay the bill.* 3. **expecting a message** 4. **never parted with her nail-size transmitter** 5. **resist almost any kind of attack** 6. **live on a few drops of water** 7. **she can look after herself** 8. **ask for money.** *For* pour introduire ce qu'on obtient. Comparez avec *ask a question.* 9. **never to obey kidnappers' instructions.** 10. **oppose the payment of ransoms.** 11. **wait until the end of the week.** Cas un peu spécial : *until* + moment dans le temps (circonstanciel de temps), à distinguer de *wait for somebody* (complément d'objet indirect). 12. **hope for the best.**

Corrigé de l'exercice 2.1.3

1. **He opposed all the plans, and it can't be helped.** Complément direct en anglais.
2. **He only had the measles, but the surgeon operated on him.** Complément indirect en anglais.
3. **He divorced his second wife then he married his first wife again.** Rappelez-vous aussi que l'adjectif *married* se construit avec *to* : *He is now married to a lawyer.*
4. **He resigned his position then left home.**
5. **I can't even remember the first time we met.**
6. **Don't blame him for that mistake.**
7. **There is nothing left to hope for.**
8. **He attended the meeting but he didn't answer the questions he was asked.** *Ask* est un verbe à construction directe, ici au passif, ce qui est un avant-goût du chapitre sur le passif.

AIDE-MÉMOIRE I
COMPLÉMENT DIRECT OU INDIRECT

Pas de règle en ce domaine, il faut connaître des listes de verbes. En cas de doute, vérifiez dans le dictionnaire unilingue (*Longman* ou *Oxford Advanced Learner's* de préférence).

Exemples typiques à savoir par cœur :
    J'attends l'autobus. (complément direct)
    I'm waiting for the bus. (complément indirect)
    Je n'ai fait qu'obéir aux ordres. (complément indirect)
    I only obeyed the orders. (complément direct)
N'oubliez pas de laisser la préposition après le verbe quand le complément est déplacé :
    What are you looking at ?
Mais ne la gardez pas quand il n'y a pas du tout de complément :
    I am waiting.
    (pour plus de détails sur ce point, voyez chapitre 3 PASSIF).
Quelques verbes suivis en anglais d'un complément direct :
    answer, approach, attend (= assister à), expect, fit, lack, need, obey, play, remember, resist, suit, trust, use, succeed (= succéder à), survive.
Quelques verbes suivis en anglais d'un complément indirect :
    look at, look for, look after, listen to, care for, account for, hope for, pay for, wait for.

Corrigé de l'exercice 2.1.4

1. **can you spare me a few minutes ?**
2. **supply me with a mobile phone ?**
3. **borrow a phone from a friend of mine.** Méfiez-vous du français : emprunter qqch. à qqn → *borrow sth from sb.*
4. **that reminds me of the conference.**
5. **said a few words to each area manager.** *Tell* serait impossible.
6. **He congratulated several of them on their excellent results.**
7. **he blamed the increase in expenses on the excessive use.**
8. **send a note to all the sales representatives.**
9. **He blamed several people for their reckless use.**
10. **explain the principle to them.** *Explain* (comme *say*) fait partie des verbes qui n'acceptent qu'une seule construction, avec *to (explain sth to sb)*, à la différence de *tell*, qui a deux constructions (*tell sth to sb / tell sb sth*).
11. **asked the boss several questions.**
12. **ask the area managers for new mobile phones.** Comparez 11 et 12.
13. **steal one from one of your colleagues.** Voir ph. 3.
14. **rob a colleague of one of his prized possessions.** Comparez 13 et 14.

Corrigé de l'exercice 2.1.5

1. **has announced the new measures to the MP's.** Seule construction possible.
2. **told the press about the new measures.** N'oubliez pas cette construction de *tell,* souvent négligée.
3. **addressed his remarks to the leaders of industry.** Seule construction possible.
4. **I'll buy you a drink.** C'est la façon de dire "Je te paye / t'offre un verre".
5. **help your children to a little more apple-pie.** Ici *help* = servir, comme dans *help yourself.*
6. **He's given himself the best share.** Seule construction possible avec un pronom réfléchi.
7. **The new directors have issued a statement to the press.**
8. **blame the former manager for the company's losses.**
9. **charge the former manager with embezzlement.** Vous avez cherché le sens de *embezzlement*?
10. **explain to the ministers what people want.** Forcément *to* pour introduire le GN qui représente le destinataire.
11. **promise the electors a change for the best.** L'autre construction existe (*promise a change for the best to the electors*) , mais le point important est plutôt *a change for the best*, qui vient donc en dernier.
12. **The electors should keep reminding the government of their needs.** Seule possibilité du célèbre verbe *remind* : *remind sb of sth.*
13. **buy the dog a new collar / a new collar for the dog.**
14. **Did the dog really ask you for a new collar ?** *For* pour introduire ce qu'on veut obtenir.
15. **Your employer will issue you with all the necessary equipment.**
16. **pay the employer for the equipment.** Voir ph. 18. **buy the equipment from the employer.** Voir ph. 10 et 11. Il s'agit bien de donner de l'argent à l'employeur pour en obtenir l'équipement. Par contre *buy the employer the equipment* aurait un sens tout autre : acheter un équipement pour le donner à l'employeur, cf. *buy sb a drink /* etc., voir ph. 5.

Corrigé de l'exercice 2.1.6

1. **I've already paid the bill**. La somme payée : complément direct. **Pay for the meal twice**. Ce qu'on obtient est introduit par *for*.
2. **asked Sneaky Jim a question. Asked for an explanation**. Même principe qu'en ph. 1.
3. **haven't been waiting for me too long. I have been attending a very interesting lecture.**
4. **Ginie enjoys playing the piano**. Utilisation légitime de l'instrument. **Her little toddler-brother plays with her piano.** Le piano est un simple jeu ou jouet.
5. **The boss said to/told John** [*told* est meilleur : il s'agit bien de transmettre de l'information] **that Suzy had told him about their fiddling with the petty cash. John refused to answer him.**

Corrigé de l'exercice 2.1.7

1. **You know Ken, how can I explain the situation to him?** Seule construction pour *explain*.
2. **I wouldn't like to borrow more money from him.** Seule construction pour *borrow*. **I already owe him 50 pounds.** Le point important, c'est la somme, donc ce terme vient en dernier. Si c'était le destinataire, on aurait l'autre construction *owe sth to sb*.
3. **Ken has never refused me a loan. He is a dear, he trusts me with his car when I need it.**
4. **Once, I stole 20 pounds from my mother in order to pay Ken back.** Attention à *steal*.
5. **I can't blame him for what happened.**
6. **Douglas showed Larry a picture of his girl-friend and described her house (to him).** Méfiez-vous de *describe*.
7. **Douglas has sent a letter to his parents / his parents a letter. He wants to introduce his girl-friend to them.** Seule construction pour *introduce*.
8. **Douglas has announced his coming wedding to everybody / told everybody about his wedding, and he has borrowed a suit from Jerry.** Vous avez compris pour *borrow*, certainement, voir ph. 2.
9. **His colleagues have congratulated Douglas on his wedding, and they want to give him a Wedgwood table-set.** Offrir, ici = donner, donc PAS *offer* = proposer.
10. **A crook has sold a miracle necklace to Maggie / Maggie a miracle necklace, and he has stolen all her savings.** Le prétérit serait possible.
11. **Maggie's friends blamed her for her naivety / gullibility, still they provided her with money to see her through until the end of the month.** Le present perfect serait possible.
12. **Have you heard (the news)? The neighbour has been arrested : he is accused of / charged with stealing Maggie's savings.** *Charge* indique une mise en examen en forme.

C

AIDE-MÉMOIRE 2
VERBES A DOUBLE COMPLÉMENT

Bien distinguer

(a) les verbes qui peuvent avoir deux constructions, dont une a deux objets directs :
give, throw, sell, tell, deny, show, grant.
> The queen gave Sir Galahad a ruby cross. *(deux compléments directs)*
> The queen gave a ruby cross to Sir Galahad.

(b) les verbes qui n'ont qu'une seule construction : *explain, say, describe, suggest +*
TO steal, borrow + FROM
> The queen described the dragon to Sir Galahad / to us.
> The Black Knight stole the ruby cross from sir Galahad.

2.2 Verbes suivis d'une proposition subordonnée

Corrigé de l'exercice 2.2.1

1. **A strong wind**   **caused**   **the boat to reach the harbour**
                 made   **the boat reach the harbour**
                 forced   **the boat to reach the harbour**
                 helped   **the boat (to) reach the harbour**

L'infinitif avec ou sans *to* ? Peu de verbes sont suivis de l'infinitif sans *to* ; *make* à sens causatif en est un, mais *cause* (de sens tout aussi causatif) est suivi de *to*. *Help* admet les deux constructions.

2. **The management**   **ordered**   **the employees to work on Saturdays**
                 allowed   **the employees to work on Saturdays**
                 let   **the employees work on Saturdays**
                 asked   **the employees to work on Saturdays**

Let est un autre verbe suivi de l'infinitif sans *to.*

3. **The Queen Mother**   **wanted**   **the Prince of Wales to marry the girl he loved**
                 thought   **(that) the P. of Wales would/could marry the girl he loved**
                 expected   **the P. of Wales to marry the girl he loved**
                 expected   **(that) the P. of Wales would marry the girl he loved**
                 would like the P. of Wales to marry the girl he loved

Les verbes qui indiquent une intention (*want, would like*) sont suivis de l'infinitif avec *to*, et surtout pas d'une complétive avec *that*. Les verbes d'opinion sont suivis d'une complétive (avec ou sans *that*). Les deux emplois de *expect* correspondent à cette différence.

4. **The journalists**   **saw**   **the film star drink a whole bottle of whisky**
                 told   **the film star to drink a whole bottle of whisky**
                 got   **the film star to drink a whole bottle of whisky**
                 said   **(that) the film star had drunk a whole bottle of whisky**

See, verbe de perception, suivi de l'infinitif sans *to* (le gérondif est possible aussi). *Get* causatif, à la différence de *make* (voir ph. 1), exige *to*. *Tell* suivi de l'infinitif avec *to* indique un ordre donné à *the film star. Say* est suivi de *that* (optionnel).

5. **The investigating team**   **warned**   **the main witness not to leave town**
                     insisted   **that the main witness not leave town**
                     reminded the main witness not to leave town
                     preferred the main witness not to leave town

Insist est suivi du véritable subjonctif (= forme nue). Remarquez la place de la négation. On pourrait aussi avoir *should not leave*. Le sens est ici "insister pour que...". Si on avait *The investigating team insisted that the main witness had not left town*, le sens serait "déclarer avec force que..."

6. **The neighbours**

heard	**the new tenants dance all night**
reported	**that the new tenants (had) danced all night**
said	**that the new tenants (had) danced all night**
forbade	**the new tenants to dance all night**

Hear est un verbe de perception, cf. ph. 4.

Corrigé de l'exercice 2.2.2

1. **Some people want to forbid young people / the young to play music. Of course, when you have heard a group / band rehearse until three a.m.** *Hear* est un verbe de perception (le gérondif est possible aussi).
2. **The young would like people to be more broad-minded / easy-going, but they must also allow everybody to sleep.** Attention à *would like* verbe marquant l'intention, suivi d'une proposition infinitive.
3. **One / You / would / might expect older people to be more severe, but as they are often deaf, they let musicians do as they like.** Attention à *let*.
4. **If the noise is too loud, kindly ask the musicians to turn down the volume, don't order them to stop.**
5. **Music helps many young people (to) express themselves and, at the same time, it makes them understand / gets them to understand that you can't do just anything you like with instruments.**

Corrigé de l'exercice 2.2.3

1. A-c **said that his government was** : surtout pas b. Mais, par contre au passif, on peut avoir *The government was said to be the most popular in years*.
   B-c **thought that his government was** : surtout pas b.
   C-b **wanted to be** C-d **wanted his government to be** : mais pas c.
   D-a **enjoyed being**
2. A-a **heard the audience laugh** A-d **heard the audience laughing** : faible différence. A-c **heard that the audience laughed** : le sens serait "entendre dire, apprendre".
   B-c **noticed that the audience laughed** B-d **noticed the audience laughing** B-a **noticed the audience laugh**
   C-b **hated the audience to laugh** C-d **hated the audience laughing**
   D-a **made the audience laugh**
3. A-c **quit wearing mini-skirts** : les verbes qui indiquent la fin d'une action comme *stop*, sont suivis du gérondif (sauf *cease*).
   B-b **started to wear mini-skirts** B-c **started wearing mini-skirts** : faible différence.
   C-d **forbade her daughter to wear mini-skirts** : il faut un complément (la personne qui reçoit l'interdiction).
   D-e **let her daughter wear mini-skirts**
4. A-a **proved to have ignored the danger** : le sens est "on s'est aperçu que..." A-b **proved that their new models would be a success** : le sens est "ils ont prouvé que..." A-d **proved to be moderately optimistic** On pourrait aussi avoir *proved moderately optimistic* = "se sont révélés modérément optimistes".
   B-a **were believed to have ignored the danger** = "on pensait qu'ils avaient négligé..."
   B-d **were believed to be moderately optimistic** = "on pensait qu'ils étaient..."
   C-b **expected that their new models would be a success** = "pensaient que..." C-c **expected their new models to be a success** = "s'attendaient à ce que..."
   D-a **seemed to have ignored the danger** D-d **to be moderately optimistic**

5. A-d **told the instructor to skip the test** : possible, mais bizarre ; l'étudiant peut-il donner un ordre à son enseignant ? A-a est impossible parce que le destinataire n'est pas mentionné.
B-a **said that he hadn't done the homework** : possible, puisqu'on n'a pas besoin de mentionner le destinataire avec *say*.
C-b **asked when she could hand in her essay** C-c **asked to skip the test** C-d **asked the instructor to skip the test** : bizarre encore, car ce serait un ordre C-e **asked the instructor if she could skip the test** : ici, l'étudiante demande la permission.
D-a **answered that he hadn't done the homework**

Corrigé de l'exercice 2.2.4

1. **The party seems to have been a success. Nobody wanted it to end.** *Want* est toujours suivi d'une proposition infinitive.
2. **The guests enjoyed making their own sandwiches, and some of them (even) asked the waiters if they could pour their own whiskies. Still, there are limits.** Les invités demandent la permission (*asked the waiters if...*). Si on disait *asked the waiters to...*, ce serait un ordre donné aux serveurs.
3. **The waiters answered politely that the caterer paid them for doing / to do some work.** Le verbe *answer* ne peut pas avoir à la fois le complément qui représente la personne à qui on s'adresse et le complément qui représente ce qui est dit.
4. **Some lazier guests asked the waiters to prepare huge mixtures for them / get them / fix them huge mixtures.** Cette fois, c'est un ordre.
5. **Middle-aged people expect to be served, but younger people say that they have more fun when they do everything (by) themselves.** *Say* n'est pas suivi de l'infinitif. *Younger* parce qu'on oppose deux catégories de gens, on n'a donc pas le superlatif *youngest*.
6. **The idea proved efficient and amusing and some people who were thought (to be) a bit stuck-up were still asking for music around two a.m.** Retenez cet emploi de *prove* = "se révéler".
7. **The hosts didn't forbid the D.J. to play rather loud titles, they let him choose what he liked.**
8. **The over-forties who believed that they were still twenty started dancing vigorously.** *Believe* n'est pas suivi de l'infinitif.
9. **Some people who expected the party to end early stopped dancing rather early.** Ce n'est pas seulement une opinion, c'est leur vision de ce qui devrait se passer.
10. **You should have seen the mayor and his wife dancing : they asked the D.J. to turn up the volume and play all the hits of the fifties.** Voir ph. 4.

Corrigé de l'exercice 2.2.5

1. A-a **happened to be very old** : le sens est "il se trouvait que l'école..."
B-a **claimed to be very old** B-b **claimed that it was very old** : peu de différence, = "prétendait être très ancienne".
C-a **was said to be very old** = "on disait que l'école..."
2. A-b **believed that they were the best** A-d **believed the pupils to be the best** : mais surtout pas A-a.
B-d **expected the pupils to be the best** : les enseignants imposent leur vision B-b **expected that they were the best** : (à la rigueur) l'opinion que les enseignants ont d'eux-mêmes.
C-a **turned out to be the best** = "se sont révélés être les meilleurs".
D-a **were rumoured to be the best** = "on disait que les enseignants..."

3. A-b **imagined that he had been a champion** A-c **imagined being a champion**
   B-a **chanced to have been a champion** = "il se trouvait que..."
   C-b **remembered that he had been a champion** C-c **remembered being a champion** :
   peu de différence, mais surtout pas C-a.
   D-a **proved to have been a champion** = "se révélait avoir été..." D-b **proved that he
   had been a champion** = "prouvait qu'il avait été..."
4. A-c **said that he had been on the England Eleven** : surtout pas A-a.
   B-a **claimed to have been on the England Eleven** B-c **claimed that he had been on
   the England Eleven**
   C-a **seemed to have been on the England Eleven**
5. A-b **thought he had lost the key of the chapel** : surtout pas A-a.
   B-a **seemed to have lost the key of the chapel**
   C-b **remembered he had lost the key of the chapel** C-c **remembered losing the key
   of the chapel** (un peu bizarre sans un contexte : il évoque un souvenir) : par contre C-a
   et C-d sont exclus, méfiez-vous du français.

Corrigé de l'exercice 2.2.6

1. **The Minister of Agriculture, who happened to be on television last night, admitted
   that he was surprised by the consumers' reactions / being surprised.** Pas d'infinitif
   après *admit*.
2. **The minister reminded the viewers that importers were forbidden to exceed the
   quotas.** Avec *remind*, pas de *to* devant le GN qui représente la personne "destinataire"
   (*the viewers*). Le sujet de la proposition infinitive après *forbid* peut devenir le sujet de
   forbid au passif, parce qu'il occupe la place du complément d'objet.
3. **The government ordered the customs officers to seize all suspicious cargoes.**
4. **The farmers' unions have asked their members to watch the borders, thinking that
   they can unmask the traffickers.** Pas d'infinitif après *think*.
5. **The customs have reported to the minister that there were fewer and fewer
   offenders.** *Report* exige la présence de *to*.
6. **The journalist said that he didn't see how one could explain to the consumers that
   the farmers would get paid for cultivating less land / acreage.** Pas d'infinitif après *say*,
   et n'oubliez pas la préposition *to* après *explain*.
7. **The minister pointed out to the journalist that he had advised the other countries
   to take similar steps.** Toujours cette différence entre les verbes qui exigent la préposition
   to et les autres.
8. **The journalist complained to the minister that the information campaign had been
   inadequate, but the minister reminded him that huge amounts of money had already
   been spent.** Voir ph. 2.

Corrigé de l'exercice 2.2.7

1. A-a **insisted that all parked cars be removed** : le vrai subjonctif (c'est-à-dire la forme
   nue), après les verbes qui indiquent qu'on envisage la réalisation de l'événement, ici par
   la contrainte = "insister pour que".
   A-b **insisted that all parked cars should be removed** : le sens est le même. La forme
   avec *should* est plus courante en anglais GB, tandis que le vrai subjonctif est plus courant
   en anglais US.
   A-c **insisted that all parked cars would be removed** : attention, le sens est différent,
   pas d'idée de contrainte = "déclarer avec force".
   B-a **ordered that all parked cars be removed** B-b **ordered that all parked cars should
   be removed** : même fonctionnement que *insist*, mais B-c est impossible parce que *order*
   a toujours le sens de contrainte.
   C-c **stated that all parked cars would be removed** : seulement un sens déclaratif.

2. A-a **suggest that the cook prepare better meals** : subjonctif, on envisage sérieusement la réalisation. A-b **suggest that the cook might prepare better meals** : une simple suggestion. B-c **wish that the cook prepared better meals** : le prétérit n'a pas de sens passé, il indique l'irréel = "ils aimeraient bien que...", mais ce n'est pas le cas. Ce prétérit ne se trouve qu'après un nombre limité d'expressions, ne vous fiez pas uniquement au sens. C-a **ask that the cook prepare better meals** : une demande insistante, registre soutenu en GB.

3. A-b **hope that the mayor won't stand for re-election** B-c **wish that the mayor wouldn't stand for re-election** : avec *wish*, on sait que la réalité est le contraire de ce qu'on voudrait (le maire se présente), avec *hope*, on ne sait pas encore. C-a **request that the mayor not stand for re-election** : une demande insistante, d'où le subjonctif; remarquez la place de la négation. Voir ph. 1.

4. A-a **recommends that the heating not be used in warm weather** A-b **recommends that the heating should not be used** B : rien n'est possible, puisqu'on ne mentionne pas de destinataire, il faudrait ajouter *the users* pour avoir b ou c. C-b **implies that the heating should not be used in warm weather** C-c **that the heating can't be used in warm weather**

5. A-a **urges that the ministers make their intentions clearer** A-b **urges that the ministers should make their intentions clearer** : *urge* a le sens d'une forte recommandation. B-b **says that the ministers should make their intentions clearer** : c'est *should* qui indique une sorte de contrainte, mais *say* n'indique qu'une déclaration. B-c **says that the ministers could make their intentions clearer.** C-b **remarks that the ministers should make their intentions clearer** C-c **remarks that the ministers could make their intentions clearer** : *remark* = "faire une remarque, une constatation".

Corrigé de l'exercice 2.2.8

1. **The opposition parties insist that they are ready to govern**. L'opposition fait simplement une déclaration sur sa situation actuelle, elle n'envisage rien. Pas de subjonctif.
2. **The leader of the opposition wish the Prime Minister had called an early election**. Le prétérit (contenu dans le past perfect) indique l'irréalité. Toujours pas de subjonctif.
3. **The national newspapers urge that the government make its line clearer**. Cette fois on envisage nettement la réalisation (contrainte), d'où le subjonctif.
4. **The electors would rather (that) the opposition had an alternative policy**. Le prétérit après *would rather*, indiquant l'irréalité.
5. **In private, the Prime Minister wishes he were an angler**. Clairement, ce n'est pas le cas. En style soutenu, on emploie *were*; dans une langue plus familière, on emploie *was*.
6. **Many people hope that things will calm down soon**. Ni prétérit, ni subjonctif.
7. **The law requires that the government hold elections every four years**. Forte contrainte de *require*, on a le subjonctif. On pourrait avoir *should*, ou encore une proposition infinitive : *requires the government to hold elections every four years*.
8. **The opposition papers insist that the underprivileged be taken into consideration**. Il s'agit bien d'une demande, donc de quelque chose dont on envisage la réalisation. On pourrait avoir *should*.
9. **The commentators expect the Prime Minister to make a statement on television**. Avec la proposition infinitive, une certaine idée de contrainte. Pas de subjonctif après *expect*.
10. **In its leader yesterday, a very serious newspaper recommended that a meeting between the leaders of all the parties take place**. Subjonctif, forte incitation. *Should* est possible.

Corrigé de l'exercice 2.2.9

L'exercice porte essentiellement sur l'opposition entre la forme de gérondif (*Ving*) et l'infinitif précédé de *to*, parfois l'infinitif sans *to*.

1. A-b **Would you mind buying some bread on the way back**
   B-a **Have you forgotten to buy some bread** B-b **Have you forgotten buying some bread ?** Phrase bonne mais de sens bizarre "As-tu oublié que tu as acheté du pain ?" B-c **Have you forgotten that I bought some bread**
   C-a **Don't forget to buy some bread.** Avec l'infinitif, il s'agit d'une action à accomplir, alors qu'avec le gérondif (voir B-b), il s'agit du souvenir d'une action déjà accomplie, mais ici C-b est inconcevable. C-c **Don't forget that I bought some bread**
2. A-a **remembers spending blissful days in the sun.** Un souvenir des jours heureux, mais comme c'est nécessairement dans le passé, il est inutile de marquer l'antériorité en utilisant b (un gérondif au parfait).
   B-c **would love to spend blissful days in the sun.** *Would love* nous tourne vers l'avenir, d'où l'infinitif.
   C-a **doesn't regret spending blissful days in the sun.** Comme A.
3. A-a **You should avoid eating meat at every meal.**
   B-b **They can't afford to eat meat at every meal.**
   C-b **Some people would love to eat meat at every meal.** Voir ph. 2.
   D-c **Don't make your family eat meat at every meal.** Infinitif sans *to* pour *make* causatif.
4. A-a **Mary likes the children to arrive on time.** C'est en fait une projection dans l'avenir répétée.
   B-b **The weather prevented the children arriving on time.** Ou aussi : *from arriving...*
   C-c **The new mistress made the children arrive on time.** Infinitif sans *to* pour *make* causatif.
5. A-a **failed to break the record**
   B-b **succeeded in breaking the record.** Attention à *succeed*, surtout par rapport à *fail*.
   C-a **tried to break the record**

Corrigé de l'exercice 2.2.10

Comme le précédent, l'exercice porte essentiellement sur l'opposition entre la forme de gérondif (*Ving*) et l'infinitif précédé de *to*, parfois l'infinitif sans *to*.

1. A-a **suggests eating more fruit.**
   B-b **proposes to eat more fruit.** Attention, le sens est "a l'intention de manger/ se propose de manger", mais le docteur ne propose rien à personne.
   C-a **advises eating more fruit.** C'est un conseil général. C-b **advises you to eat more fruit.** Cette fois, le conseil s'adresse à une certaine personne. Remarquez que ni *suggest* ni *propose* n'acceptent la forme b.
2. A-a **can't stand the children being so rude** A-c **can't stand the children's being so rude.** Le sujet du gérondif peut adopter l'une ou l'autre de ces formes.
   B-a **stopped the children being so rude.** On pourrait employer *prevent*, *stop* est plus courant en langue parlée.
   C-b **doesn't want the children to be so rude**
   D-a **can't help the children being so rude** D-c **can't help the children's being so rude.** Voir ph. 6.
3. A-a **planned to build a new covered market** A-c **planned on building a new covered market**
   B-b **considered building a new covered market.** *Plan* indique un vrai projet, *consider* seulement une idée qui est encore "en l'air".
   C-a **agreed to build a new covered market.** N'oubliez pas que le verbe *accept* ne peut, lui, être suivi d'aucune subordonnée : *he accepted the present / he agreed to take the money*.

4. A-b **stopped the children climbing over the fence**
   B-a **prevented the children from climbing over the fence.** B-b **prevented the children climbing over the fence.** La construction B-b semble devenir la plus courante.
   C-c **helped the children climb over the fence** C-d **helped the children to climb over the fence.** La construction C-c devient courante.
5. A-c **looked forward to spending a day at the fairground** A-d **looked forward to their cousin's spending the weekend with them.** Ici *to* est une préposition ordinaire, donc suivie du gérondif. On pourrait avoir *looked forward to their cousin spending the weekend.*
   B-c **objected to spending a day at the fairground** B-d **objected to their cousin's spending the weekend with them.** Même remarque.
   C-b **insisted on spending a day at the fairground.** La préposition *on* (donc le gérondif) est obligatoire.
6. A-b **allowed smoking in the lounge** A-c **allowed the lodgers to smoke in the lounge.** Le gérondif (sans sujet) indique une permission générale ; si la permission s'adresse à quelqu'un, il faut l'infinitif.
   B-b **couldn't stand smoking in the lounge** B-d **couldn't stand the lodgers smoking in the lounge.**
   C-b **disliked smoking in the lounge** C-d **disliked the lodgers smoking in the lounge**
7. A-b **barred several journalists from attending the press conference.**
   B-c **blamed several journalists for attending the press conference.**
   C-a **forbade several journalists to attend the press conference.** Malgré la ressemblance de sens avec *bar*, attention à la forme.
8. A-c **explained to Roger how to turn off the gas.** N'oubliez pas la préposition *to*.
   B-b **remembered turning off the gas.** B-e **remembered Roger turning off the gas.** Il s'agit bien dans les deux cas d'un événement passé : on se souvient que ça a été fait.
   B-d **remembered to turn off the gas.** il n'a pas oublié de le faire.
   C-a **told Roger to turn off the gas.**
   D-a **reminded Roger to turn off the gas.**

Corrigé de l'exercice 2.2.11

1. **The management is considering changing all the computers. Can the company afford to spend so much money ?** *Consider* n'indique pas un projet ferme.
2. **Everybody stopped using typewriters a long time ago.**
3. **It is as if nobody remembered using those antiquated/outdated machines.** Pas la peine d'indiquer l'antériorité par un gérondif parfait, le sens de *remember* suffit.
4. **Nobody was used to running the new computer, but Michael agreed to try/give it a try.** Avec *be used to* (= être habitué à), le *to* est une préposition ordinaire suivie du gérondif. Ne pas confondre avec *He used to run the computer* = "Avant/jadis, c'était lui qui faisait fonctionner l'ordinateur."
5. **Changing the equipment implies / means training the employees to new methods.**
6. **Even the boss intended / planned / meant to learn, but after a few attempts, he gave up trying.** *Give up* est comme *stop*.
7. **Forgetting to switch off is not too bad, still remember to check all the lights before leaving / you leave the room.** Il ne s'agit pas d'évoquer des souvenirs !
8. **The screens need cleaning from time to time, and the constructor advises vacuuming the keyboards.** Attention à cet emploi de *need* : pas de passif, mais un gérondif actif. Le conseil est général, d'où le gérondif.
9. **The trouble is that the boss intends everybody to go on working as usual during the switch.**
10. **The technicians advised the management to have the employees play with the computers. That way, they will easily get used to handling the machines.** Ici, le conseil s'adresse à quelqu'un de précis. Pour *get used to*, voir ph. 4.

Corrigé de l'exercice 2.2.12

L'astuce consiste à ne surtout jamais employer *propose*. Ensuite, employer *suggest* = "avancer une idée", ou *offer* = "faire une offre".

1. **The committee has suggested some names to the president.** *Suggest* exige la préposition *to* devant le destinataire.
2. **The president is not satisfied. The committee suggested a few unwanted names (to him).** Quand le destinataire est évident, on peut ne pas le mentionner.
3. **The townhall has offered a job to my neighbour / my neighbour a job.** C'est bien une offre (qu'il n'est pas obligé d'accepter), et non un cadeau (qu'on ne peut refuser). Les deux formes sont possibles.
4. **My neighbour is very pleased. The town hall has offered him a job.** La forme *has offered a job to him* signifierait "à lui et pas à un autre".
5. **The committee has suggested appointing more women.** Si la proposition est générale, on a le gérondif.
6. **The committee has suggested to the president that he appoint more women.** Si la proposition est pour une personne précise, on a le subjonctif.
7. **The children have offered to mow the lawn for free.**
8. **The children have offered to mow our neighbours' lawn for free.** Avec *offer*, on ne peut pas à la fois avoir une subordonnée et mentionner le destinataire de l'offre, on est donc obligé de ruser.

Corrigé de l'exercice 2.2.13

1. **He succeeded in solving the problem but failed to understand the implications. Still, it was worth making the effort.** A nouveau *fail* (+ V) et *succeed* (+in Ving).
2. **Brenda insisted that I go there, but Brandon insisted on going there himself.**
3. **I prefer driving to being driven, but I'd rather walk any day of the week.** On ne fait que considérer l'idée de "conduite". Infinitif sans *to* normal après l'auxiliaire *would*.
4. **I consider Charles to be my only friend, and I'm not looking forward to meeting anyone else.** Aussi : *I consider Charles as my only friend*. Gérondif après la préposition de *look forward to*.
5. **Do you mind Roberta ('s) playing the accordion while I bang on the tambourine?** Variation sur le sujet du gérondif.

AIDE-MÉMOIRE 3
LE SUBJONCTIF ANGLAIS

Les verbes comme *insist, suggest, urge, require, recommend*, qui indiquent une forte contrainte ou incitation sont suivis d'une subordonnée qui contient le vrai subjonctif.

Le vrai subjonctif n'a qu'une seule forme, qui est celle de l'infinitif.
> *The doctor recommends that your grandmother **take** more exercise.* [pas de –s]
> *The chairman suggested that that point **be** discussed later.*

La négation *not* se place immédiatement avant le verbe au subjonctif (pas de *do*) :
> *Some people suggested that the point not be discussed at all.*

Le subjonctif est très courant en anglais américain.

En anglais britannique, on préfère souvent employer *should* + V :
> *The doctor recommends that your grandmother should take more exercise.*

Corrigé de l'exercice 2.2.14

A. **He stopped to look out of the window, then he started talking about his childhood.** Attention : il s'est arrêté (de faire ce qu'il faisait) pour..., le *to* V indique vraiment le but (= *in order to*). **He went on talking for a good half-hour. He finally stopped talking to blow his nose.** Ici, l'action *talk* est bien interrompue (donc *stop* + Ving), avec pour but *blow his nose* (donc *to* V).

B. **I must remember to answer Marcel. He asked me to remind him of Josette's wedding anniversary, and it is today. I don't remember being invited to her wedding, but that was so long ago! Now she reminds me more and more of her mother.** Vous ne confondez plus *remember* et *remind*, n'est-ce pas ? *Remind* est le causatif de *remember* (X *remind* Y of Z = X *make* Y *remember* Z). Ne pensez plus au français.

Corrigé de l'exercice 2.2.15

1. A-b **helped Steven to clean his bedroom** A-c **helped Steven clean his bedroom.** Les deux sont possibles.
   B-c **made Steven clean his bedroom**
   C-c **saw Steven clean his bedroom** C-d **saw Steven cleaning his bedroom.** Les verbes de perception admettent les deux formes, le gérondif indiquant qu'on voit l'action dans son déroulement, comme une forme *be* + *-ing*.
   D-a **insisted on Steven cleaning his bedroom**

2. A-a **tried painting Helen's car pink** A-b **to paint Helen's car pink.** Un peu délicat, mais les deux formes ont des sens très différents. *Try* + Ving = faire l'expérience de quelque chose en vue d'autre chose, p. ex. ici Pablo peint la voiture pour la rendre bien visible dans l'obscurité. *Try* + *to* V = s'efforcer d'accomplir une action (sans doute sans y parvenir), donc Pablo n'a pas réussi à peindre la voiture.
   B-b **dared to paint Helen's car pink** B-c **dared paint Helen's car pink.** *Dare* peut être un verbe ordinaire, donc suivi de *to* V. Mais il peut aussi être un auxiliaire de modalité, donc suivi de la forme nue. La différence apparaît bien sûr aussi à la 3ème personne du singulier du présent : *He dares to paint / He dare paint*. Il n'y a pas de différence de sens.
   C-a **envisaged painting Helen's car pink.** Ce n'est qu'une idée en l'air, pas un projet.
   D-b **intended to paint Helen's car pink.** Ici, c'est un vrai projet.

3. A-b **promised me a blue dress** (A-c **promised a blue dress to me**)
   B-b **lent me a blue dress** (B-c **lent a blue dress to me**). Les formes avec *to* marqueraient un fort contraste : moi, et pas une autre.
   C-a **asked me for a blue dress.** L'objet recherché (*dress*) introduit par *for*. *Me* est destinataire de la demande, mais pas de la robe : au contraire, elle va sans doute la fournir à Suzy.
   D-b **chose me a blue dress** D-d **chose a blue dress for me.** L'action de choisir ne constitue pas l'action de transmission de la robe (comme *lend*), ni des paroles adressées à *me* (comme *promise*), c'est une action accomplie à la place de *me*. On a les deux constructions, mais avec la préposition *for* dans un cas. Il n'y aurait pas de passif, à la différence des cas précédents.

4. A-b **refused Romeo a kiss.** Le "refus de donner", construit comme "donner".
   B-a **saved a kiss for Romeo** B-b **saved Romeo a kiss.** Voir 3.D. B-b *saved Romeo a kiss* est ambigu et signifie aussi "elle lui a épargné (de donner) un baiser".
   C-d **stole a kiss from Romeo.** Bien indiquer le mouvement, à l'aide de *from*.
   D-b **owed Romeo a kiss.**

AIDE-MÉMOIRE 4
VERBES SUIVIS D'UNE SUBORDONNÉE

Toujours le même problème : il faut apprendre les constructions de chaque verbe, et n'hésitez pas à vous référer au dictionnaire unilingue.

Pour raccrocher à un premier verbe un deuxième verbe (et la proposition qui l'entoure), l'anglais est beaucoup plus riche en constructions que le français :

Jeff heard/made Liza sing "God Save the Queen". (proposition avec infinitif sans *to*)

Jeff would like (Liza) to sing "God Save the Queen". (proposition avec infinitif complet, avec ou sans sujet)

Jeff doesn't mind (Liza) singing "God Save the Queen". (proposition au gérondif, avec ou sans sujet)

Jeff thinks (that) he sings better than Liza. (proposition complétive en *that*)

Jeff wonders if he sings better than Liza. (proposition interrogative indirecte)

TROIS POINTS DE FRICTION :

1. Les verbes comme *want* :
   Jeff veut que Liza chante.
   Jeff wants Liza to sing. (proposition infinitive)
autres verbes : *(would) like, hate, love, prefer, can't bear* (ces verbes, mais pas *want*, sont aussi suivis du gérondif).

2. La construction française avec infinitif de *croire, dire*, etc. :
   Jeff croit chanter le "God Save the Queen".
   Jeff thinks (that) he is singing "God Save the Queen".

Jamais d'infinitif après *believe, say*, etc.

3. Ne pas oublier le gérondif, éventuellement avec sujet :
   Jeff didn't enjoy (Liza) singing "God Save the Queen".

autres verbes : *end, finish, stop, go on, quit, keep, prevent, can't stand, (don't) mind, enjoy, imagine, anticipate, suggest*

begin, start (aussi l'infinitif), et tout verbe suivi d'une préposition, par ex : *object to, account for, complain about.*

   The people next door objected to Jeff singing "God Save the Queen" at night.

UN VERBE PEUT AVOIR PLUSIEURS CONSTRUCTIONS, AVEC PARFOIS DES SENS DIFFERENTS :

   Jeff meant to sing "God Save the Queen". (= avoir l'intention)
   Joining the choir meant singing "God Save the Queen". (= signifier, impliquer)

Se méfier de : *remember, forget, mean, stop, try*

2.3 Les constructions causatives

Corrigé de l'exercice 2.3.1

(A)

1. **Priscilla made Kenneth furious.**
   Make est le seul causatif possible, parce que la deuxième proposition est formée autour d'un adjectif, le verbe *to be* disparaît. *P. a rendu K. furieux.*

2. **Spring makes the flowers bloom.**
   Ici aussi, seulement *make*, (a) parce que l'origine n'est pas un humain, (b) parce que la contrainte exercée est forte, en ce sens que la conséquence est inévitable. *Le printemps fait éclore les fleurs.*

3. **Kenneth had/got orchids delivered to Priscilla.**
   Si *somebody*, agent de l'action *deliver*, est de peu d'importance, on le supprime en employant le participe passé, qui équivaut à un passif. *Get* et *have* peuvent être pour l'instant considérés comme équivalents. *K. a fait livrer des orchidées à P.*
   Kenneth had somebody deliver/got somebody to deliver orchids to Priscilla.
   Si on veut garder l'agent, mais sans idée d'une forte contrainte s'exerçant sur cet agent (Kenneth a payé un commerçant, ou il a demandé à un ami). Attention à la différence de construction entre *have* (pas de *to*) et *get* (avec *to*). *K. a demandé à quelqu'un de livrer des orchidées à P.*
   (Kenneth made somebody deliver orchids to Priscilla)
   Phrase peu vraisemblable, car elle indique qu'il y a eu une forte contrainte sur *somebody*. *K. a obligé quelqu'un à livrer des orchidées à P.*

4. **Kenneth had/got orchids delivered to Priscilla.**
   Cette fois, pas de doute puisqu'on est directement au passif. *K. a fait livrer des orchidées à P.*

5. **The headmaster has the pupils sing the national anthem every morning.**
   C'est peut être une contrainte, mais elle est jugée normale, elle fait partie des traditions. *Le directeur fait chanter l'hymne national aux élèves.*
   The headmaster makes the pupils sing...
   Là on a vraiment l'impression d'une contrainte insupportable. *Le directeur fait chanter l'hymne national aux élèves. / Le directeur oblige les élèves à chanter l'hymne national.*

6. **Priscilla had Kenneth drive her/got Kenneth to drive her to the airport.**
   Le plus vraisemblable : elle le lui a simplement demandé. *P. s'est fait conduire à l'aéroport par K.*
   Priscilla made Kenneth drive her to the airport.
   Elle a exercé une forte pression, par menace ou chantage. *P. s'est fait conduire à l'aéroport par K. / P. a obligé K. à la conduire à l'aéroport.*

(B)

1. **The jockeys made the horses walk backwards and forwards, and then trot.**
   Relation de contrainte. *Les jockeys faisaient marcher les chevaux de long en large, puis trotter.*

2. **The television serial made Joyce think of a name for their future child.** Cause inanimée. *La série télévisée a donné à Priscilla l'idée d'un nom pour leur futur enfant.*

3. **That famous novelist always had somebody type his manuscripts before he revised them. / That famous novelist always had his manuscripts typed.** Pas de contrainte : le romancier paye pour ce travail. *Le célèbre romancier faisait toujours taper ses manuscrits avant de les réviser.*

4. **The manager of the hotel had all the floors polished.** On ne sait pas qui accomplit l'action, qui apparaît donc au passif. *Le directeur de l'hôtel a fait cirer tous les parquets.*
5. **That new hair style makes Jimmy look like his brother Irving.** Cause inanimée. *Sa nouvelle coiffure fait ressembler Jimmy à son frère Irving.*
6. **Did that joke make you laugh ?** Cause inanimée. *Est-ce que cette plaisanterie t'a fait rire ?*
7. **Mick has his wife boil his eggs exactly two minutes and a half.** S'il le lui demande gentiment. *Mick demande à sa femme de faire cuire ses œufs...* **Mick makes his wife boil his eggs exactly two minutes and a half.** Forte contrainte. Traiterait-il sa femme en esclave ? *Mick oblige sa femme à faire cuire ses œufs...*
8. **Our neighbours have had some workmen install double-glazing in their house.** Un échange commercial, pas une contrainte. *Nos voisins ont fait installer des doubles vitrages dans leur maison par des ouvriers.* Mais il est aussi possible qu'on ne s'intéresse pas aux exécutants : **Our neighbours have had double-glazing installed in their house.** *Nos voisins ont fait installer des doubles vitrages dans leur maison.*
9. **The noise of the bulldozers has made everybody close their windows.** Cause inanimée. *Le bruit des bulldozers a fait fermer les fenêtres à tout le monde.*
10. **The manager had the accounts checked.** L'agent est bien vague, on peut donc s'en passer. *Le directeur a fait vérifier les comptes.*
11. **Drinking that wine has made your grandmother sleepy.** Cause inanimée, et aussi un résultat exprimé par un adjectif. *Boire ce vin a donné sommeil à ta grand-mère.*
12. **Mick has his eggs boiled exactly two and a half minutes.** Pas d'agent mentionné, seul le passif est possible. On ne sait pas si Mick fait cuire ses œufs lui-même (*Mick fait cuire ses œufs...*) ou s'il demande qu'on le lui fasse (*Mick demande qu'on lui cuise...*).

Corrigé de l'exercice 2.3.2

1. **I'll have a pizza delivered for dinner. The children will be delighted.** On ne sait pas qui livre, on est donc obligé de passer au passif, après *have. Faire plaisir à qqn* : parfois *please sb*, mais souvent on retourne la phrase.
2. **When we have guests, we often have our neighbour bake us a pizza / get the neighbour to bake... / have a pizza baked by the neighbour. She is Italian.** Pas question de contrainte ici.
3. **If you don't work more at school, I'll make you clean windows or deliver pizzas during the holidays.** On sent bien que le père ne plaisante pas et qu'il peut imposer sa volonté.
4. **Are you really going to have this book printed ? It's going to make all tender-hearted people cry / It's going to be a real tear-jerker for the sensitive souls.** (a) L'agent de *print* n'est pas connu, donc passif. (b) La cause *book* est inanimée. Mais on peut trouver d'autres façons de le dire.
5. **For the singing competition, the jury has / makes the candidates sing a tune they haven't studied.** Tout dépend du degré de contrainte qu'on voit dans cette phrase.
6. **When the children upset the (jigsaw) puzzle, I was so furious that I made them pick up the pieces one by one.** Contrainte.
7. **To get into the house the police had to have the door opened by a locksmith / to have a locksmith open the door.** On n'a pas contraint le serrurier, c'est un homme libre.
8. **Last week's heavy snowfall made all the inhabitants go home in a hurry / made all the inhabitants hurry home.** Cause inanimée.
9. **Exercising has made me hot, but it's done me good.** Cause inanimée. Remarquez la traduction de *donner*.

10. **Your carpet has changed colour. Have you had it cleaned?** On ne connaît pas la personne qui a nettoyé, et ça ne nous intéresse pas.
11. **The teacher makes them read two books a month, they haven't got any time left for watching TV / the telly.** Le verbe français *obliger* se traduit très bien par *make*.
12. **The robbers made the manager give them the key of the bank / got the manager to give them the key of the bank, but they could not make the safe open / get the safe to open.** Attention à la différence de construction entre *make* (+ V sans *to*) et *get* (+ *to* V).
13. **"They should have had the safe opened" — "They were beginners. They got caught when they came out."** (a) On ne sait pas par qui le coffre serait ouvert, pas d'agent mentionné. (b) *Se faire* + V participe passé donne souvent *get* + V participe passé. Remarquez qu'il n'y a pas de sens causatif : les voleurs n'ont pas fait exprès de se faire prendre.
14. **That actor's bad temper hasn't made him popular.** *Rendre* + GN + adjectif donne *make* + GN + adjectif.
15. **The earl has had the portraits of his ancestors valued. No question : they are all fakes.** Pas d'agent connu.
16. **Make the reader feel / Get the reader to feel that everything you say is true. The goal is to make yourself understood.** Il faut fortement convaincre (*make*), éventuellement au prix d'un effort (*get*). Il y a très peu de cas comme la formule *make oneself understood*. Retenez-la mais ne l'imitez pas.
17. **Tony Hoarse wrote this song long ago, but he has never had it recorded.** Enregistré par qui ?
18. **Each of the teachers in Jimmy's class tries to make the pupils understand / get the pupils to understand that their subject is the most important.** Voir 16.

Corrigé de l'exercice 2.3.3

1. **Dissolve the tablet in a glass of water, and don't pay attention to the smell.** Les verbes comme *dissolve* (ils sont nombreux) ont une seule forme pour l'action (*the tablet has dissolved*) et la cause + l'action (*I have dissolved the tablet*).
2. **If you (will) hand me the map that's on the shelf, I'll be able to show you the place where my grandfather lives.**
3. **The lecturer played them some old recordings, then he had them transcribe the words of the songs.** On n'imagine pas qu'il y ait eu réelle contrainte.
4. **Miss Inkhorn, show Mr Smythe-Jones into the waiting-room and ask him to sit down.** Les traductions avec *make* signifieraient que ce pauvre Smythe-Jones est prisonnier.
5. **When I have an answer, I'll let you know at once.**
6. **Hold on, I hope I won't keep you waiting too long.**
7. **The princess was wearing a hat that reminded me of my grandmother's garden.**
8. **The shop stewards pointed out to the boss that he had had a special end-of-year bonus paid to him.**
9. **This tea really tastes bad / has an awful taste, I hope I can get a refund.**
10. **"The cat wants to eat." — "Feed it." — "The cat wants to go out." — "Let it out."**
11. **Fry the onions in a little oil, but be careful you don't burn them / let them burn.**
12. **The snow bent the branches, and in some places it even broke the telephone wires.**
13. **Those buildings should be blown up, and trees grown instead.**
14. **My grandmother always sends for the free gifts.**
15. **If you drop aunt Jemina's vase, I'll make you pay for it.**
16. **Did prehistoric men roll those huge blocks of stone, or did they have them pulled by animals?**

Corrigé de l'exercice 2.3.4

1. **(a) Officer, my dog got run over yesterday. (b) But I've found / tracked down that awful hit-and-run driver and I want to have / get him jailed / sent to gaol.** (a) Le chien n'a pas fait exprès d'être écrasé, c'est non causatif. (b) Par contre, la maîtresse est très déterminée (c'est causatif), mais comme on ne mentionne pas qui procèdera à l'emprisonnement, il faut *have / get* + participe passé.

2. **No, we're not going to blow up the bank. We'd get caught.** Pour *blow up*, voir 2.3.3, ph.13. *Se faire prendre* est non causatif, c'est l'équivalent d'un passif.

3. **(a) The superintendent has had his cheque book stolen. (b) Now, that's a thief who knows how to get noticed.** (a) C'est bien involontaire. (b) L'emploi de *know how* réintroduit l'idée d'intention.

4. **It's a disaster ! The princess has had tomato sauce spilt over her dress.** Non causatif.

5. **(a) Our mayor has had his fortune told : (b) now he knows that he will never manage to get elected M.P. in the constituency.** (a) Causatif, vraisemblablement, mais pas forcément. (b) *Se faire élire* n'est pas volontaire, du moins dans les pays démocratiques et non corrompus.

6. **I paid 40 dollars for this record, I have an idea I've been swindled / ripped off.** Non causatif.

7. **My grandfather has had his driving licence suspended because he was driving too slowly on the motorway.** Non causatif.

8. **Look, here's an interesting photograph : the princess got caught in the act of scratching her nose. The photographer will get congratulated by his editor.** Aucun causatif ici.

AIDE-MÉMOIRE 5
LES VERBES CAUSATIFS

1. Si le résultat est exprimé par un adjectif, toujours *make* :
   Maggie has made Jimmy angry.

2. Si le sujet du causatif est inanimé, toujours *make* :
   The noise made them close the window.

3. Si le sujet du causatif est un animé, les trois verbes *make, have, get* sont possibles, MAIS *make* indique alors une forte contrainte :
   Priscilla made Kenneth drive her to the airport.
   (elle l'y a obligé, contre sa volonté)
   Priscilla had Kenneth drive her to the airport.
   Priscilla got Kenneth to drive her to the airport.
   (elle le lui a demandé)

4. Si la personne qui accomplit l'action est inconnue, ou de peu d'importance, on forme un passif (sans *be*), Et on ne peut avoir que *have* ou *get* :
   I must have/get this coat cleaned.

Have n'est pas toujours causatif, il peut simplement indiquer que quelque chose arrive au sujet :

   Kenneth had his bike stolen.

2.4 Les schémas résultatifs

Corrigé de l'exercice 2.4.1

1. **The boy scouts limped to the top of the hill.** Remarquez la préposition *to*, indiquant le changement de lieu. Schéma : *Sujet Verbe ( ) Groupe Prépositionnel*, où ( ) = *the boy scouts.*
2. **The dog frightens the people away from the warehouse.** Pas besoin de verbe dans la deuxième partie de la phrase. Schéma *Sujet Verbe Groupe Nominal Adverbe (away)*
3. **Every day, Doreen hurries (back) home to get the children's tea ready.** Schéma : *Sujet Verbe ( ) Adverbe*, où ( ) = *Doreen.*
4. **The Rolls Royce purred into motion.** Schéma : *Sujet Verbe ( ) Groupe Prépositionnel.* Maintenant vous avez compris comment fonctionne ( ).
5. **Many shareholders panicked into selling their shares.** On peut employer un verbe pour exprimer le résultat si on le met au gérondif, forme nominale du verbe; on utilise la préposition *into* pour indiquer que l'action s'accomplit, et au contraire *out of* pour marquer qu'elle ne s'accomplit pas; schéma : *Sujet Verbe ( ) Groupe Prépositionnel.*
6. **Young Tommy has licked his bowl of custard clean.** Schéma : *Sujet Verbe Groupe Nominal Adjectif.*
7. **The boys bullied Thomas into giving them all his pocket money.** Schéma : *Sujet Verbe Groupe Nominal Groupe Prépositionnel* (contenant un gérondif, voir 5).
8. **Belinda danced all the boys off their feet.** Schéma : *Sujet Verbe Groupe Nominal Groupe prépositionnel.*

Corrigé de l'exercice 2.4.2

1. **The door slammed shut.**
2. **I had to drive the children to school.** Il fallait trouver le verbe *drive*, qui indique la manière grâce à laquelle on parvient au résultat *the children are at school.*
3. **They shook the chairman awake at the end of the meeting.**
4. **Tarzan swam across the river.** *Swim* n'est qu'une des manières possibles (cf. *jump, canoe, fly*) de parvenir au résultat *Tarzan is across the river* (c-à-d de l'autre côté).
5. **The cashier banged the door of the safe shut.**
6. **We flew to Athens, it's quicker than sailing.**
7. **...but he slept himself sober.** Comparez avec ph. 1.
8. **The salesgirl talked Priscilla into buying several dresses.** *Talk into/out of* + gérondif est très courant.
9. **All the family laughed Henry out of wearing his tartan bermudas.** Sens négatif de *out of.*
10. **...towelled dry and slipped some clean clothes on/slipped on some clean clothes.** Il fallait penser qu'il existe un verbe *towel*, et bravo si vous avez vu que *quickly put on* = *slip on*, verbe d'emploi très courant. L'adverbe *on* peut se placer après ou avant le Groupe Nominal complément.

Corrigé de l'exercice 2.4.3

1. **Joan wants to dye her hair red.** Schéma *Sujet Verbe Groupe Nominal Adjectif.*
2. **The pupils ran out of the school.** Remarquez que l'ordre des éléments de sens est inversé entre l'anglais et le français :

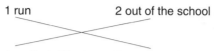

1 sortir de l'école   2 en courant

Ce passage entre les deux langues est souvent appelé un chassé-croisé.

3. **Helen has shamed her husband into washing his shirts.**
4. **Don't waste food, think of the people who are starving/ starve to death.** Le verbe *starve* signifie seulement "souffrir de la faim", et il n'indique pas en lui-même une conclusion; il en est de même pour *shoot* = tirer sur qqun, sans qu'on sache ce qui en résulte, mais *They shot him dead* = Ils l'ont tué avec une arme à feu.
5. **Could you drive Jimmy to his violin class?** Voir ex 2.4.2 ph. 2.
6. **We talked the children out of spending the night in a tent.** Voir ex 2.4.2 ph 8.
7. **The prince and the princess danced across the ballroom.** Voir ex 2.4.2 ph 5.
8. **We laughed him out of of his plans.**
9. **The car isn't working, I'll have to walk to the office.** *Go on foot* existe mais n'est pas courant; on emploie aussi *walk* de façon tout à fait neutre, sans l'opposer à d'autres façons de se déplacer : *I can't stand people walking into my office without knocking.*
10. **They threatened him into telling the truth.**
11. **I always sing the baby to sleep. – I rock mine to sleep.** *Sleep* est un nom ici.
12. **They scared him stiff.** Ceci peut passer pour une expression toute faite, mais elle est formée selon le schéma résultatif; il existe aussi *bore sb stiff* = ennuyer à mourir.
13. **Turn down the television, I can't hear a thing.** *Turn* indique qu'on agit sur un bouton avec pour résultat que le son est baissé.
14. **Switch on the light and pull the curtains back/closed.** *Switch* indique qu'on agit sur un interrupteur; la phrase française est ambiguë, on ne sait pas si on doit ouvrir (*back*) ou fermer (*closed*) les rideaux.
15. **Doctor Jones-Brown showed us over/through/round the hospital.**
16. **The burglars broke into the room where Professor Weinstaub keeps his stamp collection.**
17. **Mick talked Angela into coming up to his room.**
18. **The boots/bellhop/bellboy will show you to your room.**

Corrigé de l'exercice 2.4.4

Like every morning, I was gardening when suddenly my neighbour's van *roared up my driveway.* **My neighbour** *jumped out of his van,* **locked it with his remote control and** *walked up to me.* **He shouted :**

'Your dog is *driving me crazy.* **I 've** *chased it away* **three times this morning. It digs holes, and more holes and still more holes in my backyard.** *Lock it in!* **Or else, I'll** *knock its head off***!'**

My face *folded into a grin.*

'It isn't that bad. Look! Every morning I cover the holes my dog dug the day before. I only have to *tread them flat,* **like this.'**

Then, curiously enough, my neighbour turned round and *strode out of my backyard,* **leaving his car in my driveway.**

As I am a nice guy, I *pried the door of his van open* **to take it back. I parked it right in front of his door.**

AIDE-MÉMOIRE 6
LES SCHEMAS RESULTATIFS

Sujet	Verbe	(Groupe Nominal)	+ préposition	GN / gérondif
Sujet	Verbe	(Groupe Nominal)	+ Adjectif	
Sujet	Verbe	(Groupe Nominal)	+ Adverbe	
	exprimant la manière		exprimant le résultat	

They	*dug*	*the treasure*	*out of the ground*
They	*talked*	*McDougall*	*into paying the bill*
She	*walked*	*( )*	*into the room*
He	*shook*	*his brother*	*awake*
They	*switched*	*the radio*	*on*

Corrigé du test de sortie

1. The book should remind (c) every reader of his childhood.
2. Nobody would pay (c) 100 pounds for a hotel room.
3. Surprisingly, the operating manual answers (b) every question.
4. The idea made Elsie (b) blush.
5. The mad millionaire stole (c) that statue from the British Museum.
6. It is often hard to resist (c) temptation.
7. Don't let (b) those people annoy you.
8. The boss insists (a) that the work be finished tonight.
9. Her parents would hate (a) her to become a policewoman.
10. I wish (a) the climate became warmer.

CORRIGES DU CHAPITRE 3. LE PASSIF

Corrigé du test d'entrée

A.
1. The journalists have been **told** that the president is ill.
2. IMPOSSIBLE
3. The plans of the new housing estate were **described** to the town councillors.
4. The developers must have been **lent** a lot of money.
5. The president was **said** to be ill.
6. A medieval statue has been **stolen** from the museum.
7. The children have been **allowed** to play football in the park.
8. Their Australian cousin has not been **heard from** for a long time.

B.
1. They came in at the same time, but they didn't even look at each other.
2. The tower can be seen from the station.

3.1 Le passif

Corrigé de l'exercice 3.1.1

1. **Weren't you given something to eat ?** Pour les verbes, comme *give*, dont un des deux compléments indique un destinataire, on préfère nettement former le passif à partir du destinataire.
2. **The new house we've just bought is being done up.** Ce n'est pas parce qu'on est au passif qu'on doit oublier la forme BE + -ING.
3. **That boy should be taught a lesson.** Voir ph. 1.
4. **Will I be sent the details ?** Voir ph. 1. La phrase *Will the details be sent to me ?* placerait un accent contrastif sur *me* (moi et pas quelqu'un d'autre).
5. **He has been let down by his best friends.** Les verbes à particule, comme *let sb down*, ne posent aucun problème particulier. N'oubliez pas de maintenir l'aspect HAVE + –EN.
6. **The news was broadcast as soon as the body was found.** *News* est indénombrable, donc accord de singulier. Attention au verbe irrégulier *broadcast*.

7. IMPOSSIBLE. On ne peut pas passiver à partir du groupe nominal qui suit *want* avec l'infinitif.
8. **He was being talked about behind his back.** Les compléments indirects fournissent aussi des sujets du passif. Ne pas oublier la préposition *about*, après le verbe.
9. **Your case is now being dealt with.** Voir à la fois ph. 2 (forme BE + -ING) et ph. 8 (préposition).
10. **This place hasn't been lived in for ages.** Même ici, on peut former un passif, comme en 8. Ne pas oublier la préposition *in*.

Corrigé de l'exercice 3.1.2

1. **That great question has never been answered.** Simple, puisque *answer* a un complément direct.
2. **Don't worry, all your dogs will be looked after while you're away.** N'oubliez pas la préposition. Même problème jusqu'à la ph. 8.
3. **All the evidence has been carefully gone into (by the police).**
4. **Some marginal facts are not accounted for by the theory.**
5. **The hotel room was paid for in advance.** Attention à la préposition associée à *pay*.
6. **Was that parcel called for?**
7. **Some changes were mysteriously hinted at.**
8. **That minor point will be dealt with later.**
9. **Were you told the name of the street?** Voir ex. 3.1.1, ph. 1.
10. **The time-table was sent to all the participants.** A l'actif, ce qui est important à mentionner, c'est *all the participants*, on respecte cette importance au passif. **All the participants were sent the time-table.** C'est bon aussi, à condition d'accentuer *all the participants*. Sinon, voir phrase suivante.
11. **All the participants were sent a detailed time-table.** Cette fois, à l'actif, ce qui est important à mentionner, c'est *a detailed time-table*, que l'on place donc à la fin. **A detailed time-table was sent to all the participants.** Il faudrait accentuer *a detailed time-table*. Donc, chaque actif a son passif et ce n'est pas indifférent.
12. **They couldn't be taught anything.** Même principe.
13. **The diagram wasn't explained to the TV viewers (by anybody).** Ici, on n'a pas le choix : *explain* (et tous les verbes qui n'ont qu'un seul actif) n'a qu'un passif, à partir du GN complément direct, qui représente la chose expliquée.
14. **A reward has been promised to anyone who can provide information.** De même qu'à l'actif on dirait difficilement *The authorities have promised anyone who can provide information a reward*, parce que le GN qui est le plus long est aussi celui qui apporte le plus, et qu'il vient donc à la fin. Par contre, on aurait *John was promised a reward*.
15. **In spite of the law, the families were denied the right to visit their relatives.** Tous les verbes qui n'ont qu'un seul actif (cf. ph. 12), n'ont qu'un seul passif. Les verbes qui à l'actif ont toujours deux compléments directs (ex. *refuse*) forment leur passif à partir du GN destinataire.
16. **Nothing was said to the people who clamoured for information.** Pas de choix pour *say*, voir ph. 13.
17. **Should a newcomer be trusted with such an important job?** C'est la réponse qui correspond strictement à l'actif, voir ph. 10 et 11. L'autre possibilité *Should such an important job be trusted to a newcomer?* correspond à l'actif *Should they trust such an important job to a newcomer?* Remarquez que *trust* change de préposition selon le schéma.
18. **The agent will be provided with all the necessary documents. All the necessary documents will be provided to the agent.** Voir ph. 10 et 11.
19. **The tourists must be shown all the sights around the town.** Tout doit être clair maintenant.
20. **Scholarships are only granted to the best students. Only the best students are granted scholarships (by the university).** Toujours le même principe, voir ph. 10.

AIDE-MÉMOIRE 1
PASSIF DES VERBES PREPOSITIONNELS
ET DES VERBES A DOUBLE COMPLEMENT

1. Les verbes qui ont un seul complément introduit par une préposition permettent le passif :

> *The mayor's decision was strongly objected to.*

Ne pas oublier la préposition, qui reste après le verbe.

2. Les verbes dont le deuxième complément est introduit par une préposition (type *explain*) n'ont qu'un seul passif, à partir du complément direct :

> *The problem was explained to the inspector.*

3. Les verbes à deux compléments directs et à deux constructions (type *give*) permettent deux passifs, correspondant aux deux formes d'actif.

> *The first prize was awarded to Priscilla.*
> *Priscilla was awarded the first prize.*

Attention : ces deux constructions ne sont pas équivalentes. Le terme important (c'est-à-dire celui qui ajoute quelque chose) vient à la fin, à l'actif comme au passif (exemples a, ci-dessous).

On peut pourtant modifier cet ordre en plaçant le terme important en tête, mais en l'accentuant nettement (exemples b, ci-dessous), ce qui ne se voit pas normalement à l'écrit sauf si on l'écrit *en italiques* comme ici.

> Ordre 1 (destinataire comme deuxième complément)
> They sent the time-table to all the participants.
>> (a) The time-table was sent to all the participants.
>> (b) *All the participants* were sent the time-table.

> Ordre 2 (destinataire comme premier complément)
> They sent all the participants a detailed time-table.
>> (a) All the participants were sent a detailed time-table.
>> (b) *A detailed time-table* was sent to all the participants.

Enfin, si c'est l'ensemble de la phrase qui est donné en bloc (sans mise en relief particulière), on préfère le passif qui a comme sujet le destinataire.

4. Les verbes à deux compléments d'objets directs et à une seule construction (type *refuse*) forment leur passif à partir du GN destinataire

> *We were refused permission to leave.*

Corrigé de l'exercice 3.1.3

1. **The headmaster was seen to take some bottles out of the cellar**. Les verbes de perception sont suivis, à l'actif, de la forme nue ou V inf. (*Someone saw the headmaster take...*), mais au passif de *to* + V.
2. **Why were the pupils made to wear such ridiculous uniforms** ? Même chose pour le *make* causatif. En fait, au passif, il y a toujours *to* + V, et jamais la forme nue seule.
3. Pas de passif pour *like* + proposition infinitive, comme *want*.
4. **When were the Red Vampires last heard to sing in concert** ? Voir ph. 1.
5. Pas de passif pour le causatif *get*.

6. Pas de passif pour *want* + proposition infinitive.

7. **The staff has/have been asked to agree to a wage cut**. Les verbes comme *ask*, où le complément représente quelqu'un qui est en relation directe avec l'action de demander (à la différence de *like, want*) ont bien un passif. *Staff* est un collectif facultatif, et s'accorde donc soit au singulier, soit au pluriel..

8. **The public has/have been warned (by the authorities) that there may be some danger**. Verbe du même type que *give*, mais avec une proposition subordonnée. C'est alors toujours le destinataire (*the public*) qui est le sujet du passif. Le nom *public* est collectif et s'accorde donc soit au singulier soit au pluriel.

9. **The customers should have been told (by the salesman) that the product was to be discontinued**. Comme ph. 8.

10. **That solution is believed to be impracticable**. Problème : c'est un cas intermédiaire entre *ask* (GN objet impliqué dans l'action, passif possible) et *want* (GN objet non impliqué dans l'action, pas de passif). Ici on un GN objet qui n'est pas impliqué dans l'action, et pourtant le passif est possible.

11. A la rigueur : **At the end, it was pointed out to the readers that there was no need to panic**. *It* sert de sujet, en annonçant la subordonnée. Surtout, puisqu'il y a la préposition *to*, ne pas faire de *the readers* le sujet du passif.

12. **The public has/have been informed (by the electric company) that there would be occasional power cuts**. Voir ph. 8.

13. Pas de passif. *The director*, introduit par *to*, ne peut pas être le sujet du passif. La solution adoptée en ph. 11 n'est pas possible ici.

14. **The director is said to have worked in Hollywood in the 50s**. C'est différent : on ne dit rien au directeur, on dit quelque chose à son propos. En fait, cette phrase n'est pas vraiment le passif de la phrase de départ. Il y a quelques cas de ce genre qu'il faut connaître. On pourrait aussi avoir *It is said that the director worked in Hollywood in the 50s*.

15. **It is hoped that business will pick up by the end of the year**. Eh bien, ce n'est pas un cas du même genre que le précédent, et ceci est la seule solution.

16. **The balance of trade is expected to recover next year**. Ici, par contre, comme dans la ph. 10, on n'est pas obligé d'employer la construction en *it is...* (qui est quand même possible : *It is expected that the balance of trade will recover*).

17. **It should be explained to consumers that a new product is not necessarily better than what it replaces**. Comme ph. 11. Mais en fait, il serait mieux d'employer *tell* : *Consumers should be told that...*

18. **That salesman has been known to persuade bald men to buy hair-dryers. Last year, he was awarded a prize (by his company) for selling a deep freeze in Greenland**. *Has been known* est comme ph. 10. *Award* est de type *give*.

AIDE-MÉMOIRE 2
PASSIF A PARTIR DU SUJET D'UNE PROPOSITION INFINITIVE

Le sujet d'une proposition infinitive, qui occupe la position de complément d'objet du verbe principal, peut devenir sujet du passif :

The government asked   [principale]
          the public to cooperate.   [infinitive]
Passif : *The public was asked to cooperate.*

Attention : les verbes *want, (would) like, hate, love, prefer, can't bear* ne permettent pas ce passif.

Corrigé de l'exercice 3.1.4

Vous devez déjà tout connaître grâce aux exercices précédents.

1. **Thousands of firearms are expected to be handed to the police.** Voir ex. précédent 3.1.3, ph. 10.
2. **Dr Frankenstein was said to be his mother's favourite.** Idem, ph. 14.
3. **The new actress was at once seen to have unusual talent.** Idem, ph. 1.
4. **The nurse was told/asked firmly not to give John any medicine for two days.** Idem, ph. 7.
5. **The local grocer is said to have been a police informer for years now.** Idem, ph. 14.
6. **The nurse was thrilled when she was told John was a former tennis-player.** Idem, ph. 8. Noter la différence *Be told to / Be told that.*
7. **At a press conference yesterday, the minister was asked whether he was willing to negotiate.**
8. **The weather may be expected to be fine over the weekend.**

AIDE-MÉMOIRE 3
SAY ET TELL AU PASSIF

NE PAS CONFONDRE

The pupils were told to sing the national anthem every morning. (les élèves participent à l'action *tell* : ils reçoivent un ordre)

The pupils were said to sing the national anthem every morning. (équivalent de *It was said that the pupils sang...*; les élèves ne participent pas à l'action *say*, on ne leur dit rien)

Corrigé de l'exercice 3.1.5

Cet exercice doit maintenant vous paraître très facile.

1. **The rules of the auction were explained to all the participants.** Seul passif possible de *explain*.
2. **I was sold this carpet for 240 dollars.** Le passif le plus vraisemblable, à partir du destinataire, ou bien on change de verbe : *This carpet cost me 250 dollars.*
3. **Charley was asked the question.** En fait, le seul passif pour *ask*.
4. **The administration will be asked to carry out/conduct an investigation into the causes of the accident.** Voir la précédente.
5. **Mr Winston has been refused any medical treatment until he stops smoking.** L'autre possibilité est peu vraisemblable.
6. **Telephone systems are being overtaken by computer networks.** Maintenez bien la forme BE + -ING au passif.
7. **Suzy admitted to having been beaten up by her schoolmates/friends.** Après *admit to*, on a un gérondif, et ce gérondif est affecté de la forme HAVE + -EN (pour indiquer l'antériorité) et du passif.
8. **This problem hasn't been dealt with by our team.** Place de la préposition, et c'est la même chose pour les deux phrases suivantes.
9. **Has that registered letter been called for?**
10. **At the hospital, the surgeon had been told that I was a famous singer. I was very well looked after.**

Corrigé de l'exercice 3.1.6

Dans cet exercice de traduction, vous retrouvez ce qui a été expliqué précédement.

1. **Were all the possibilities of the new machine explained to you**? *Explain* n'est pas comme *give*.

2. **So, you say nothing has been stolen/taken? Funny. Can you describe your house (to me), please**? Le seul passif de *steal*, qui est finalement du même type que *explain*. Opposez à *rob* : *She has been robbed (of all her money)*.

3. **When you are a star, you are often pointed at or stared at in public places. This must be expected / is to be expected.** N'oubliez pas les prépositions.

4. **He couldn't lend me his typewriter, it had been borrowed by a friend a few days ago.** *Borrow*, comme *steal*.

5. **Since the invasion of foreign goods was not resisted in time, the national production must be expected to drop.** *Resist* a un complément direct (qui devient sujet du passif). *Expect* : voir 3.1.4, ph. 1 et 8.

6. **Stars are said to be eager for publicity, but it must be admitted that it is the basis of their lives.** Voir 3.1.3, ph. 14.

7. **18th century silverware is much sought after by collectors. Buy it preferably / You'd better buy it from dealers who can be completely trusted.** A l'actif, on trouve plus volontiers *seek for sth*.

8. **The MP asked the question, but he wasn't answered at once. He was told the point would be considered later.** *The MP* est le sujet du premier verbe (actif) et il reste sujet des passifs.

9. **It was admitted to the jury that phone tapping had taken place, but only when it had been asked for/requested by the minister.** *Admit* n'est PAS comme *tell* (*the jury was told that...*).

10. **Billy the Kid was claimed to be the fastest gunman in the West. He won't be denied that accolade, but he is also said to have been feeble-minded.** Remarquez que *was claimed* et *is said* n'ont pas de correspondant actif exact, mais *People claimed that B. the K., People said that he....*

11. **In Hollywood, in the golden days, any actor was made to sing and dance, but their complaining that they hadn't been warned wasn't appreciated. / the studios didn't like them to complain...** Passif du causatif *make* avec *to*. Pas de passif de *like* + subordonnée.

12. **The Prime Minister has never been heard to sing, and I wonder what he would do if he was made to.** Passif du verbe de perception *hear* avec *to*. A l'actif de *make*, on aurait *if somebody made him*.

13. **The mayor was blamed for spending the taxpayers' money unwisely. He was even asked how his car had been paid for.** Le discours est centré sur le maire. En anglais, on en fait le sujet des deux premiers passifs, alors qu'en français on doit utiliser le procédé *s'est fait reprocher*, et le pronom *on*.

14. **At school, they were made to read scandalous works that are frowned upon by the moral authorities.** Tout ceci est connu maintenant.

15. **The village can be approached by a winding road. The inhabitants can be counted upon / trusted to provide accommodation and excellent food.**

16. **We had asked for fish soup, but instead, we were given some awful instant mixture / stuff. You may be sure the restaurant owner wasn't paid/didn't get paid.** Comparez cet emploi de *pay somebody* avec *pay for something*, ph. 13.

3.2 Autour du passif : les pronominaux français

Corrigé de l'exercice 3.2.1 (The baker's wife)

Rappel des quatre cas possibles :
a. réfléchi : *Tu devrais t'entendre chanter / Elle se lave.*
b. réciproque : *Ils s'aiment / Ils se battent.*
c. équivalent de passif : *Ça ne s'écrit pas comme ça / Ça se lave facilement.*
d. aucun des précédents : *Ils se sont emparés de l'argent.*

1. **the baker found himself in front of a large iron portal.** Cas (a), réfléchi.
2. **they had just separated.** Cas (b), réciproque, que *separate* indique par lui-même, inutile d'ajouter quoi que ce soit.
3. **to clear himself.** Cas (a) réfléchi. **and apologize.** Cas (d), *apologize* n'est pas comme le français *s'excuser*.
4. **He hurt himself.** Cas (a), réfléchi.
5. **He told himself.** Cas (a), réfléchi.
6. **turned back.** Cas (d). Les mouvements sont souvent indiqués en français par des verbes pronominaux (*se lever*, etc.), mais pas en anglais.
7. **two youngsters were kissing.** Cas (b), action naturellement réciproque par excellence
8. **the first time he and Jane met.** Cas (b), action naturellement réciproque encore.
9. **how they had enjoyed themselves.** Finalement, assez proche de *s'amuser*, et malgré le pronom en *self*, est-ce vraiment réfléchi ?
10. **they had ceased talking to each other.** Cas (b). On peut parler seul, mais s'il y a échange (donc réciprocité), il faut le préciser.
11. **they started to fight.** Cas (b), réciproque. Curieuse ambiguïté de *fight* (comme le français *se battre*) : contre quelqu'un, ou l'un contre l'autre ? N'oubliez pas qu'ici, et souvent, *fight* = *se disputer* (réciproque*).
12. **he straightened up.** Mouvement.

Corrigé de l'exercice 3.2.2

1. **John and his sister look a lot like each other**. Cas (b), réciproque. Aussi : *are very much alike*.
2. **I burnt myself / got burnt taking off the lid**. Cas (a), réfléchi.
3. **She jogged to keep (herself) slim**. Cas (a), réfléchi.
4. **The members of the club meet every week**. Cas (b), réciprocité évidente.
5. **John and his sister get along well, but sometimes they fight / have a fight**. Cas (b), réciprocité évidente.
6. **Helen has lost herself in her explanations again**. Cas (a), réfléchi.
7. **John pulled himself together in time**. Cas (a), réfléchi.
8. **She didn't wash this morning.** Cas (a), réfléchi jugé évident.
9. **As usual, Helen wanted to show off**. Cas (a), réfléchi mais pas d'expression du réfléchi (évident ?).
10. **Did you wash your hands before the meal ?** En français, réfléchi (="laver les mains à soi-même"). En anglais on indique que les mains appartiennent (*your*) à la même personne que le sujet (*you*).
11. **I'm afraid of electrocuting myself**. Cas (a), réfléchi.
12. **I hope she hasn't broken her leg.** Voir ph.10.

Corrigé de l'exercice 3.2.3

Il n'y a pas en anglais de forme équivalente au français *se* + V, qui a plusieurs valeurs, il faut donc toujours interpréter le sens de la forme française. En anglais, certains verbes peuvent "se retourner", sans changer de forme (*She sells pictures / Those pictures sell well*). Enfin, il faut parfois complètement changer de perspective.

1. **Madness could be seen in his/her eyes.** Cas (c), sens passif : la folie est vue par quelqu'un.
2. **This CD sells very well.** Cas (c), avec verbe à retournement.
3. **Your book reads very easily.** Cas (c), avec verbe à retournement.
4. **The summer promises / is going to be hot.** Cas (d).
5. **The problem is being solved.** Cas (c), passif. Il faut que quelqu'un résolve le problème.
6. **It shows that you're ill.** Cas (c), passif. Sorte de verbe à retournement. Aussi : *You do look ill*, avec changement de perspective.
7. **Things are looking bad for you.** Cas (d), complètement différent.
8. **That painting should be looked at with a child's eyes.** Cas (c), sens passif, mais il faut aussi rendre le sens de contrainte qui existe en français, d'où le *should*.
9. **This machine can be repaired in ten minutes.** Cas (c), passif, mais il faut aussi rendre le sens de possibilité qui existe en français.
10. **This material washes easily.** Cas (c), sens passif, avec verbe à retournement.

Corrigé de l'exercice 3.2.4

Dans le corrigé, les traductions des verbes français en *se* figurent en gras. Vous remarquez qu'il y a un très peu de cas de pronom en –*self*, et un seul *each other* (parce que certains verbes représentent des actions naturellement réciproques).

Helen **is getting on** [cas d] better and better with her mother-in-law. And yet, her mother-in-law **doesn't express herself** [cas a, réfléchi] much; she **distrusts** [cas d] everybody a little, as opposed to Helen.

Lately, they **ran into each other** [cas b, réciproque] in a tea-shop where they each are in the habit of **allowing themselves** [cas a, réfléchi] a few moments of peace and quiet. Then, they **realized** [cas d] that they **enjoyed** [cas d] the same places : luxurious tea-shops, top-range boutiques, and so on.

Since then, to the surprise of Jim, their son and husband, they **have kissed** [cas b, réciproque évident] every time they **have met** or **parted** [cas b, réciproque évident]. Jim is not sure that he **feels** [cas a, réfléchi évident] better in this new family situation, where, finally, he **finds himself** [cas a, réfléchi] alone opposite two female monsters.

Récapitulation :

cas (a) réfléchi : **doesn't express herself; allowing themselves; feels; finds himself.**
cas (b) réciproque : **ran into each other; kiss; meet; part.**
cas (c) équivalent de passif : **aucun**
cas (d) aucun des précédents : **is getting on; distrusts; realized; enjoyed.**

Corrigé de l'exercice 3.2.5

Dans le corrigé, les traductions des verbes français en *se* figurent en gras. Il y a cette fois davantage d'expressions explicites du réfléchi ou du réciproque. Remarquez les passifs (au début), ainsi que l'expression de la modalité d'obligation.

One wonders / It may be wondered [cas c, sens passif] how the previous text **should be understood** [cas c, sens passif]. **Should it be read** [cas c, sens passif] as a manifestation of traditional machismo? Who does the author **think he is** [cas a, réféchi, mais exprimé différemment]? But **could** [cas d] the author be a woman? Did she intend to **poke fun at herself** [cas a, réfléchi], or at men who **believe themselves** [cas a, réfléchi] superior? What **is hidden** [cas c, sens passif; mais si le sujet était une personne, ce serait le cas a, réfléchi mais évident : *Who is hiding behind the door?*] behind the apparent simplicity of the narrative? What **is going on** [cas d] in this trivial story? The reader **wonders** [cas d] at the choice of an old-fashioned milieu where women **tell each other** [cas b, réciproque] about their little troubles while **gorging themselves / stuffing themselves** [cas a, réfléchi] with cakes. No doubt, the husband (and son) is **working himself** [cas a, réfléchi] to death for them. And eventually, one **asks oneself** [cas a, réfléchi] the question : do these two women really **like each other** [cas b, réciproque]? Or have they **become allied / joined forces** [cas b, réciproque, mais exprimé différemment] to **take their revenge / get their own back** [cas d; ou peut-être a, réfléchi exprimé différemment] on the son (and husband)?

Récapitulation :

cas (a) réfléchi : **think he is; poke fun at herself; believe themselves; gorging themselves / stuffing themselves; working himself; asks oneself.**

cas (b) réciproque : **tell each other; like each other; become allied / joined forces.**

cas (c) équivalent de passif : **One wonders / It may be wondered; should be understood; Should it be read; is hidden.**

cas (d) aucun des précédents : **could; is going on; wonders; take their revenge / get their own back.**

Corrigé du test de sortie

A.
1. The reasons for the change of policy weren't **explained** to the shareholders.
2. The customers were **sold** second-rate products.
3. The children have been **made** to learn the list of the American states.
4. Was the meal **paid for** with a credit card?
5. The president is **said** to speak Japanese very fluently.
6. IMPOSSIBLE.
7. The disappearence of the money isn't **accounted for**.
8. The new government is **expected** to introduce tax cuts.

B.
1. Peas shouldn't be eaten with a spoon.
2. Damn! The tape has broken.

CORRIGÉS DU CHAPITRE 4. TEMPS ET ASPECTS

Corrigé du test d'entrée

1. I'm going to the theatre tonight. Are you coming with me?
2. He has been gone for an hour.
3. How long have you had that mountain bike?
4. He had been daydreaming for half an hour when the phone rang.
5. I slept for a few minutes, then I got back to work.
6. She's always showing off!
7. The train leaves at ten o'clock. I bet we will/can/catch it if we leave now.
8. Call me back when Marcel has left.
9. It wasn't the first time she had eaten haggis.
10. It's exactly a week since I drank any wine. / I haven't drunk any wine for exactly a week.

AIDE-MÉMOIRE I
LES FORMES DE TEMPS ET ASPECTS

L'anglais n'a que deux formes temporelles, le présent et le prétérit, qui se combinent avec les différentes formes aspectuelles :

	présent	prétérit
aspect ø	*I like chocolate*	*I went to see her yesterday*
BE + ING (forme "progressive")	*She is having a bath*	*She was having a bath when the phone rang*
HAVE + EN	*He has left*	*He had already left when George rang*
HAVE + EN + BE + ING	*I have been cleaning up the attic*	*He had been waiting for an hour when George arrived*

Remarque : ces formes se combinent aussi avec la voix passive (voir chapitre 3) et les auxiliaires de modalité (voir chapitre 5).

4.1   Forme simple (Ø) et forme progressive (BE + -ING)

AIDE-MÉMOIRE 2
APPROFONDISSEMENT : FORME SIMPLE
ET FORME BE + -ING "PROGRESSIVE".

La forme simple, ou aspect ø, indique que l'énonciateur constate un fait de manière neutre et ne dit rien sur son déroulement. Ce fait peut être une propriété caractéristique du sujet ou un événement vu globalement, dans sa totalité.

1. un événement vu dans sa totalité
→ Au présent simple
(a) dans les reportages en direct, indications scéniques, démonstrations : *Now I break three eggs.*
(b) dans les expressions appelées « performatives », pour lesquelles le seul fait de dire la phrase à la première personne est l'équivalent d'un acte : *I bet you five dollars he will win*
(c) pour renvoyer à un événement futur dans lequel l'intention du sujet n'est pas prise en compte : *He leaves tomorrow* [**Comparez avec** BE + -ING **2a**].
→ Au prétérit simple
l'événement, est repéré par rapport à un moment révolu : *This morning when I switched on the radio, I heard the most unbelievable news.* Le prétérit est le temps de base du récit en anglais.
Pour l'interprétation modale du prétérit (irréel), voir chapitre 5.

2. une propriété permanente, une caractéristique du sujet (présente ou passée) :
— un état : *I like chocolate / She loved chocolate.*
— une série de situations, une activité qui se répète : *He eats meat every day.* / *He ate meat every day.*

La forme aspectuelle BE + -ING sert à repérer un fait par rapport à une situation. L'énonciateur n'est pas neutre, il fait un commentaire. Ce commentaire peut porter sur le déroulement d'une action ou encore sur le sujet du verbe.

1. une action considérée dans son déroulement. Elle a commencé mais n'est pas terminée au moment qui sert de repère. C'est la valeur correspondant à la glose 'être en train de'.
Le moment repère peut être le moment présent (présent + BE + -ING : *she is having a bath*) ou un moment révolu (prétérit + BE + -ING : *she was having a bath when the phone rang*).

2. un commentaire de l'énonciateur sur le sujet (dite aussi « valeur modale » de BE + -ING) :
(a) l'énonciateur rapporte un projet du sujet pour un moment ultérieur au moment repère : *She's going to the cinema tonight.* [**Comparez avec** FORME SIMPLE **1c**].
(b) avec une négation : *she's not going,* refus du sujet (elle refuse de partir), ou refus de l'énonciateur (je refuse qu'elle parte).
(c) avec un adverbe comme *always, continually* : à partir d'une série de situations, l'énonciateur « exagère » et fait comme si l'action était sans cesse en déroulement : *she's always messing about.* [**Comparez avec** FORME SIMPLE **2**].

Corrigé de l'exercice 4.1.1

1. **I leave tomorrow at ten.** Le présent simple marque la constatation d'un fait. On est proche de la notion : départ demain dix heures. Cet emploi du présent simple pour renvoyer à un événement à venir est réservé aux cas où le projet est indépendant de l'intention du sujet.

2. **I'm leaving tomorrow.** Ici le présent en BE + -ING associé à un repère futur (*tomorrow*) permet de renvoyer à un événement à venir. Cet emploi de BE + -ING, très fréquent, indique que l'intention du sujet est impliquée dans le projet.

3. **She told me funny stories when I was depressed.** Le prétérit simple permet de construire une action caractéristique du sujet (*she*) dans le passé, soit en envisageant une série de situations (*when I was depressed* = chaque fois que j'étais déprimé(e)), soit en situant cette action caractéristique dans une période révolue (*when I was depressed* = à l'époque où j'étais déprimé(e)).

4. **She was always telling funny stories.** La forme BE + -ING, associée à des adverbes comme *always*, *forever*, *continually*, permet de construire un commentaire de l'énonciateur sur le sujet. A partir d'une série de situations, l'énonciateur « fait comme si » l'action était sans cesse en déroulement. Cette valeur est ici construite par rapport à un repère passé, comme l'indique le prétérit. Une traduction possible en français serait : « Il fallait toujours qu'elle raconte des histoires drôles ».

5. **She lives in a flat.** Le présent simple est utilisé ici pour constater une caractéristique permanente du sujet.

6. **They're living in London.** Le présent en BE + -ING permet de considérer *live* comme une activité occasionnelle, en déroulement au moment présent.

7. **I don't dance.** Propriété caractéristique du sujet. Je ne danse pas = je ne danse jamais, je ne sais pas danser.

8. **Sorry, I'm not dancing.** La négation de l'activité est repérée par rapport au moment présent (je ne danse pas ce soir) et/ou par rapport au sujet (je n'ai pas l'intention / je refuse de danser).

9. **They left when the band started playing.** L'événement *leave* est simplement constaté, il est vu dans sa totalité et se déclenche au moment indiqué par *when the band started playing*, avec peut-être une relation de cause à effet.

10. **They were leaving when the band started playing.** L'événement (*leave*) est projeté (= *they were about to leave*) avant le moment indiqué par *when the band started playing*. On peut penser que ce projet de départ est interrompu par la musique. Avec un verbe ponctuel comme *leave*, il est difficile de dire que l'action est déjà « en déroulement » au moment qui sert de repère.

Corrigé de l'exercice 4.1.2

It isn't very long since I spoke to her on the phone. Actually, I think (état, forme simple) **it was the day before she disappeared. She sounded fine/quite healthy** (*sound* est un verbe d'état, forme simple), **but she told me she felt** (verbe d'état, forme simple) **she was being followed** (n'oubliez pas la forme en BE + -ING au passif) **by an old blind man with a beard. I remember** (verbe d'état, forme simple) **what she said very well. « I can't believe it », she said. « Every time I turn around in the street, that blind man is there, following me ». I told her she was having visions** (attention *have* n'est pas toujours un verbe d'état), **and I suggested she should try a bit of yoga and relax. She hung up on me, and now I realise** (état, forme simple) **she must have been telling the truth** (la forte probabilité indiquée par le modal *must* porte sur une activité en déroulement dans le passé (*she was telling the truth*)). **Nobody's heard of her since !**

Corrigé de l'exercice 4.1.3

1. **I may sound like I am always mad at you** (état, caractéristique permanente du sujet), **but you've got to admit that you are constantly provoking me** (valeur modale de BE + -ING, commentaire sur le sujet, exagération).

2. **I've told you before that Mary isn't having George in her house again whatever you may say.** BE +-ING est repéré par rapport au sujet : elle refuse d'inviter George. On pourrait avoir *she won't have him in her house again.*

3. **Don't bother me ! Stop reminding me of the past ! I am not giving you any money.** Voir ph. 2 : je n'ai pas l'intention, je refuse de te donner de l'argent

4. **When the telephone rang, the murderer was already hiding behind the curtains, ready to kill.** Activité *hide* en déroulement au moment de l'événement *ring.*

5. **Contrary to what you might think, you are not moving in with Laura. I'll see to that, believe me.** Repéré par rapport à l'énonciateur : je refuse que tu emménages avec Laura.

6. **– How come you are so tired ? – I worked hard all night long yesterday.** Constatation d'une action considérée dans sa totalité.

7. **When her husband left, she switched on the TV.** Succession de deux événements ponctuels.

8. **The banker swore that he was winding his grandfather clock in the next room when his accountant jumped out (of) the window.** L'activité *wind* est en déroulement au moment de l'événement *jump.*

9. **Here comes Steward who controls the ball and shoots right into the high-left corner of the goal.** Alors que les actions ont lieu au moment où le reporter parle, on n'a pas BE + –ING. Il y a une simple constatation d'événements vus dans leur totalité. On trouve cet emploi du présent simple dans les reportages en direct, recettes, démonstrations. **And YES, this a goal ! Poor Italian goalkeeper who is now shouting at the defenders of his own team.** Ici on ne présente plus d'événements dans leur succession, il y a une sorte d'arrêt sur image, le déroulement de l'activité est repéré normalement par rapport à la situation.

Corrigé de l'exercice 4.1.4

1. **– What are you having / drinking ? Whisky ? Beer ?** Attention *have* n'est pas toujours un verbe d'état.
   – No, thanks, I'll just have some orange juice. I'm driving. BE + -ING est repéré par rapport au sujet : c'est moi qui conduis. Il ne s'agit pas d'action en déroulement, mais projetée.

2. **I don't remember** (état) **what I was thinking about while the barber was shaving me.** (deux activités en déroulement en même temps) **After that I fell asleep** (événement ponctuel), **and when I woke up** (événement ponctuel) **I was lying on a bed in an unknown room** (activité en déroulement au moment indiqué par *when I woke up*). **I remember** (état) **I thought** (événement) : "**I'm getting out of here double quick**"(projet du sujet). **But I couldn't see the barber, who came out from behind the door** (événement) **and shouted** (événement) : "**You're not going anywhere** (refus de l'énonciateur (=*the barber*)), **you're being held hostage !**" (activité en déroulement au passif).

3. **Do you like** (état) **being disturbed over dinner to be told you would be starving** (l'activité est considérée en déroulement sur un plan fictif) **if you had been born in Africa instead of Europe ? Well I don't** (état, reprise de *like*).

4. **Since you're seeing Marcel tonight** (projet du sujet *you*), **tell him I'm not working/won't be working tomorrow** (projet du sujet), **and I'll take him out to lunch as soon as he has chosen/made up his mind on a restaurant** (attention pas de *will* dans une circonstancielle de temps renvoyant à de l'avenir).

5. – **What are you talking about ?** (en déroulement)
   – **I'm telling you** (en déroulement) **I saw him yesterday** (événement passé), **and he told me he was leaving for Burma tomorrow** (projet du sujet *he* dans le passé).
   – **He's always making up phony excuses.** (valeur modale, commentaire sur le sujet *he*, exagération)

4.2 Prétérit simple ou present perfect?

AIDE-MÉMOIRE 3
PRÉTÉRIT ET PRESENT PERFECT

Attention, malgré leur ressemblance de forme, les emplois du present perfect anglais ne sont pas les mêmes que ceux du passé composé français. En présence d'un point de repère révolu, on ne peut pas avoir le present perfect (qui est une forme du présent).

Le present perfect sert à mettre en relation une action passée (ou commencée dans le passé) et le moment présent. C'est le moment présent qui sert de point de repère à partir duquel l'énonciateur envisage l'action passée.

I have read this book : ça y est, j'ai lu ce livre, maintenant je le connais.

En revanche, au prétérit simple, l'action passée est simplement constatée. C'est un moment passé qui sert de repère à l'action. Et n'oubliez-pas que le prétérit est le temps de base du récit.

I read this book when I was a teenager : l'action est située dans le passé, on ne dit rien sur le moment présent.

Corrigé de l'exercice 4.2.1

1. *Yesterday*, **I woke up at lunchtime.** Repère révolu.
2. **Slowly, she picked up the book that lay on the table,** *then* **hurled it at my face.** Succession d'événements vus dans leur totalité.
3. *Once when you were a child,* **you tore up all your grandfather's papers.** Repère révolu.
4. **I hid the stolen wallet carefully,** *then* **I felt safer.** Succession d'événements vus dans leur totalité.
5. **Just look at this, will you ? This dress has practically been sown onto me !** Conséquences de l'événement au moment présent, mais voir la remarque en fin d'exercice.
6. *Yesterday* **I found a stray dog that smelled/smelt so bad there were flies all around.** Repère révolu.
7. **Why have you brought me a hammer ?** Conséquences de l'événement au moment présent, mais voir la remarque en fin d'exercice. **I asked you for a screwdriver.** Evénement révolu.

8. **Have you finished the Coke ? –Yes, I have, and I've forgotten to buy some more.** On s'intéresse aux conséquences des événements au moment présent, mais voir la remarque en fin d'exercice.

9. **I've already sworn** (conséquences de l'événement au moment présent, mais voir la remarque en fin d'exercice) **that *the last time* I saw her** (repère révolu) , **she was lying on her bed wide awake. I didn't hit her** (repéré par rapport au même repère), **I swear !** (remarquez l'emploi appelé « performatif », voir aide-mémoire 2, rubrique 1 (b)).

10. **This isn't the first time I've driven a Rolls Royce.** Conséquences de l'événement au moment présent, bilan. Les formules du type *This is the nth time ...* sont suivies du present perfect.

11. ***A few years ago,* the US government decided to reclaim the treasures from the Titanic, the ship that sank *on her maiden voyage*.** Repères révolus.

12. **– What surprising news ! Have you heard ?** Conséquences de *hear* au moment présent, mais voir la remarque en fin d'exercice. **Lake Geneva froze over *last night*.** Repère révolu.

13. **I remember there used to be a stream/creek (US)/** (la forme « Sujet *used to* Verbe » sert à mettre l'accent sur le contraste entre le passé et le présent) **at the far end of the field, but now the trees have grown** (conséquences de l'événement au moment présent, les arbres sont grands maintenant) **and hidden it/it can no longer be seen.**

14. **No wonder the TV isn't working. The aerial has been struck by lightning.** Conséquences de l'événement au moment présent.

15. **The horse I'd bet on was ahead/was leading/for most of the race, but it fell/stumbled/ over the last fence.** (événements révolus vus dans leur totalité).

16. **I've forgotten to tell you, John has ground some coffee, so if you'd like a cup, you can have one.** Conséquences de l'événement au moment présent, mais voir la remarque en fin d'exercice.

17. **She's quite good with her hands. She wove this basket *in ten minutes*, and she sewed the dress I was wearing yesterday *in one afternoon*.** Intervalles de temps servant de repères révolus.

18. **Have you ever split a log with a hammer ?** *Ever* inclut tous les moments jusqu'au moment présent, mais voir la remarque en fin d'exercice.

Remarque : en l'absence de repère révolu, on utilise le present perfect en anglais britannique. On indique ainsi que c'est le moment présent qui sert de repère à l'événement passé. On peut cependant avoir le prétérit dans ce cas en anglais américain. Le prétérit est donc possible dans les phrases 5, 7, 8, 9 (premier verbe, *swore*) , 12 (premier verbe, *did you hear*), 14, 16, 17, 19.

Corrigé de l'exercice 4.2.2

I've brought you a few flowers (conséquences de l'événement au moment présent), **because sweets won't last. Last year I brought you some strawberries** (repère révolu *last year*), **but you were ill for two weeks after that** (repère révolu *after that*). **I've always enjoyed** (*always* inclut tous les moments jusqu'au moment présent) **bringing presents to women who invite me over, but it has been a tragedy every time for at least three years** (état qui dure jusqu'au moment présent). **And believe me, I made an effort. But I can't do a thing about it ! I've known you for thirty years** (état qui dure jusqu'au moment présent) **and I haven't had a wink of sleep for six months** (état négatif qui dure jusqu'au moment présent) **at the mere thought of seeing you today, so I hope you like geraniums** (états présents).

4.3 Present perfect simple ou progressif (BE –ING) :

AIDE-MÉMOIRE 4
PRESENT PERFECT
HAVE + –EN ou HAVE + –EN + BE + –ING

Rappel : le present perfect permet de considérer une action passée ou commencée dans le passé en se plaçant au moment présent.

Cas n° 1 : l'action est encore en cours maintenant : **marqueur de mesure du temps** (introduit par *for* ou *since*)	**Cas n° 2** : l'action n'est plus en cours maintenant : **pas de marqueur de mesure du temps**.

Cas n° 1 :

- l'action est une propriété caractéristique du sujet : HAVE+ –EN
  I've had a car for three years / since last week.
- l'action est une activité du sujet :
  HAVE+ –EN BE+ –ING
  I've been driving for an hour / since two o'clock.

Remarque : la négation d'une activité est considérée comme une propriété :
I haven't slept for three hours.

Attention :
- Dans certains cas ce n'est pas le verbe à lui tout seul qui permet de décider. On peut parfois envisager une même action sous l'angle de la caractéristique ou de l'activité :
I've taught English for three years
Ici, enseigner l'anglais est vu comme une propriété caractéristique du sujet (je suis professeur d'anglais depuis trois ans).
I've been teaching English for three years.
Ici enseigner l'anglais est vu comme une activité (j'exerce l'activité consistant à enseigner l'anglais depuis trois ans).

Cas n° 2 :

- l'action est une propriété du sujet :
  HAVE+ –EN
  I've had a car.
- l'action est un événement vu globalement, jusqu'à son point d'aboutissement :
  HAVE+ –EN
  I've brought some crisps.
- l'action est une activité, son point d'aboutissement n'entre pas en compte :
  HAVE+ –EN+BE+ –ING
  I've been shopping.

Attention :
Certains verbes renvoient à des activités qui n'ont pas en soi de point d'aboutissement :
I have been running. (Pas * ~~I've run~~)
It has been raining.
Il ne s'agit jamais de « pleuvoir jusqu'au bout » ou de « courir complètement » : cela n'a pas de sens.
Inversement, certaines actions – les actions ponctuelles – ne peuvent être envisagées que globalement :
He has arrived (Pas *~~he's been arriving~~*).
Mais attention, un même verbe peut servir à construire un événement vu globalement ou une activité.
I've done the washing up = ça y est, la vaisselle est faite. (on s'intéresse au point d'aboutissement de l'action).
I've been doing the washing up nous renseigne sur une activité passée du sujet, mais ne nous dit pas si la vaisselle est faite. (point d'aboutissement non considéré).

Corrigé de l'exercice 4.3.1

1. **Professor Mouchot has been writing his PhD for fifteen years now.** Activité encore en cours avec complément de mesure du temps en *for.*
2. **– Why is your hair in such a mess ? – I've been riding my bike.** L'activité n'est plus en cours, mais on la met en relation avec le moment présent. C'est l'activité « faire du vélo » elle-même, en tant que telle, qui a des conséquences dans la situation (le sujet est décoiffé). On ne s'intéresse pas à un point d'aboutissement de cette activité, car il n'y en a pas (il ne s'agit jamais de faire du vélo « jusqu'au bout », « complètement »).
3. **Sandra hasn't eaten oysters since last summer's oil slick.** Négation d'une activité = propriété du sujet. Pas de forme BE + –ING.
4. **Look ! I've bought two records for his birthday.** Attention *for his birthday* (contrairement à *for* + durée) n'est pas un marqueur de mesure du temps. L'action n'est plus en cours, mais on en fait le bilan au moment présent : deux disques sont achetés. Lorsque le complément d'objet est quantifié de manière précise, on n'est pas dans la perspective d'une activité du sujet mais d'un événement dont le point d'aboutissement est pris en compte.
5. **The dog has been barking since this morning.** Activité encore en cours avec complément de mesure du temps en *since.*
6. **– Look ! Your hands are shaking ! – I know, I've been driving on those bad roads.** L'activité *drive* n'est plus en cours. Comme pour 2, le tremblement des mains est une conséquence de cette activité (la conduite sur de mauvaises routes), qui n'a pas de point d'aboutissement.
7. **Since he got out of jail, he has looked for new victims again and again.** *Again and again* permet de construire une propriété du sujet (être un récidiviste) qui est encore en cours au moment présent. La forme *has been looking* sera aussi possible.
8. **Mary has written 15 letters today.** L'action n'est plus en cours, mais on en fait le bilan au moment présent. C'est un événement vu globalement, ce qu'indique la quantification du complément d'objet : *15 letters.* Ce qui nous intéresse, c'est le fait que les quinze lettres aient été écrites complètement, jusqu'au bout : *15 letters are now written.*

Corrigé de l'exercice 4.3.2

1. **Something has changed in here. Have you been painting ?** La question porte sur le lien entre le changement constaté au moment présent et l'activité de peinture en tant que telle. On ne s'intéresse pas à un point d'aboutissement (il ne s'agit pas de dire « est-ce que tu as fait de la peinture jusqu'au bout, complètement »). Comparez avec la phrase suivante.
2. **I've painted these two walls white, the place is brighter now, isn't it ?** L'action « peindre deux murs en blanc » est cette fois considérée comme un événement vu globalement. On s'intéresse à son point d'aboutissement, ce qu'indique la quantification du complément d'objet : *these two walls are now white.*
3. **I've been moving the furniture around a bit, so I haven't had the time to do the washing up.** L'action consistant à bouger les meubles est vue ici comme une activité du sujet, l'accent n'est pas mis sur son point d'aboutissement.
4. **I've been looking at your Renoir, and I think it's a fake.** L'action n'est plus en cours, mais elle est mise en relation avec le moment présent. L'imparfait français fait pencher l'interprétation vers l'activité. Si on avait eu en français : « j'ai bien regardé ton Renoir », il s'agirait d'un événement vu globalement, dont on prend en compte le point d'aboutissement. On aurait alors en anglais : *I've looked at your Renoir.*
5. **Has Bob noticed the changes in the room ?** Mise en relation d'un événement ponctuel et du moment présent. On s'intéresse aux conséquences de cet événement : *Is Bill*

aware of the changes in the room ? (on remarque que *notice* peut difficilement être considéré comme une activité : soit on se rend compte, soit on ne se rend pas compte).

6. **How long have you had this car ?** La question en *how long* joue le même rôle qu'un complément de mesure du temps incluant le présent. La question porte sur une propriété du sujet qui est encore en cours.

7. **I've been driving since this morning. I'm getting tired. Why don't you drive, for a change.** Activité encore en cours avec complément de mesure.

8. **They've been buying the same brand for thirty years.** Activité encore en cours avec complément de mesure. On peut aussi considérer, vu la fidélité de ces consommateurs, que cela constitue une propriété caractéristique du sujet : *they've bought the same brand for thirty years*.

9. **We've been having problems with the carburettor for the past few days.** Activité encore en cours avec complément de mesure. Attention *have* ne sert pas toujours à construire une propriété (cf. *have a bath, have a good time*, etc.)

10. **I've known this restaurant for a long time, and I still appreciate it.** Propriété construite avec un verbe d'état encore en cours avec complément de mesure.

Corrigé de l'exercice 4.3.3

Sigourney looked at her watch (événement révolu, récit). **She had been waiting for the bus in the rain for exactly half an hour** (activité encore en cours au moment passé considéré, indiqué par *she looked at her watch*, avec marqueur de mesure du temps). **She took out her paper and began to read** (événements vus globalement). **« INSPECTOR CLOUSEAU HAS DIED** (conséquences de l'événement au moment présent). **Peter Sellers was born in 1925** (événement passé, repéré par *in 1925*). **He was very young** (état révolu) **when he became an actor** (événement révolu). **In the fifties, his radio show « The Goon Show » had England in stitches** (révolu, repéré par *in the fifties*). **Comic roles such as Doctor Strangelove or Inspector Clouseau made him worldfamous** (événement révolu). **Peter Sellers died yesterday** (événement révolu repéré par *yesterday*), **at the age of 55. »** **Really, everything had been going wrong since the morning,** (retour au récit, série d'activités encore en cours au moment du récit considéré, avec mesure du temps) **Sigourney thought.**

Corrigé du 4.3.4

1. **Do you know why I'm so knackered ? I've been cleaning up.** L'action n'est plus en cours, mais elle est mise en relation avec le moment présent (*I'm knackered*). Ici *clean up* est vu comme une activité. C'est l'activité consistant à faire le ménage qui est la cause de la fatigue, et le problème n'est pas de savoir ici si le ménage a été fait jusqu'au bout. Comparez avec la suivante.

2. **I've cleaned up the whole flat, I hope it shows.** Cette fois on s'intéresse au point d'aboutissement, pas à l'activité en tant que telle : le ménage est fait. L'action est considérée comme un événement vu globalement, dont on fait le bilan au moment présent. *The whole flat is clean*.

3. **Don't kiss me, I've been sweating/ I'm covered in sweat.** L'action n'est plus en cours, mais elle est mise en relation avec le moment présent. *Sweat* constitue une activité sans point d'aboutissement (il ne s'agit jamais de suer 'jusqu'au bout', ce qui n'a d'ailleurs pas grand sens).

4. **I've drunk two mugs of coffee, I'm feeling much better.** L'action n'est plus en cours, mais on en fait le bilan au moment présent. C'est un événement vu globalement, ce qu'indique la quantification du complément d'objet : *two mugs have been drunk*.

5. **Of course there's no one in the cupboard/closet (US). You must have been dreaming.** La probabilité exprimée par le modal *must* porte sur une activité du sujet

(*dream*) sans point d'aboutissement. S'il n'y avait pas de modal, on aurait ici *You've been dreaming*.

6. **You gave me a fright. Mind you, I've been reading ghost stories.** L'action n'est plus en cours, mais elle est mise en relation avec le moment présent. Ici *read ghost stories* constitue une activité. Il ne s'agit pas de savoir si les histoires ont été lues complètement, jusqu'au bout. C'est l'activité même de lecture d'histoires de fantômes qui a pour conséquence la peur du sujet. Remarquez l'absence de détermination devant Ø *ghost stories*.

7. **The wind has been blowing hard since last night.** Activité encore en cours avec marqueur de mesure du temps.

8. **I've been drinking coffee and I'm much too tense/nervous/jumpy to go to bed now.** L'action n'est plus en cours, mais elle est mise en relation avec le moment présent. Ici *drink coffee* constitue une activité qui a pour conséquence la nervosité du sujet.

9. **Who's been smoking in the living room ?** La question porte sur le sujet d'une activité ayant eu des conséquences dans la situation (ça sent la fumée, il y a des mégots partout, etc.)

10. **They've been staying at the Crown for two weeks.** Activité encore en cours avec marqueur de mesure du temps en *for*.

11. **We've been sitting here waiting for an hour. Let's go now, shall we ?** Activité encore en cours avec marqueur de mesure du temps en *for*.

12. **Ever since that regretful event, she's been afraid to open that cupboard/closet.** Propriété caractéristique du sujet (*be afraid*, état) encore en cours avec marqueur de mesure du temps en since.

13. **He's been here for at least an hour.** Etat du sujet (*be here*) encore en cours avec marqueur de mesure du temps en *for*.

14. **He's been chainsmoking since this morning.** Activité encore en cours avec marqueur de mesure du temps en *since*.

15. **He's collected/been collecting butterflies since he was a child.** *Collect butterflies* peut être considéré soit comme une propriété caractéristique du sujet (il est collectionneur de papillons), soit comme une activité. La propriété ou l'activité sont encore en cours, avec un marqueur de mesure du temps en *since*.

16. **Man has been fascinated by/with the idea of space travel for ages.** Le passif permet ici de construire une propriété du sujet (*be fascinated*) encore en cours avec marqueur de mesure du temps en *for*.

4.4 Repérage dans le temps et mesure

Corrigé de l'exercice 4.4.1

1. **We slept during the one-hour halt.** Ici, le repère construit par *during* est révolu, on a donc du prétérit.

2. **John has been away for some days now.** *For* introduit une mesure du temps (durée). C'est la durée de *be away* qui est mesurée ici.

3. **The children were playing upstairs during their parents' meal.** L'activité *play* est située dans la période repère que constitue *their parents' meal*.

4. **The director left the room for a short while.** La durée de l'absence du directeur est mesurée. Attention, un complément de mesure du temps en *for* n'est pas nécessairement lié au moment présent. Ici, on mesure un intervalle de temps révolu (prétérit).

AIDE MEMOIRE 5
REPERE ET MESURE : FOR, DURING, SINCE

Ne confondez pas :

1. Repère du passé : impose le prétérit.

Bill was away during the holidays / yesterday / last week / in June / three days ago (= écart passé-présent)
During the holidays ne mesure pas, il introduit un intervalle de temps au cours duquel il se passe quelque chose. La période ainsi construite sert de repère. Si ce repère est révolu, on a du prétérit.

2. Complément de mesure

(a) *For* mesure mais ne repère pas : n'impose aucun temps.

Bill was away for three hours = Bill a été absent pendant trois heures
Bill has been away for three hours = Bill est absent depuis trois heures

(b) *Since* mesure en indiquant le point de départ (le point d'arrivée est sous-entendu) : impose une forme de parfait (present perfect ou pluperfect).

Bill has/had been away since Tuesday = Bill est/était absent depuis mardi

---

5. **I haven't ridden a bicycle since the years I spent in the Netherlands.** Ce qui est mesuré dans cet énoncé, c'est la propriété *not ride a bike*, la négation d'une activité constituant une propriété du sujet. Attention au fait que *the years I spent in the Netherlands*, qui ne renvoie pas explicitement à une date précise, est posé par l'énonciateur comme le point de départ de l'intervalle.

6. **I haven't been to the pictures for as long as I can remember.** Durée de la propriété « ne pas aller au cinéma », repérée par rapport au moment présent.

7. **He has been out of work since last month.** *Last month* est le point de départ de l'intervalle. Remarque : quand il n'y a pas d'article devant *last* ou *next*, le complément représente un point de repère dans le temps. Voir ph. 9.

8. **We met them during the last month of our holiday.** *The last month of our holiday* est une période repère à l'intérieur de laquelle l'action *meet* a eu lieu.

9. **It has been raining for the last week.** La durée de l'action est mesurée avec *for*. On aurait pu avoir *for a week* ou *for the past week*. La semaine est considérée ici en tant que durée, pas en tant que point de repère (on ne pourrait pas avoir *for last week*). Voir ph. 7.

10. **It's ten years since I last went to the dentist's.** *Since* introduit le point de départ de l'intervalle dont le point d'arrivée est le moment présent. Avec la construction *it is + durée + since*, on met en relation les deux bornes de l'intervalle. On trouve surtout cette construction pour insister sur le fait qu'il ne s'est rien passé entre le moment repère passé et le moment présent. On pourrait représenter les choses différemment, en s'intéressant à la mesure de l'intérieur de l'intervalle plutôt qu'à son point de départ : *I haven't been to the dentist's for ten years*.

11. **For a moment I thought I would never make it.** Durée révolue (prétérit).

12. **They have been waiting for five minutes.** Mesure de la durée d'une activité repérée par rapport au moment présent.
13. **War was declared during Herbert's vacation.** Période repère (*Herbert's vacation*) au cours de laquelle la déclaration de guerre a eu lieu.
14. **Diana hasn't seen Herbert since his last leave.** *Since* introduit le point de départ de l'intervalle considéré, le point d'arrivée étant le moment présent.
15. **He had been President since the autumn of 1994.** *Since* introduit le point de départ d'un intervalle dont le point d'arrivée est un moment lui-même révolu (past perfect).
16. **Suzy has been worried since her children went out.** Mise en relation du point de départ (le moment du départ des enfants) et du point d'arrivée de l'intervalle (le moment présent).
17. **Dresses were very short during the war.** *The war* représente une période repère au cours de laquelle la longueur des jupes est considérée.
18. **Things have changed since the war.** *Since* + present perfect met en relation le point de départ de l'intervalle (la guerre) et son point d'arrivée : le moment présent. Le changement se produit quelque part à l'intérieur de cet intervalle. Remarque : un groupe nominal comme *the war* peut être considéré soit comme un intervalle (voir ph. 17), soit comme un point de départ.

Corrigé de l'exercice 4.4.2

For centuries people have been trying to discover the secret of lasting youth (activité encore en cours au moment présent avec marqueur de mesure du temps). **Since Antiquity, in fact, men have believed** (état encore en cours avec marqueur de mesure du temps) **that the ravages of aging might one day be slowed, stopped or even reversed by access to new knowledge. During/in the Middles Ages such hopes centred principally on alchemy** (repère révolu *during the Middle Ages*) **and for a long time the alchemist enjoyed immense power and prestige as a result of this belief** (toujours repéré par rapport à *the Middle Ages*, donc révolu, ce qui n'empêche pas de mesurer le temps avec *for*). **Such hopes have long since been dashed** (conséquences de l'événement au moment présent, passif), **but the United States has found its modern equivalent in the vitamin** (conséquences de l'événement au moment présent). **Interest in these essential compounds began long ago** (repère passé *long ago*). **Some have been wildly popular for decades** (état encore en cours avec marqueur de mesure du temps) **for their supposed powers as "enhancers".**

Corrigé de l'exercice 4.4.3

1. A.a et A.d: repères révolus, donc prétérit. A.b est possible mais implique que l'on parle d'une époque révolue, pendant laquelle il a arrêté de fumer, et depuis laquelle il a repris. B.b est possible mais implique qu'il s'est arrêté pour trois mois (et qu'il compte reprendre après !).
   B.c implique qu'il s'est arrêté de fumer à un moment indéterminé depuis le mois dernier.
   C.b **et** C.c impliquent qu'il ne cesse de s'arrêter de fumer depuis trois mois/depuis le mois dernier, donc qu'il n'arrive pas vraiment à s'arrêter.
2. A.a implique qu'on parle d'une époque révolue pendant laquelle R. a fumé. A.c repère révolu.
   B **et** C **peuvent se construire avec** a, b **ou** d selon qu'on met l'accent sur une caractéristique
   de Ron (Ron est un gros fumeur) ou sur l'activité.

3. A.: **rien**
   B.a, B.b.
   C.c, C.d. Repères révolus. Remarque : un lieu peut servir de repère temporel (=*when she was at Harrods*).
4. A : **rien**
   B.b (repère révolu). B.c (*in* avec le prétérit implique que l'action est terminée).
   C.a implique qu'il ne cesse de finir son livre depuis plusieurs jours, donc qu'il n'arrive pas vraiment à le terminer, (comme dans 1. C.b et C.c).

Corrigé de l'exercice 4.4.4

When I have lunch with Robert next week (attention, pas de *will* dans une proposition circonstancielle de temps renvoyant à l'avenir), **we will have known each other for twenty years** (on retrouve la forme de perfect après le modal *will* : état en cours au moment repère situé dans l'avenir, avec marqueur de mesure du temps). **He has always been very kind to me** (état encore en cours, *always* inclut le moment présent). **I remember he was very shy** (état révolu repéré par rapport à *when we first met*) **when we first met** (événement révolu), **and he was always dropping his glasses** (valeur modale de la forme BE + –ING, exagération, commentaire sur le sujet) **Fortunately he has changed a lot since then** (conséquences de l'événement), **and he wears contact lenses now anyway !** (propriété du sujet)

Corrigé de l'exercice 4.4.5

Voir aide-mémoire 5, et corrigé de l'exercice 4.4.1.

1. **In/During the summer, I swim (for) half an hour every day.** *During* : période repère. *For* : durée.
2. **He won't be back for at least a week.** *For* peut aussi introduire une durée calculée à partir du moment présent vers l'avenir. Ici, c'est la durée de l'état *not be back*.
3. **Don't forget to call her up during the holidays, she'll only be around for three weeks.** Voir ph. 1 (*for*).
4. **I talked to him for 15 minutes/ a quarter of an hour** (*for* : durée), **but I saw that I had convinced him in 5 minutes.** *In* suivi d'une durée permet d'indiquer un aboutissement (comme « en » en français). **He won't call you back for some time.** Voir ph. 2.
5. **It was the first time I had heard from her in/for months.** Pensez à utiliser la forme de perfect (ici le past perfect puisque l'ensemble est situé dans le passé par *it was the first time*) lorsqu'on fait le bilan du nombre de fois qu'il s'est produit quelque chose. Avec les ordinaux (*first, second,* etc.) les négations et les superlatifs, on emploie *in* en anglais américain et *for* en anglais britannique : *the worst weather for/in years*.
6. **We'll discuss it over dinner.** Equivalent de *during* dans certaines expressions comme *over the week-end, over Christmas*.
7. **It snowed throughout the holidays and we had to leave on New Year's eve.** *Throughout* rajoute l'idée d'une action constante, ininterrompue.
8. **His/her face had got wrinkled over the years but his/her smile remained juvenile.** Ici *over* : au fur et à mesure.
9. **From next Wednesday, you won't be able to get in touch with me. I'll have to tell everyone before the end of the week/ by this weekend.** *From* : point de départ précis. *By* et *before* : pas plus tard que.
10. **I've only got this Porsche for a few hours, and I have to give it back before midnight or it will change into a pumpkin.** Attention *for* ici introduit une durée calculée à partir du moment présent vers l'avenir. Voir la section suivante.

4.5. Equivalences

AIDE-MÉMOIRE 6
DIFFÉRENTS POINTS DE VUE SUR UNE ACTION

Une même action peut être vue de plusieurs points de vue différents. On peut choisir de situer une action dans le passé (prétérit simple et repère révolu) ou de considérer l'état qui en résulte, c'est-à-dire ce qui se passe dans l'intervalle entre ce moment passé et le moment présent (present perfect et marqueur de mesure du temps). Attention, il faut non seulement changer de temps et d'aspect (prétérit/present perfect), mais aussi souvent changer de verbe. En effet, les verbes qui décrivent une action ponctuelle ne peuvent pas servir à décrire un état qui dure dans un intervalle de temps.

action	état qui en résulte
I met him years ago/ in 1974	*I've known him for years/since 1974.*

début d'une action	action
He started speaking two hours ago	*He has been speaking for two hours*

Attention au français
Il est parti depuis deux jours.
    He left two days ago.   *He has been away for two days.*
(et surtout pas : *He has left for two days*)
Il est parti depuis lundi.
    He left on Monday.   *He has been away since Monday.*
(et surtout pas : *He has left since Monday*)

D'autre part, si l'on veut insister sur le fait qu'il ne s'est rien passé entre l'action passée et le moment présent, on peut :
— utiliser une négation :
    I haven't met him for years/since 1974.
Dans ce cas on s'intéresse à la durée d'un état négatif (pas de forme BE + -ING).
— indiquer la dernière fois où s'est produite l'action :
    I last met him years ago/ in 1974.
— utiliser la structure *It is /It has been ... since ...*, si l'on connaît la durée de l'intervalle
    It is years since I (last) met him.
Dans ce cas, on met en relation le point de départ de l'intervalle, la dernière fois où se produit l'action (*I met him*) et le point d'arrivée (le moment présent), en mesurant la durée (*years*). On trouve parfois le present perfect après *since* dans cette structure (*It's years since I've met him*).

Attention : 1. On n'a jamais de négation dans ce type de structure.
             2. N'utilisez pas *It is ... since* pour traduire automatiquement « Ça fait ... que ». N'oubliez pas qu'on insiste sur l'absence d'action avec cette structure.

Corrigé de l'exercice 4.5.1

1. **Tom hasn't visited us since our wedding.** *Our wedding* : point de départ de l'intervalle. Dans cet intervalle il ne s'est rien passé.
2. **Wait a minute ! I've only been awake for 2 minutes.** C'est l'état résultant (*be awake*) dont on mesure la durée. Attention, on ne peut pas garder le verbe *wake up* dans cette structure. Le verbe *wake up* étant ponctuel, il ne peut pas servir à décrire ce qui dure dans l'intervalle de temps. On peut à la rigueur dire *It's only two minutes since I woke up* pour insister fortement sur la durée (excessivement courte ici) de l'intervalle.
3. **It's ten years since she took a day off.** Mise en relation des bornes de l'intervalle et mesure (*ten years*). On insiste sur l'absence d'action.
4. **It's years since he last rode a horse.** Voir ph. 3.
5. **John has been a doctor for ten years** C'est l'état résultant (*be a doctor*) dont la durée est mesurée par rapport au moment présent. On ne peut pas garder le verbe *become* dans cette structure, parce qu'il est ponctuel (voir ph. 2).
6. **I've been feeling sick /I've felt sick since this morning after breakfast.** *This morning* : point de départ de l'intervalle. *Feel sick* peut être considéré soit comme une propriété du sujet (present perfect simple), soit comme une activité en déroulement (present perfect progressif).
7. **He's been running for three hours.** Durée de l'activité mesurée par rapport au moment présent.
8. **I've been secretly in love with him for six months.** Durée de l'état résultant mesurée par rapport au moment présent. On ne peut pas garder *fall in love* dans cette structure, car il est ponctuel (voir ph. 2 et ph. 5).
9. **I haven't been in this house since I was twenty-three.** *Since* + point de départ de l'intervalle. Mesure de l'état résultant. On ne peut pas garder *come*, ponctuel, dans cette structure (voir ph. 2, 5, 8).
10. **It's over twelve hours since it started raining.** Mise en relation des bornes de l'intervalle et mesure. Cette structure est possible car on insiste sur la durée (excessivement longue ici) de l'intervalle (voir remarque de la ph. 2 à ce propos).
11. **It's years since the jury chose a French artist.** Mise en relation des bornes de l'intervalle et mesure. On insiste sur l'absence d'action.
12. **She's been away for six months.** Durée de l'état résultant mesurée par rapport au moment présent. On ne peut pas garder *leave* ici, car il est ponctuel (voir ph. 2, 5, 8, 9).

Corrigé de l'exercice 4.5.2

1. A.b (mesure d'un état encore en cours); B.a (repère révolu); C.c (mesure d'une activité répétée encore en cours); D.b (mesure d'un état encore en cours).

2. A.b (mesure d'une action révolue, vue globalement); B.d et B.e (mesure d'une absence d'action encore en cours); C.a (mesure d'une activité encore en cours); D.c (mesure d'une absence d'action révolue).

3. A.d (mesure d'une activité encore en cours); B.a (mesure d'une action révolue, vue globalement); C.c (mesure d'une absence d'action encore en cours).

Corrigé de l'exercice 4.5.3

1. **I've had this car since last week.** Propriété du sujet encore en cours avec marqueur de mesure du temps. Attention , *I've got it since last week* est impossible. Ce que l'on mesure, c'est une propriété (état) du sujet. Contrairement à *have* (qui est un verbe d'état), *get*, étant ponctuel, ne peut pas servir à décrire une propriété.

2. **He has been reading since this morning.** Activité du sujet encore en cours avec complément de mesure.

3. **He has taught/been teaching English for three years.** *Teach* peut servir à construire soit une propriété (= *be a teacher*), soit une activité. Marqueur de mesure du temps.

4. **He hasn't slept since noon.** La négation d'une activité construit un état du sujet. Marqueur de mesure du temps.

5. **I've read three books since last week.** La quantification précise du complément d'objet indique que l'action est envisagée selon son point d'aboutissement (*three books have been read*).

6. **Ouch ! I've cut my finger.** Pas de marqueur de mesure du temps. L'événement passé est vu globalement et mis en relation avec le moment présent. On s'intéresse à ses conséquences : *my finger is cut.*

7. **I'm no longer hungry. I've eaten three hard-boiled eggs.** Pas de marqueur de mesure du temps. La quantification précise du complément d'objet indique que l'on s'intéresse au point d'aboutissement de l'action (*three hard boiled eggs have been eaten*).

8. **I'm tired. I've been running.** Pas de marqueur de mesure du temps. L'activité n'est plus en cours au moment présent, et les conséquences dans la situation (sueur, essoufflement, fatigue) dues à l'activité de courir ne sont pas inévitables.

9. **How long is it since you last went to the theatre ?** Question sur la durée par mise en relation des bornes de l'intervalle. Remarque : *How long ?* n'est pas compatible avec une négation : *~~How long haven't you been~~*...Attention, les questions en *since when* ont tendance à avoir une valeur polémique : *since when have you been the boss around here!*

10. **His cat has been dead for three years.** C'est la propriété « be dead » qui est mesurée. Attention, pas *~~he has died for three years~~* ; die, ponctuel, ne permet pas de construire une propriété. Voir ph. 1.

11. **He has been gone for five minutes.** Mêmes remarques pour *leave/be gone* que pour *die/be dead* (ph. 10) ou *get/have* (ph. 1). Notez que *he has left for five minutes* est possible, mais veut dire tout autre chose : il est parti pour 5 minutes. Dans ce cas, le moment présent constitue le point de départ de l'intervalle, dont la durée est calculée dans l'avenir. *Gone* est ici un adjectif.

12. **How long is it since you last saw him ?** Voir ph. 9.

13. **They've been here for ten minutes.** Voir ph. 11.

14. **How long have you had your driving licence ?** Question portant sur la durée de la propriété (*have*) par rapport au moment présent. Eventuellement, pour insister fortement sur une durée (excessivement longue ou courte), on peut avoir *how long is it since you got your driving licence ?* Imaginez par exemple un agent de police posant cette question à un très jeune (ou à un très vieux !) conducteur. Remarquez que c'est *get* (ponctuel) qui permet de construire le point de départ.

Les quatre dernières phrases (15 à 18) sont à étudier ensemble.

15. **I didn't cook for a week.** En français, l'utilisation de *pendant* avec le passé composé indique que l'on considère l'action comme révolue et repérée dans le passé. Donc prétérit.

16. **I've been cooking for an hour.** Activité mesurée par rapport au moment présent.

17. **I cooked for half an hour.** Voir ph. 15.

18. **I haven't cooked for a week.** La négation d'une activité constitue un état, donc pas de forme BE + –ING.

Corrigé de l'exercice 4.5.4

1. **Her husband has been gone since he found out she had a lover.** Attention, la propriété mesurée ne peut pas être exprimée par *leave* qui est ponctuel. Il faut penser

à utiliser une forme exprimant l'état résultant : *be gone* (ici *gone* est un adjectif) ou *be away*.

2. **He hasn't flown a plane for thirty years.** Propriété (*not fly*) dont on mesure la durée. **It's thirty years since he (last) flew a plane.** Mise en relation des bornes de l'intervalle et mesure. On insiste sur l'absence d'action.

3. **They've only been married since yesterday.** Attention, la propriété mesurée ne peut pas être exprimée par *get married* qui est ponctuel. Il faut penser à utiliser une forme exprimant l'état résultant : *be married*.

4. **I've been feeling ill since I ate that last oyster.** Activité ayant lieu dans l'intervalle dont on donne le point de départ (*I ate that last oyster*) et dont le point d'arrivée est le moment présent.

5. **He's been abroad for ten years.** Si on choisit de mesurer la propriété, il faut passer de *leave the country* (ponctuel) à l'état résultant *be abroad*.

6. **I haven't drawn a picture since the seventies.** Ce qui a lieu dans l'intervalle considéré, c'est une absence d'activité, c'est-à-dire une propriété (*not draw*).

7. **He hasn't drunk vodka since his wife eloped with a Bolshoi Ballet dancer.** Voir ph. 6.

8. **She has had that pet snake since her birthday.** Attention, la propriété mesurée ne peut pas être exprimée par *get* qui est ponctuel. Il faut penser à utiliser un verbe exprimant l'état résultant : *have*.

9. **I have been playing the piano since the age of four.** Activité ayant lieu dans l'intervalle dont on donne le point de départ (*the age of four*) et dont le point d'arrivée est le moment présent.

10. **Grandmother has been asleep for ten minutes.** Si on choisit de mesurer la propriété, il faut passer de *fall asleep* (ponctuel) à l'état résultant *be asleep*.

11. **He hasn't ridden a bicycle for ages.** Ce qui a lieu dans l'intervalle considéré, c'est une absence d'activité, c'est-à-dire une propriété (*not ride a bike*). **It's ages since he last rode a bicycle.** On peut aussi représenter l'intervalle en mettant en relation ses bornes. On insiste alors sur l'absence d'action.

12. **Jimi has had a guitar since his fifth birthday.** Voir ph. 8.

13. **He hasn't written me a letter since I left him.** Voir ph. 6.

14. **Grandmother has been asleep since 4 o'clock.** Mesure de la propriété : il faut passer de *fall asleep* (ponctuel) à *be asleep* (état résultant). Voir ph. 10.

15. **Laura's grandmother has been here since I woke up this morning.** Mesure de la propriété : il faut passer de *arrive* (ponctuel) à *be here* (état résultant).

16. **They've been married since the very day they met.** Voir ph. 3. (*get married : be married*).

17. **Grandfather has had his driving licence since yesterday.** Voir ph. 8 (*get / have*).

18. **They've been out of the country/abroad since the new government was elected.** Voir ph. 8 (*leave the country / be out of the country / be abroad*).

19. **He has been dead for five years.** Voir ph. 5 (*die / be dead*).

20. **I haven't taken a day off for two years. It's two years since I (last) took a day off.** Voir ph. 2.

Corrigé de l'exercice 4.5.5

— **You washed your Renault two days ago** (événement révolu, repéré par *two days ago*), **you're not going to wash it again, are you ! I can't believe you're so fussy. You already spent three days washing it last week** (révolu, repéré par *last week*). **I can't stand it any more, I'm going back to my mother's** (projet du sujet).

— **Look, darling, O.K, so I washed my Renault for three days** (repéré par rapport à *last week*, ce qui n'empêche pas de mesurer le temps), **but I've been driving it for several days** (activité encore en cours, marqueur de mesure du temps) **and it has become a**

little dirty (événement vu pour ses conséquences dans le présent), **so be understanding, I beg you** (quasi-performatif).
— **No, I've had enough** (conséquences de l'état du sujet au moment présent), **I've been putting up with you for too long** (activité encore en cours, marqueur de mesure du temps). **And besides, it isn't the first time I've wanted to tell you about this** (bilan présent, on compte le nombre de fois où il s'est produit quelque chose)— **I'm in love with someone else!** (état présent)
— **Well how long has this been going on?** (question portant sur la mesure du temps de l'activité encore en cours)
— **Since you got your Renault.** (*since* est suivi du point de départ de l'intervalle, révolu)

Corrigé de l'exercice 4.5.6

1. **(a) It's ten years since he last smoked a cigarette.** Mise en relation des bornes de l'intervalle. **(b) He last smoked a cigarette ten years ago.** Evénement situé par un repère révolu.
2. **Miniskirts were first in fashion/came into fashion/ in the sixties.** Repère révolu.
3. **She fell in love with him on the day they met.** Evénement situé par un repère révolu.
4. **Crowds started demonstrating when he was elected.** Début d'une activité située par un repère révolu.
5. **Grandfather caught the flu on Wednesday.** Evénement situé par un repère révolu.
6. **(a) It's two years since she had her teeth examined.** Mesure de la durée par mise en relation des bornes de l'intervalle. Remarque : avec *it is ... since*, on trouve parfois le present perfect (plutôt que le prétérit) dans la proposition introduite par *since*. **(b) She hasn't had her teeth examined for two years.** Etat négatif dont on mesure la durée. **(c) She last had her teeth examined two years ago.** Evénement situé par un repère révolu.
7. **(a) It's some time since he last mentioned his plans to anybody.** Mesure de la durée par mise en relation des bornes de l'intervalle. **(b) He last mentioned his plans to somebody some time ago.** Evénement situé par un repère révolu. Attention au passage de *any* à *some* en raison de l'affirmation.
8. **I last had a cold last winter.** Propriété située par un repère révolu.
9. **(a) It's a while since I saw your English friends.** Mesure de la durée par mise en relation des bornes de l'intervalle. Même remarque que ph. 6. **(b) I haven't seen your English friends for quite a while.** Etat négatif dont on mesure la durée. **(c) I last saw your English friends quite a while ago.** Evénement situé par un repère révolu.
10. **(a) It's years since I ate/I've eaten** (voir ph. 6) **Yorkshire pudding.** Mesure de la durée par mise en relation des bornes, voir ph. 6. **(b) I last ate Yorkshire pudding years ago.** Evénement situé par un repère révolu.

Corrigé de l'exercice 4.5.7

Dans cet exercice sur le past perfect, on retrouve les mêmes problèmes qu'avec le present perfect, mais cette fois on met en relation une action passée avec un moment repère qui est lui-même révolu.

1. **Roger opened his diary. He hadn't been to the doctor's for three years. / It was three years since he had last gone to the doctor's.** Etat négatif en cours au moment repère constitué par *he opened his diary*, avec marqueur de mesure du temps. Autre solution : mise en relation des deux bornes de l'intervalle, avec la structure *it was ... since + HAD + −EN*.

2. **He was wondering how long Priscilla had been playing the piano.** Question indirecte portant sur la mesure du temps d'une activité encore en cours au moment repère révolu indiqué par le prétérit progressif de *he was wondering*.

3. **She looked at her watch. She had been waiting for him for an hour. It had been raining, and her feet were wet.** Activité encore en cours au moment repère constitué par *she looked at her watch*, avec marqueur de mesure du temps. Puis mise en relation d'une activité passée sans point d'aboutissement (*rain*) et du moment repère passé.

4. **He had been ill for ten days when he agreed to take some medicine.** Etat en cours au moment repère révolu indiqué par *when he agreed...* avec marqueur de mesure du temps.

5. **He was always complaining about the food** (valeur modale de BE+ –ING, exagération, commentaire sur le sujet). **It was the first time he had seemed to enjoy it.** N'oubliez pas la forme de perfect quand on fait le bilan du nombre de fois où l'action s'est produite, ici par rapport à un moment repère passé.

6. **He'd been gone for ten minutes when she realised he had forgotten his keys.** Etat (résultant de son départ) encore en cours au moment repère révolu indiqué par *when she realised...* avec marqueur de mesure du temps.

7. **He hadn't gone back to his mother's place for twenty years. It was twenty years since he had last gone to his mother's place.** Voir ph. 1.

8. **She entered the room. Someone had been sleeping in the bed. / The bed had been slept in. It was unmade.** Activité passée sans point d'aboutissement (*sleep*) mise en relation avec le moment repère, lui-même révolu (*she entered the room*). Remarquez la possibilité d'une construction passive en anglais. Voir chapitre 3.

9. **It wasn't the first time he had realised Gladys had been drinking.** Pour *he had realised*, voir ph. 5. Pour *she had been drinking* : mise en relation d'une activité passée sans point d'aboutissement (*drink*) avec un repère lui-même révolu (le moment où il se rend compte).

10. **He had been watching television all morning, and now he was hungry.** Activité encore en cours au moment repère révolu, avec marqueur de mesure du temps *all morning*.

Corrigé du test de sortie

1. I'm leaving tomorrow, but I promise I'll be back.
2. She's been here for half an hour.
3. How long have you been divorced? How long is it since you got a divorce?
4. He had been playing the piano for fifteen minutes when he suddenly realized he was thinking about something else.
5. I studied Greek for three years, and then I forgot everything I had learned.
6. He's always giving me useful presents!
7. What have you been doing lately?
8. I haven't slept for the past two nights.
9. It was the first time she'd met him.
10. He has drunk three whiskies, which explains why he isn't walking straight.

CORRIGES DU CHAPITRE 5. LES MODAUX

Corrigé du test d'entrée

1. Has he left? I believe so, but I could be wrong.
2. I may have made a mistake, it's possible.
3. I can't have made a mistake, I am very good at grammar.
4. I had to admit I had made a mistake.
5. I don't know how I managed/ got to make a mistake. It's so easy!
6. If I had made a mistake, I would not be so proud.
7. When I make a mistake, pigs will fly.
8. I could have made a mistake although I don't often make mistakes.
9. I should have made a mistake on purpose. You would have been less upset.
10. How many times could I have been wrong?

5.1 Les bases essentielles : types de modalité et négation

Corrigé de l'exercice 5.1.1

1. **May I open the window? / 2. John may arrive tomorrow.** On a deux emplois différents du même modal : en (1), MAY dans l'énoncé interrogatif a un sens radical ; il s'agit d'une demande de permission. En (2), MAY exprime une modalité épistémique : l'énonciateur évalue comme possible la réalisation de l'événement JOHN-ARRIVE TOMORROW.
3. **John must leave at once. / 4. She must be deaf.** En (3), MUST suivi de la base verbale *leave* renvoyant à une action ponctuelle exprime une modalité radicale : l'énonciateur contraint le sujet JOHN à partir. En (4), MUST est cette fois suivi d'un verbe (BE) référant à un état. Ici on a affaire à une modalité épistémique et l'on pourrait gloser : "il y a de fortes chances pour qu'elle soit sourde". De façon générale, lorsque MUST est suivi d'un verbe d'action à la forme simple il a un sens radical, alors que lorsqu'il est suivi d'un verbe d'état, il a un sens épistémique. Comparez : *He must work* et *He must know the answer*.
5. **You should work harder. / 6. They should arrive any minute now.** SHOULD est la forme prétérit de SHALL mais n'a pas de sens passé. En (5), SHOULD fonctionne comme une modalité radicale : le co-énonciateur YOU est plus ou moins contraint (ou fortement incité) par l'énonciateur à travailler plus. En (6) le même modal a cette fois un emploi

épistémique : selon l'énonciateur, et les connaissances qu'il peut avoir de la situation, "il existe une forte probabilité pour qu'ils arrivent d'un moment à l'autre."

7. **(The phone rings.) That will be John. / 8. John** *would* **say such nonsense !** On compare WILL et WOULD, forme preterit de WILL. En (7), WILL est épistémique : l'énonciateur fait une prédiction que l'on glose "il est certain que ce sera John". En (8) on notera que WOULD, qui est radical, est accentué. L'énonciateur ici exprime une caractéristique typique du sujet : *c'est tout lui de dire cela et il l'a dit.*

9. **She may be his mother. / 10. She could be his mother.** Dans l'énoncé (9) MAY suivi de *be* exprime une modalité épistémique. Une évaluation est faite par l'énonciateur d'où la glose : "Il est possible que ce soit sa mère". Dans l'énoncé (10), les deux types de modalité sont présents. En effet, si on part du principe que CAN et COULD expriment toujours une évaluation de l'énonciateur sur le SUJET (et non sur l'événement), alors COULD est une modalité radicale qui permet d'envisager les propriétés éventuelles du sujet SHE. Cependant dans ce contexte COULD exprime aussi une possibilité, une vraisemblance et l'on pourrait gloser (10) ainsi : "Il y a en elle quelque chose qui me fait penser qu'il y a des chances que ce soit sa mère."

Corrigé de l'exercice 5.1.2

1. **Can't you see I am busy ?** Modalité radicale, incapacité du sujet.
2. **His father said she can't go out tonight.** Modalité radicale, incapacité du sujet.
3. **John mustn't drink alcohol.** Modalité radicale, interdiction.
4. **Steven can't be coming : he 's sick !** Modalité radicale, qui dans ce contexte exprime une forte improbabilité fondée sur les propriétés du sujet (voir corrigé 5.1.1. ph. 10).
5. **He might not have left before we did.** Modalité épistémique, possibilité. La négation porte sur le verbe à l'infinitif parfait, HAVE LEFT. Lorsque MAY/MIGHT exprime une modalité épistémique, l'adverbe de négation porte sur le verbe (ou auxiliaire BE) à l'infinitif :
   ex : *She may **not be** his mother* = il se peut qu'elle ne soit pas sa mère
   Lorsque MAY/MIGHT exprime une modalité radicale, l'adverbe de négation porte sur l'auxiliaire modal.
   ex : *She **may not** leave* = Elle n'a pas la permission de partir
6. **Students may not smoke in here.** Modalité radicale, interdiction. La négation porte sur MAY.
7. **I can't find my pen, but it should not be very far.** Modalité épistémique, grande probabilité logique.
8. **This book should not have been published.** Modalité radicale, une interdiction qui vient trop tard d'où l'idée de regret.
9. **I may not come tomorrow.** Modalité épistémique, possibilité. La négation porte sur le verbe à l'infinitif COME.
10. **You needn't have arrived so early.** Modalité radicale, non-nécessité : "ce n'est pas nécessaire / utile que tu sois venu". La négation porte sur NEED.

Corrigé de l'exercice 5.1.3

Pour bien faire cet exercice, il faut avoir en tête les deux points suivants :
— l'adverbe de négation est TOUJOURS juste après l'auxiliaire modal,
— dans la traduction, autant que possible, il faut faire la différence entre MAY et CAN et leurs formes prétérit :

She **may** not be ill → il **se peut** qu'*elle ne soit pas malade.*
She **can't** be ill → *Elle* **ne peut pas** *être malade.*
She **might** not be ill → *Il* **se pourrait qu'**e*lle ne soit pas malade.*
She **couldn't** be ill → *Elle* **ne pourrait pas** *être malade.*

1. **You mustn't take all your luggage** → **Tu ne dois pas prendre tous tes bagages**
2. **Can't you help me ?** → **Ne peux-tu donc pas m'aider ?**
3. **You shouldn't have called for help** → **Tu n'aurais pas dû appeler à l'aide.**
4. **That can't be the solution** → **Ça ne peut pas être la solution.** MUST épistémique à la forme négative n'est pas employé par tous les anglophones. Néanmoins, en anglais américain il arive que l'on trouve cette forme : *That must not be the solution.*
5. **Even if he had looked for it, he wouldn't have discovered it before us** → **Même s'il l'avait cherché, il ne l'aurait pas trouvé avant nous.**
6. **He may not have left before we did** → **Il est possible qu'il ne soit pas parti avant nous.**
7. **It seems odd he should not have said that to me** → **Ça me semble étrange qu'il ne m'ait rien dit.**
8. **Why shouldn't it have been you?** → **Pour quelle raison cela n'aurait pas dû être toi ?**
9. **They might not have gone of their own free will** → **Il se pourrait qu'ils ne soient pas partis de leur plein gré.**
10. **By that time you won't have finished your work** → **A cette heure-là tu n'auras pas fini ton travail.**
11. **Won't that be enough?** → **Ça ne sera pas suffisant ?**
12. **The schedules may not have had to be changed** → **Il est possible qu'il n'ait pas été nécessaire de changer les programmes.**
13. **He might not have been sent abroad on a mission** → **Il se pourrait qu'il n'ait pas été envoyé à l'étranger en mission.**
14. **It's one of those things that you can't not do** → **C'est une de ces choses qu'on ne peut pas ne pas faire.**

Corrigé de l'exercice 5.1.4

La valeur exprimée par un auxiliaire modal n'est pas forcément en contradiction directe avec celle du même modal+NOT. Il faut bien réfléchir à ce qu'est l'opposition sémantique : capacité → incapacité, quasi certitude → doute prédominant, interdiction → permission, obligation → non-obligation…

1. **Rocco must have been Italian.** (quasi certitude)
    → **Rocco might/could have been Italian.** (doute) CAN'T serait une possibilité qui exprimerait la quasi certitude du contraire.
2. **You may smoke in here.** (permission)
    → **You may not/can't /mustn't smoke.** (interdiction)
3. **That might be Rocco's motorbike.** (doute)
    → **That must be Rocco's motorbike.** (quasi certitude) voir ph. 1.
4. **The schedules may have been changed.** (possibilité)
    → **The schedules can't have been changed.** (impossibilité)
5. **A toddler can't climb on that chair; it's too high.** (incapacité)
    → **A toddler can climb on that chair.** (capacité)
6. **The students must arrive on time.** (obligation)
    → **The students needn't arrive on time.** (non-obligation)

5.2 Expression de la capacité et de la possibilité

Corrigé de l'exercice 5.2.1

Reportez-vous à l'exercice 5.1.1 pour une définition des modalités épistémiques et radicales.

L'auxiliaire modal renvoie (sauf cas vus plus bas) au moment même de l'énonciation :

— dans le cas des modalités épistémiques, l'énonciateur évalue dans le présent les chances de réalisation d'un événement passé, présent ou à venir.

— dans le cas des modalités radicales, quelque chose est établi à propos du sujet dans l'énoncé (contrainte, ordre, capacité...). Pour exprimer une contrainte, un ordre ou une capacité dans le passé ou à venir, on a recours à des substituts de modaux : *have to, be allowed, be able to, manage...*

Ainsi la forme prétérit MIGHT n'a pas de valeurs temporelles au sens où elle ne renvoie jamais à du passé; quant à COULD, forme preterit de CAN, il peut *dans certains contextes seulement* renvoyer au passé.

Dans les énoncés modalisés les indications aspecto-temporelles sont données par la forme de l'infinitif ou par des marqueurs adverbiaux.

He may not have come : infinitif parfait, événement passé
He may not like tea : infinitif simple, événement présent, propriété
He may not be working : infinitif + BE +ING, événement présent, situation définie
He may not come tomorrow : infinitif simple + adverbe TOMORROW, événement à venir

---

1. **Radicale, possibilité fondée sur les propriétés du sujet** (voir corrigé 5.1.1 ph.10), **événement passé.** *Il ne peut pas avoir conduit cette voiture / Il est impossible qu'il ait conduit...*
2. **Épistémique, possibilité, événement passé.** *Il se peut qu'ils n'aient pas entendu le téléphone.*
3. **a) can** : radicale, capacité, événement présent.
3. **b) may** : radicale, événement présent. MAY effectue une reprise de la relation YOU SMOKE, posée au début de l'énoncé. *Je sais que tu peux le faire, mais je ne sais pas si je peux te l'autoriser* (jeu de mot en anglais sur la double valeur de CAN : soit permission, soit capacité, l'opposition avec MAY indiquant par la suite, comme un rebondissement, qu'il s'agit d'un CAN de capacité).
4. **Radicale, interdiction ou non capacité, événement présent.** *Vous ne pouvez pas entrer sans la carte de membre.*
5. **Radicale, interdiction, événement présent.** *Je t'interdis de rentrer.*
6. **Épistémique, possibilité, événement présent.** *Il se pourrait que John ne soit pas à notre recherche après tout.*
7. **Radicale, possibilité fondée sur les propriétés du sujet** (voir corrigé 5.1.1. ph. 10), **événement présent.** *Elle ne peut / ~~*pourrait pas avoir treize ans~~, elle a l'air si sûre d'elle.*
8. **Épistémique, idée de reproche atténué construit par opposition avec ce qui a été réalisé, événement passé.** *Tu aurais pu me prévenir que tu avais changé d'avis.* La traduction par *tu aurais dû* correspondrait à l'anglais *You should have let me know....*

Corrigé de l'exercice 5.2.2

1. **They can't have won.** → **quasi impossiblité**
2. **Everything considered, he may not have met her before.** Pour l'énonciateur, il est possible qu'il ne l'ait pas rencontré, mais le contraire est tout aussi envisageable. Pour faire court, on parle alors d'"**équipossibilité**".
3. **Customers may not roller skate in this shop.** → **interdiction**
4. **She may not have understood your question.** → **équipossibilité**
5. **She can't have met the Pope.** → **quasi impossiblité**
6. **He might still be waiting for us** → **faible possibilité,** posée sur le plan hypothétique.
7. **He read my thesis but he couldn't remember a word of it.** Quand il s'agit d'exprimer une incapacité dans le passé, on peut employer COULD+NOT (c'est un des cas où COULD renvoie effectivement à du passé).
8. **Even toy cars can be dangerous.** → **propriété des voitures.** Pour le locuteur, les petites voitures ont occasionnellement la propriété d'être dangereuses. On peut comparer les énoncés suivants :
   This toy car can be dangerous. (c'est sûr, c'est une propriété occasionnelle du jouet)
   This toy car may be dangerous. (l'énonciateur envisage la possibilité d'un danger, mais il n'en sait rien et le jouet peut aussi être inoffensif)
9. **You may drive me home tonight.** → **permission**
10. **He can't have been to China.** → **quasi impossibilité.** Comparez avec :
    He can't speak a word of Chinese! → incapacité : Quand une propriété implique un savoir, en anglais la modalisation par CAN est fréquente : *I can swim, I can sing, I can read* ...
11. **Priscilla may want to marry Simon.** → **équipossibilité**
12. **We may not have chosen the quickest way.** → **équipossiblité**
13. **She could see the Eiffel tower from the window of her hotel room.** → **capacité de perception dans le passé** : c'est un des cas où la capacité dans le passé peut être exprimée par COULD.
14. **She managed to get in touch with me before she left : she'll be here any minute.** → **capacité réalisée dans le passé** : ici, on a l'expression d'une capacité qui a donné lieu à la réalisation d'une action dans une situation définie. Dans ce cas, on a forcément recours à un substitut d'auxiliaire modal, en l'occurrence MANAGE mais BE ABLE est aussi possible.
15. **You might/could buy this car, it's a bargain.** → **suggestion.** Comparez avec *You should buy this car* : conseil, incitation.
16. **I may not work hard, but still, I've got good grades.** → **concession** : l'énonciateur admet que l'argument du co-énonciateur I DON'T WORK HARD est possible mais il l'oppose à I'VE GOT GOOD GRADES. La concession est exprimée par MAY + *but* sur des faits présents ou passés : *I may not have worked hard, but I passed the exam.*

Corrigé de l'exercice 5.2.3

Cet exercice porte sur l'expression de la capacité (physique, morale, logique) et de la permission dans le présent et le passé. Reportez-vous à l'aide-mémoire 1.

1. **I could play chess very well when I was your age.** La propriété dans le passé. Ici, BE ABLE TO serait maladroit.
2. **But Jane is much stronger at this game than I am : she has been able to beat me since she was 5 years old.** Avec SINCE, le perfect dans la proposition principale est obligatoire : on a alors recours au substitut BE ABLE TO au present perfect.

AIDE-MÉMOIRE 1
CAN, COULD, BE ABLE TO, BE ALLOWED TO

modal ou substitut	référence au présent	référence au passé
can	capacité/incapacité(savoir) *Scott can/can't swim.* permission/interdiction *Scott can/can't go out.* potentiel, possibilité occasionnelle *Scott can be mean.*	CAN'T = -HAVE + -EN= quasi impossibilité *Scott can't have left on Monday.*
could	Ici COULD a une valeur strictement modale. possibilité / impossibilité (selon vraisemblance) *Scott could be the murderer. He's got a gun.* *Scott couldn't be a police officer. He is too honest.*	Ici COULD a une valeur temporelle propriété. *Scott could swim when he was 3.* perception *Scott could see her face through the veil.* incapacité *He couldn' t start the car.So he took a taxi.* interdiction *Scott couldn't go out that night.*
be able to/ be unable to	(in)capacité *Scott is (un)able to deal with that.*	(in)capacité dans situation définie *Scott was able to open the can.* capacité passée repérée par rapport au présent ou autre moment repère (*since ...*) *He has been unable to walk since the accident.*
be allowed to	permission/interdiction objective (ex : par rapport à un règlement) *Children are not allowed to run in this museum.*	permission/ interdiction *Children were allowed to run in this museum before.* *Scott wasn't allowed to go out* permission passée repérée par rapport au présent ou autre moment repère(since) *She hasn't been allowed to see him for two weeks.*
manage	réussite (souvent associé avec CAN ou WILL) *Scott can manage to live on his own.* *Don't worry, I'll manage.*	réussite *Scott finally managed to start up his car.*

3. **Am I allowed to move / Can I move this piece this way ?** Demande de permission dans le présent. Avec *be allowed to* le renvoi au règlement est explicite. Avec *can* on fait une simple de demande de possiblité.

4. **Jane can't have taken your bishop with her queen : she never moves her queen before the fifth move.** Quasi impossibilité d'événement passé.

5. **The public couldn't see much of the board from where they sat.** Incapacité de perception dans le passé.
6. **A chess contest can last for days.** Expression d'une propriété occasionnelle des tournois d'échecs.
7. **"The players are allowed to leave their seat during the game," the judge declared.** Permission objective (voir ph. 3). Le juge se réfère au règlement.
8. **Jane can/could beat him, although he is much older.** Avec *can*, c'est la capacité qui est mise en avant "*elle peut le faire, on le sait*". Avec *could*, on pose une possibilité hypothétique "*elle pourrait très bien le faire*", mais non vérifiée.

Corrigé de l'exercice 5.2.4

Cet exercice reprend le problème du bon emploi dans le passé de COULD ou de ses substituts. Généralement, on emploie l'auxiliaire modal à chaque fois que cela est possible, et les substituts ne sont employés que lorsque l'auxiliaire modal est impossible. Reportez-vous à l'aide-mémoire 1.

1. **He had been told not to turn back but he couldn't help it.** Incapacité, événement passé.
2. **I managed to escape just before the building collapsed.** Capacité réalisée dans le passé dans une situation précise, COULD est impossible.
   Dans la plupart des énoncés, on peut mettre soit MANAGE soit BE ABLE TO comme substitut de CAN. Notez quand même que MANAGE renvoie plutôt à la réussite, implique donc que des obstacles ont été surmontés, (ce qui n'est pas aussi marqué avec BE ABLE TO).
3. **I could run for hours when I was your age.** Propriété dans le passé.
4. **Why haven't you been able to fulfill your childhood dream ? Why have you been unable to… ?** Incapacité passée envisagée en relation avec le présent : Pourquoi n'avez-vous jamais jusqu'à maintenant réalisé votre rêve ? Present perfect obligatoire.
5. **Thanks to a bank loan, Roberta was able to buy herself (a pair of) Reeboks.** Capacité réalisée dans une situation passée précise. Ici aussi (voir ph. 2) MANAGE est possible.
6. **I couldn't smoke at home, although I was the one who paid the rent.** Interdiction, situation passée précise. COULD est possible à cause de la négation. TO BE ALLOWED TO ou TO BE PERMITTED TO qui expriment une permission ou une interdiction plus objective (un réglement) sont aussi possibles.
7. **From the entrance hall, he could see all the living room / the whole living room.** Perception, situation passée précise.
8. **After being held in custody for twenty-four hours, I was finally allowed to call my wife.** Permission réalisée dans une situation précise du passé. COULD impossible.

Niveau 2

A ce niveau, pour chaque ensemble à traduire, vous devez avoir distingué 2 cas d'expression de la capacité.

1. **He didn't look like a man who could fight against Moose Malloy. But all the same he had been able to fight alone against Mice New without too much damage.** Capacité dans le passé. Il faut distinguer la capacité *non-réalisée* exprimée par COULD dans le premier énoncé (propriété), de la capacité *réalisée* exprimée par HAD BEEN ABLE TO dans le second.
2. **In spite of his old age, he managed to swim across the river. To think that he couldn't even swim when he was 70 !** Capacité dans le passé. Dans le premier énoncé il s'agit d'une capacité réalisée dans une situation passée précise, alors que dans le deuxième, il s'agit d'une incapacité à valeur de propriété.

161

3. **Ever since he had broken his leg in 1950, he had been unable to run. As a matter of fact, when I met him in 1970, he could hardly walk normally.** Capacités dans le passé équivalant à des propriétés. Dans le premier énoncé seulement, la subordonnée *since he had broken ...* implique une forme verbale au parfait dans la proposition principale, d'où le recours au substitut HAD BEEN UNABLE TO. Ici MANAGE n'est pas possible, car on ne peut l'employer que pour un événement unique. Or, il s'agit d'une propriété.

4. **When we were at grandma's, we could read far into the night. But once we were back at the boarding school, we were only allowed to read until 8:30.** Permission passée à valeur de propriété. Il faut distinguer une permission implicitement subjective (la bonne volonté de la grand-mère) d'une permission de règlement plus adroitement exprimée par le substitut BE ALLOWED TO.

Corrigé de l'exercice 5.2.5

Les deux auxiliaires modaux MAY et CAN et leur forme prétérit peuvent exprimer la possibilité. Mais leurs emplois sont contraints selon des paramètres différents et il est finalement peu fréquent d'avoir plusieurs possibilités pour exprimer une même estimation. Voici un petit tableau pour vous rappeler les valeurs des auxiliaires modaux MAY et CAN et leur formes preterit.

	modalité du sujet	modalité de l'événement
plan réel	CAN	MAY
plan fictif/hypothétique	COULD	MIGHT

Le corrigé est constitué de deux parties. On a regroupé les phrases selon leur référence au présent ou au passé.

A. référence au présent

3. **A pregnant woman may feel like eating that junk food.** La probabilité dans les phrases affirmatives positives ne peut pas être exprimée par CAN : *A pregnant woman can feel...* renverrait à une propriété occasionnelle. COULD et MIGHT sont possibles mais exprimeraient une probabilité sur un plan hypothétique.

4. **Brad Pitt couldn't have met James Dean, and he COULDN'T BE his son either. He is too young.** Pour exprimer l'incapacité dans le présent, on peut en théorie utiliser CAN'T ou COULDN'T. Avec COULDN'T par rapport à CAN'T on se place sur un plan hypothétique qui correspond très souvent au conditionnel en français. (voir ph. 12 dans B. événement passé).

5. **This child looks young. He can't be over 5 years old.** L'improbabilité ou quasi impossibilité est exprimée par CAN'T.

7. **Suzy might be Jean's elder sister after all.** Le fait que dans cet énoncé on ait *after all* implique que c'est l'évaluation et son hypothétique probabilité qui sont mises en avant. Comparez avec l'énoncé *She could be Jean's older sister* où l'énonciateur met en avant une propriété du sujet : SUZY a la capacité (par exemple physique) d'être la sœur de Jean. D'ailleurs on pourrait très bien dire ça d'une fille qui, sans être la sœur de Jean, lui ressemble.

10. **It can't (a) be Jane's car. It's a man's car. But the red car could (b) be her car.** a) quasi impossibilité b) contrairement à ce qu'on a vu en ph. 7, ici c'est la propriété de la voiture qui est mise en avant : c'est parce que la voiture est rouge, qu'elle peut logiquement être à Jane. MIGHT n'est pas exclu ici, et renverrait à une simple hypothèse.

12. **What can he be doing ? We've been waiting half an hour for him.** Dans les questions, MAY épistémique n'est jamais employé (archaïsme). Voir aide-mémoire 1.

B. référence au passé
1. **He may have fallen off his horse.** En français la double négation *pas impossible que X ne soit pas* n'est pas traduisible littéralement et se traduit par une tournure positive. CAN est impossible (cf. aide-mémoire 1).
2. **He may not have been able to resist the temptation.** Equipossibilité. *He can't have ...* = quasi impossibilité. Expression de la capacité par le biais du substitut de modal. Jamais deux auxiliaires modaux à la suite dans le même groupe verbal !
4. **Brad Pitt COULDN'T HAVE MET James Dean, and he couldn't be his son either. He is too young.** Pour exprimer la certitude que le sujet n'était pas en mesure de faire l'action, on peut théoriquement avoir recours à CAN'T ou à COULDN'T. Avec COULDN'T par rapport à CAN'T on se place sur un plan hypothétique qui correspond très souvent au conditionnel en français. Comparez les énoncés suivants et leur glose :
He can't have done that → D'après ce que je sais du sujet, il est inconcevable qu'il ait fait cela.
He couldn't have done that → Même en imaginant toutes les situations, il aurait été incapable de faire cela.
6. **In another life, she may/ might /could have been a retriever, who knows ?** MIGHT et COULD renvoient à une possibilité hypothétique.
8. **She can't have left alone with all the money.** Incapacité logique. COULDN'T exprimerait une incapacité passée dans le cadre d'une condition (*elle n'aurait pas pu même si...*) ou sur le plan fictif (*il serait impossible qu'elle ait fait cela*).
9. **The burglar may (a) have escaped over the rooftops. But we may (b) never find out.** a) Hypothèse sur un événement passé. COULD/MIGHT+ infinitif parfait correspondraient plutôt à "*il se pourrait que...*". b) Hypothèse sur un événement à venir. MIGHT est possible. COULD impossible.
11. **Could she have been right ?** Dans les phrases interrogatives, MAY épistémique est impossible.

Corrigé de l'exercice 5.2.6

En cas de doute, reportez-vous aux aide-mémoire ou aux corrigés des exercices précédents.

1. **Could you please give me my pyjamas ?** Demande polie d'aide. On peut aussi envisager WOULD. CAN n'est pas une bonne traduction en raison du conditionnel français.
2. **The suspect wasn't allowed to speak to his wife according to order number 96.1388.** Interdiction liée à un règlement.
3. **You were lucky : you could have cut your hand.** Irréel du passé. Dans ce contexte, on peut aussi avoir MIGHT.
4. **I think that his parents might have told him about it all the same.** Reproche atténué (par comparaison avec SHOULD).
5. **A jealous husband can (a) be very mean sometimes, but I have never been able to (b) resist a moderately presentable woman.** a) Propriété occasionnelle de tout mari jaloux. b) Incapacité envisagée comme débutant dans le passé et toujours valable dans le présent (cf. *never*).
6. **She can't see a thing without her glasses.** Incapacité dans le présent.
7. **She could have come if she had really wanted to.** Irréel du passé. Capacité non-réalisée.
8. **His wife may have gone to Old Irma's.** Equipossibilité, événement passé.
9. **May I sit by your side ?** Demande de permission polie. MAY par rapport à CAN souligne que la personne interrogée est vraiment l'autorité.
10. **He may have been (a) a great cyclist, but he never succeeded (b) in winning the Tour de France.** a) Concession sur un événement passé. b) Incapacité dans le passé. BE ABLE TO et MANAGE TO sont possibles.

AIDE-MÉMOIRE 2
L'EXPRESSION DE LA FAIBLE PROBABILITÉ (POSSIBILITÉ)

auxiliaire modal	référence au présent	référence au passé
can	négation *She can't be her mother.* interrogation *Can she be her mother ?* pas dans les phrases affirmatives positives *She ~~*can be her mother~~* Mais *She may be her mother.*	toujours avec une négation, et suivi de l'infinitif perfect *She can't have done that* (quasi impossibilité logique) Pas dans les phrases affirmatives positives *She ~~*can have done that~~* Mais *She may have done that* (probabilité)
could	possible dans tous les types de phrases y compris affirmatives positives. *She could be her mother* *She couldn't be her mother* *Could she be her mother ?* correspondance avec "pourrait"	dans les phrases interrogatives et négatives, suivi de l'infinitif perfect *Could she have done that ?* *She couldn't have done that.* (invraisemblance fondée sur les propriétés du sujet) dans les phrases positives suivi d'un infinitif perfect *She could have done that* On exprime plutôt un irréel du passé (on sait qu'elle ne l'a pas fait). Si on s'interroge sur la possibilité on emploiera MAY.
may /might	affirmatives positives *she may / might be her mother* négation *she may / might not be her mother* pas dans les questions *~~May she be her mother ?~~* Mais *Can she be her mother ?* *~~Might she be her mother ?~~* Mais *Could she be her mother ?*	affirmatives positives *she may / might have done that.* négation *she may /might not have done that.* Attention la tournure MIGHT+HAVE +-EN peut aussi selon les contextes exprimer un reproche *You might (not) have called me.* ou une hypothèse contrefactuelle. *He might have been killed (but he survived)* pas dans les questions *~~May she have done that ?~~* Mais *Could she have done that ?* *~~Might she have done that ?~~* Mais *Could she have done that ?*

Corrigé de l'exercice 5.2.7

1. **He may not have lent him his dictionary yet.**
2. **According to the rules, the boys are not allowed to set foot in the girls'playground.**
3. **Travelling by plane may be faster but it's also more expensive.** Concession, événement présent.
4. **Could she have planned the job alone?** CAN et MAY sont impossibles, voir aide-mémoire 2.
5. **He was very lucky : he might not have survived this accident.** Hypothèse sur le passé contraire aux faits. Attention à bien placer NOT. COULD est impossible ici, car il ne permet d'exprimer l'irréel du passé qu'à la forme affirmative : *he could have died*. Comparez avec *he couldn't have survived*, qui exprimerait ici l'impossible.
6. **Morgan may have been sincerely in love, but he stole all his father-in-law's money.** Concession, événement passé. MIGHT impossible.
7. **You might do something, don't you think?** Suggestion. COULD est aussi possible : *couldn't you do something?*
8. **The mayor might have told his fellow-citizens, what do you think?** AURAIT PU comme MIGHT HAVE-EN sont des formes ambiguës : elles expriment soit le doute, l'ignorance, soit le reproche. Ici, le contexte fait pencher l'interprétation vers le reproche, évocation d'une possibilité non réalisée.
9. **I might as well have stayed in bed.** Regret, irréel du passé. COULD impossible.
10. **The evidence given by the witnesses shows that the burglar may have been an American spy.** Equipossibilité. Attention! *evidence* = indénombrable, donc singulier.

5.3 Expression de l'obligation et du "très probable"

Corrigé de l'exercice 5.3.1

Reportez-vous :
— au paragraphe 5.1.1 dans la partie exercice pour une définition des modalités épistémiques et radicales.
— à l'introduction du corrigé du 5.2.1 pour en savoir plus sur les auxiliaires modaux et l'expression du temps.

1. **Mod. épistémique, forte probabilité, événement passé.** *La voiture de John a dû être volée.*
2. **Mod. radicale, interdiction, événement présent.** *Je t'interdis de regarder cette émission stupide.*
3. **Mod. radicale et épistémique, évaluation fondée sur les propriétés du sujet** (voir corrigé 5.1.1 ph.10), **événement présent.** *C'est impossible.*
4. **Mod. radicale, incitation, événement présent.** *Jane ferait mieux de partir maintenant.*
5. **Mod. épistémique, probabilité, événement présent.** *Normalement David devrait bien parler anglais : il a passé 2 ans en Grande-Bretagne.*

Corrigé de l'exercice 5.3.2

Si vous avez bien fait attention à l'énoncé de cet exercice, vous ne devez pas avoir employé HAVE TO qui n'est pas un auxiliaire de modalité mais un substitut.

1. **John needn't leave a message.** Mod. radicale, négation d'une obligation sur une action à venir. Glose "*ce n'est pas la peine que John laisse un message*".
2. **He must have been sleeping when the phone rang.** Mod. épistémique, quasi-certitude de la réalisation d'un événement passé, envisagé en déroulement par rapport au moment repère, d'où la forme BE+ –ING.
3. **You shouldn't have given Robert Redford my phone number.** Mod. radicale, événement passé, expression d'un reproche.
4. **As far as I know, he should have arrived earlier.** Mod. épistémique, événement passé, certitude relative.
5. **We needn't have left at once.** Mod. radicale, événement passé, négation d'une nécessité.
6. **You mustn't drink alcohol.** Mod. radicale, expression d'une interdiction.
7. **He can't have come back yet. His car isn't in front of his house.** CAN'T+ HAVE -EN exprime une impossibilité dans le passé. On trouve parfois MUST NOT en anglais américain.
8. **We needn't have locked the door, the room was empty.** Mod. radicale, événement passé, négation d'une nécessité. Comparez :
   We didn't have to lock the door → *ce n'était pas nécessaire.*
   We needn't have locked→ *On l'a fait, mais je juge maintenant que ce n'était pas nécessaire.*

Corrigé de l'exercice 5.3.3

1. **must** : déduction, forte probabilité.
2. **can't** : invraisemblance liée à ce que l'on sait du sujet, presque certaine pour l'énonciateur. MUST NOT est impossible.
3. **had to** : obligation extérieure, sans prise en compte de la volonté de l'énonciateur. MUST possible au discours indirect mais impliquerait, ce qui n'est pas le cas dans ce contexte, que l'énonciateur prend en charge l'obligation.
4. **must** : quasi-certitude de l'énonciateur. SHOULD est possible, mais exprimerait une certitude moins forte. Comparez : *You must certainly know that...* et *You should know, I guess, that...*
5. **a) can't, b) should** : certitude relative de l'énonciateur (cf. *If I remember well*). MUST est aussi possible.
6. **should** : obligation atténuée dans les propositions subordonnées de but. MUST est impossible. MIGHT serait possible, mais il ne fait pas partie des choix possibles dans l'énoncé de l'exercice !
7. **had to** : obligation dans le passé. MUST impossible.
8. **can't** (voir ph. 2). COULDN'T serait possible, mais ne fait partie des choix.

Corrigé de l'exercice 5.3.4

1. **He shouldn't have sneezed during the performance.** Expression du reproche d'une action réalisée passée. On pourrait aussi avoir MIGHT, qui aurait une valeur plus ironique.
2. **Do you hear those screams ? The neighbours must be fighting again.** Attention à l'aspect de l'infinitif : ici action présente en cours, donc BE+-ING.

3. **I haven't had to see a doctor for years.** Absence de nécessité repérée dans le passé et encore valable dans le présent, d'où le perfect.

4. **I should think that they won't arrive before tonight** OU **They shouldn't arrive before tonight.** En anglais, avec les verbes d'opinion à la première personne du singulier, on emploie SHOULD (ou WOULD dans la langue plus courante) pour exprimer une condition. Attention, on ne peut pas avoir *I should think that they shouldn't arrive...*

5. **Pierre can't have called me : there aren't any messages on my answering machine.** Invraisemblance renforcée par un indice explicité dans l'énoncé. SHOULD est impossible. MUST NOT n'est pas accepté par tous les anglophones.

6. **You shouldn't have chosen these trousers : they don't suit you.** Expression d'un reproche (voir ph. 1) Attention : *trousers* = indénombrable pluriel.

7. **I should think he'd better change his eating habits** OU **He must change his eating habits** OU **he should change his eating habits**. Voir ph. 4. Incompatibilité entre *I should think* qui exprime une prise de position réservée et la force de MUST, c'est pourquoi on préfère dans la première phrase exprimer la nécessité par HAD BETTER.

8. **He must have gone crazy.** Quasi-certitude sur un fait passé.

9. **At that time, Marylin had to find a producer clearsighted enough to help her.** Nécessité dans le passé. MUST et SHOULD sont impossibles.

10. **Robert the Mouse can't have fled/escaped through this window : it's much too high.** Voir ph. 5.

Corrigé de l'exercice 5.3.5

1. **He must have had an accomplice among the guards.** Voir 5.3.4, ph. 8.

2. **The parents don't have to accompany their children to the performance.** Non-obligation objective. NEEDN'T impliquerait que l'énonciateur est celui qui fixe la règle, ce qui semble peut-être moins probable ici.

3. **You mustn't damage my book.**

4. **They told me firmly I mustn't go out**. MUST ne s'emploie pas pour exprimer un passé, sauf dans le cas du discours indirect. "You must leave" → she said I must leave.

5. **As you must (a) know, she couldn't (b) have stolen a jewel in Paris since she was staying in Athens.** (a) quasi-certitude de l'énonciateur. SHOULD correspondrait plutôt en français à ...*vous devriez*... (b) hypothèse de capacité logique invraisemblable. CAN'T exprimerait une incapacité logique, sans que l'on se situe sur le plan hypothétique comme c'est le cas dans l'énoncé initial français.

6. **I didn't have to fix him a snack. He managed on his own.** Non-obligation dans le passé. NEED est impossible avec ce sens. Comparez :
I needn't have done that (mais justement je l'ai fait)
I didn't have to do that (soit je l'ai fait, soit je ne l'ai pas fait). Voir 5.3.2 ph. 8.

7. **Jane must have been right when she said that he must have felt rejected**. Voir ph. 4.

8. **A car ought (a) to have gas, you should (b) know that.** Nécessité objective. MUST est envisageable mais exprimerait une subjectivité (*Selon moi, une voiture doit*...), or ici il s'agit d'un fait vrai pour tout le monde. (b) Voir ph. 5. Traduction de *tu devrais*...

9. **Thank you, that's very kind of you, but you needn't have taken all that trouble.** Non-obligation sur un fait passé réalisé (voir ph. 6). HAVE TO est possible : *you didn't have to take all that trouble.*

10. **The candidates had to introduce themselves in turn.** Nécessité dans le passé. MUST impossible.

AIDE-MÉMOIRE 3
EXPRESSION DE L'OBLIGATION ET DE L'INTERDICTION

Marqueur	référence au présent	référence au passé
must (aux.)	obligation venant de l'énonciateur *You must leave* interdiction *You mustn't leave*	Pas avec MUST (sauf au discours indirect : *he said I mustn't leave*.) Recours aux substituts *you were not supposed to…* *you were allowed to …*
have to	obligation objective *I have to go now* non-obligation *I don't have to go now*	obligation *He had to go* non-obligation *He didn't have to go*
should (aux.)	obligation subjective modérée, conseil *You should work harder* interdiction modérée, conseil *You shouldn't go now*	Pas d'obligation avec SHOULD. Comparez avec : *You should have left.* (*Should* + HAVE+ –EN permet d'exprimer un reproche.)
need (aux. modal à la forme nég. et interro.)	obligation subjective *Need I stay?* non-obligation *You needn't stay*	Non-obligation d'une action tout de même réalisée *You needn't have stayed* (*you stayed but now I think it was unnecessary*)
ought	obligation modérée, objective *You ought to tell your boss*	obligation modérée, objective *You ought to have told your boss* (cf. SHOULD)

5.4   Prétérit modal

Corrigé de l'exercice 5.4.1

Après le verbe WISH et IF ONLY on emploie le prétérit modal (ou le past perfect pour renvoyer à un événement passé) ou les auxiliaires COULD/WOULD selon les constituants du groupe verbal et le contexte. WISH suivi d'un preterit modal exprime un souhait envisagé comme irréalisable pour l'énonciateur, ce qui est particulièrement le cas quand le souhait est contraire à la réalité constatée. WISH suivi d'un past perfect modal exprime un regret sur un événement passé.

Après WISH dans la proposition complétive on trouvera :

— du prétérit/past perfect avec les auxiliaires (*were, had, did*) les verbes d'états et propriétés (*know, remember…*)

— COULD (mise en avant de la capacité)

— WOULD (mise en avant de la bonne volonté; on envisage un événement particulier dans l'avenir).

1. **I wish you would come to tomorrow's party!** On emploie *would* car *Come on, change your mind!* renvoie à l'idée de bonne volonté.
2. **I wish I could drive such a fast car…!** On emploie *could* parce que tout semble lié à une capacité de l'énonciateur.
3. **I wish you hadn't arrived so late last night!**
4. **I wish his handwriting were clearer.** Regret au sujet d'un fait présent. Dans la langue recherchée, on emploie la forme preterit (valeur d'irréel) *were* à toutes les personnes, ce qui équivaut à un subjonctif.
5. **I wish he knew how to tune that guitar.** Verbe renvoyant à une propriété, voir introduction du corrigé.
   On a aussi recours au prétérit et past perfect modaux dans les énoncés qui expriment des suppositions ou des hypothèses envisagées comme contraire à la réalité. C'est le cas par exemple avec *suppose* quand il est à l'impératif voir ph. 6, 7, 9. Veillez à bien comprendre le contexte pour différencier irréel du présent (supposition sur un événement présent ou à venir) et irréel du passé (supposition sur un événement repéré dans le passé).
6. **Suppose she had caught the train in time yesterday.**
7. **Suppose he (had) apologized, would you still be mad at him?**
8. **Your dog only licked my child's arm but suppose it had really bitten him.**
9. **Suppose I stopped answering your questions now.**
10. **It's quiet now, but suppose the baby was still crying.** L'expression de l'irréel du présent et l'aspect BE+-ING ne sont pas incompatibles. Ici, l'action irréelle est envisagée en cours de déroulement.

Corrigé de l'exercice 5.4.2

L'expression *I'd rather + proposition*, qui exprime la préférence par rapport au présent, à l'avenir ou au passé, se construit avec le prétérit ou le past perfect modal dans la proposition complétive. De même avec l'expression *It's (high) time* ou *it's about time* on utilise le preterit modal dans la proposition complétive.

1. **I'd rather he had come last night.**
2. **I'd rather she didn't sleep/ she wasn't sleeping** OU **It's time she woke up.**
3. **I'd rather he had given up smoking.**
4. **It's about time we left now.**
5. **It's time you made up your mind.**
6. **It's high time we called her.**

Corrigé de l'exercice 5.4.3

Dans cet exercice, sont rassemblés les contextes où l'on utilise le prétérit modal ou past perfect modal (voir les corrigés de 5.4.1 et 5.4.2). Attention aux verbes irréguliers.

1. **It's time you started working**
2. **I'd rather my son didn't ride /was not riding/ wouldn't ride on such a big horse. I'm so scared!**
3. **If only the bird had flown away in time, it would not have been shot dead.**
4. **It's high time he grew up a little bit.**
5. **Now that he has gone, it's too late, but still I wish I had known him better.**
6. **It was about time she woke up.**
7. **I wished he had called / would call me back immediately.** WISH au preterit exprime un regret passé sur un événement qui peut être ou non antérieur au regret.

8. **(a) I wish you had not shaken hands with him. (b) I wish you wouldn't shake hands with him.** (a) Regret portant sur un événement passé : *je regrette que tu lui aies serré la main.* (b) Souhait portant sur un événement à venir, lié à la bonne volonté du sujet : *j'aimerais que tu ne lui serres pas la main.*

Corrigé de l'exercice 5.4.4

Les expressions se contruisant avec le prétérit modal sont parfois en concurrence avec d'autres expressions qui ne nécessitent pas le prétérit modal. Selon le contexte, un anglophone préfèrera utiliser l'une ou l'autre.

1. **I'd rather you made progress in French.** Expression d'une préférence par rapport à un fait présent.
2. **He wants you to come alone.** Expression d'une volonté. Ne pas employer WISH qui exprime un souhait hypothétique : *he wishes you would come alone = il aimerait mieux que tu viennes seul.*
3. **It's (high)/about time he wound up this clock.** L'expression *It's (high) time + prétérit modal* peut aussi se contruire avec un infinitif sans mention de personne *It's time to wind up the clock* ou avec mention de personne *It's time for him to wind up his clock.*
4. **If only you did .../ I wish you would do your homework on your own!** Expression d'un regret dans le présent sur un fait présent ou futur.
5. **I wish I had known Henry better.** Expression d'un regret présent sur un fait passé. On peut aussi avoir recours à l'expression FEEL SORRY, *Now I feel sorry I didn't get to know him better.* Le verbe REGRET n'est pas envisageable ici, car il implique que l'action regrettée a de lourdes conséquences dans le présent, ce qui n'est pas le cas dans ce contexte.
6. **He'd rather we sang with him.** Voir ph. 1.
7. **The superintendent wants you to stop your investigation.** On emploie WANT et non WISH quand le souhait est très réaliste : ici, le commissaire est en mesure de faire exécuter son souhait qui est un fait un ordre atténué. WISH est utilisé quand la réalisation du souhait est peu probable et ne dépend pas de la personne qui s'exprime. Enfin WOULD LIKE, qui correspond à un WANT plus poli, est aussi possible ici.
8. **It's time to leave !** Voir ph. 3.

5.5 Expression de la condition

Corrigé de l'exercice 5.5.1

Dans cet exercice on trouve les trois types de subordonnées de condition. Voir aide-mémoire 4.

1) hypothèse envisagée comme réalisable : ph. 3.
2) hypothèse envisagée comme fictive : ph. 1, 2, 5.
3) hypothèse irréelle : ph. 4, 6.

Les associations vont se faire en fonction de ces types d'hypothèses et des valeurs modales et temporelles exprimées dans les propositions principales.

a. There would have been no wedding = conséquence dans le passé.
b. She would already be dead = conséquence dans le présent incompatible avec événement à venir à cause de *already.*

Les modaux

c. He would kill her without a second's thought = référence à l'avenir, plan fictif.
d. She will be in trouble = référence à l'avenir, réalisable.

On a donc les combinaisons suivantes :

1) véritable hypothèse + référence à l'avenir : **3.d**
2) hypothèse fictive + conséquence dans le présent ou l'avenir : **2.b/2.c**
3) hypothèse fictive (événement à venir) + conséquence dans le futur : **1.c/5.c**
4) hypothèse irréelle (événement passé) + conséquence dans le passé : **4.a/6.a**
5) hypothèse irréelle (événement passé) + conséquence dans le présent : **4.b/6.b**

AIDE-MÉMOIRE 4
EXPRESSION DE LA CONDITION

Il y a deux types de subordonnées de condition. Celles qui expriment des conditions irréelles ou improbables et celles qui expriment des conditions qui ont a priori autant de chances de se réaliser que de ne pas se réaliser. Dans le premier cas, on emploiera des marqueurs d'irréel dans la proposition subordonnée (prétérit modal, past perfect...) et dans la proposition principale WOULD, COULD, MIGHT.

If my car was red,   *I wouldn't lose it every time I park somewhere.*
[prop. subordonnée]   [proposition principale]

Dans le second cas, on aura recours aux marqueurs au présent (WILL, présent simple...).

In case you win, you'll have to compete in the final challenge.

condition	proposition subordonnée hypothétique	proposition principale (conséquence)
envisagée comme réalisable dans le présent ou l'avenir	temps = présent *If I leave now...* *If I see him tomorrow...*	modal = WILL *...I will catch the train* *...I will tell him about it*
envisagée comme fictive par rapport au présent ou à l'avenir	temps = prétérit (modal) *If I left now...* *If I saw him tomorrow...*	modal = WOULD *... I would catch the train* *... I would tell him about it*
envisagée comme irréelle (contraire aux faits) par rapport au passé	temps = past perfect *If I had left earlier...*	Modal = WOULD + HAVE+ -EN *...I would have caught the train.*

Corrigé de l'exercice 5.5.2

Reportez-vous à la méthode développée en 5.5.1.

Série A
1. **If the minister had told the truth (IRREEL PASSE)**
   a. he wouldn't be in jail.
   b. he wouldn't have been sent to jail.
   c. he might have become Prime Minister.
2. **If the minister told the truth (IRREEL PRESENT)**
   d. he wouldn't be sent to jail.

Série B

a. et f. qui expriment l'obligation avec SHOULD ne peuvent être associées à des subordonnées de condition car SHOULD n'exprime jamais la conséquence d'une condition.

1. **If they built the new motorway (IRREEL PRESENT)**
   b. we would move to the country.
   c. we would have to move to the country.
2. **If they had built the new motorway (IRREEL PASSE)**
   d. we would have moved to the country.
   e. we would have had to move to the country.

Expression d'une condition sur une obligation. Attention, SHOULD impossible.

Série C

1. **Sir Alan would be an MP (IRREEL PRESENT)**
   b. if he had chosen to stand.
   d. if he weren't such a bad public speaker.
   c. if he chose to stand.
2. **Sir Alan would have been elected (IRREEL PASSE)**
   b. if he had chosen to stand.
   d. if he weren't such a bad public speaker.

Expression d'une propriété.

3. **Sir Alan will be elected (VERITABLE HYPOTHESE)**
   a. if he chooses to stand.

Corrigé de l'exercice 5.5.3

Les emplois de SHOULD dans la proposition principale à la première personne sont rares et pratiquement limités à une langue recherchée (voir ph. 2, 8) car SHOULD n'exprime jamais la conséquence d'une véritable condition (contrairement à WOULD). Par contre SHOULD est plus fréquent pour exprimer l'irréel dans les subordonnées hypothétiques.

1. **In case you SHOULD (a) be accepted, you WOULD/WILL (b) have to return this application form before July 10.** a) Dans les propositions hypothétiques on peut exprimer un fort degré de doute en employant SHOULD. b) Lorsque l'hypothèse exprimée est irréelle ou peu probable, comme c'est le cas ici, on emploie plutôt WOULD + infinitif présent dans la proposition principale mais WILL est aussi possible. Impossible d'avoir MUST ou SHOULD ici car ils n'ont ni l'un ni l'autre valeur de condition (hypothèse d'obligation). D'où le recours au substitut HAVE TO.
2. **I SHOULD/WOULD (a) say you WOULD (b) have looked nicer in another outfit.** a) Dans la langue recherchée, avec un sujet à la première personne, on peut trouver SHOULD devant les verbes qui introduisent un avis ou une appréciation. Dans la langue courante, c'est plutôt WOULD qui apparaîtra devant ce type de verbes. Il s'agit d'un emploi exprimant une condition, puisque qu'implicitement cela signifie *If you asked me, I would/should say that...* b) Condition irréelle puisque dans le passé cela s'est passé autrement. Donc WOULD prétérit modal de WILL dans la proposition subordonnée.
3. **SHOULD (a) there be any problem, you WILL/WOULD (b) have to refer it to your immediate superior.** a) Voir ph. 1. Notez que dans une langue très recherchée, on peut exprimer une condition irréelle ou peu probable par l'inversion AUX-SUJET. b) WILL, domaine du réalisable ou WOULD, plan fictif (voir ph. 1.b).
4. **Unless it stops snowing this morning, tomorrow's football match WILL have to be put off.** Véritable hypothèse, avec autant de chances pour qu'elle se réalise que pour qu'elle ne se réalise pas. La subordonnée de condition n'implique donc pas une conséquence fictive (voir aide-mémoire 3) et on emploie WILL.

5. **Had I read the play before, I'm sure I WOULD have been very disappointed by the movie that has been made of it.** Expression d'un irréel du passé (il n'a pas lu la pièce avant) donc véritable hypothèse irréelle.
6. **If I SHOULD ask you to marry me, what WOULD you say ?** L'énonciateur prend des précautions et situe sa demande sur un plan hypothétique quasi irréel. Voir ph. 1.
7. **Provided President Clinton negociates with the members of the congress, he WILL be able to pursue a new policy.** Voir ph. 4.
8. **I SHOULD/WOULD be grateful for that if I were you.** Expression d'un irréel du présent. L'emploi de SHOULD n'est possible dans la principale qu'avec un sujet à la première personne : *~~You should be grateful if you were me~~.* Par opposition à WOULD, SHOULD permet de sous-entendre une contrainte. Comparez les gloses :
   I would be grateful… → Je serais reconnaissante
   I should be grateful… → Je ne pourrais qu'être reconnaissante

Corrigé de l'exercice 5.5.4

Dans cet exercice, on a un aperçu des différents emplois des auxiliaires modaux et du preterit pour l'expression d'une hypothèse par rapport au présent/futur ou au passé. Reportez-vous à l'aide-mémoire 3.

1. 3 SOLUTIONS : **The book WILL BE much better if it IS shorter. The book WOULD BE much better if it WAS / WERE shorter. The book WOULD HAVE BEEN much better if it HAD BEEN shorter.**
2. **If the author HAD WRITTEN this ten years ago, he WOULD HAVE BECOME famous.**
3. *a) spoken in April :* **If the manuscript IS ready by the end of June, the book WILL BE published for Christmas.***b) spoken in August :* **If the manuscript HAD BEEN ready by the end of June, the book WOULD HAVE BEEN published for Christmas.**
4. 3 SOLUTIONS : **The author WILL HAVE TO ALTER the ending if the publisher DOESN'T LIKE it. The author WOULD HAVE TO ALTER the ending if the publisher DIDN'T LIKE it. The author WOULD HAVE HAD TO ALTER the ending if the publisher HADN'T LIKED it.**
5. **The book MIGHT HAVE BEEN a success in the seventies, but not now.**
6. 3 SOLUTIONS : **The book MIGHT BE a success if the author APPEARS / APPEARED on TV. The book MIGHT HAVE BEEN a success if the author HAD APPEARED on TV.**
7. **You MIGHT HAVE TOLD me yesterday, I WOULD HAVE COME earlier.**
8. **She is a very good nurse, but she COULD HAVE BECOME a doctor if only her parents HAD SENT her to university.**
9. **At the end of that dinner last Saturday, I COULDN'T HAVE EATEN more, even if I HAD TRIED.**
10. **Since you KNEW that the book was good, you SHOULD HAVE BOUGHT it.** Il s'agit d'un emploi de SHOULD qui n'est pas lié à une hypothèse (expression d'un reproche). Rien à voir donc avec l'expression de la condition.

Corrigé de l'exercice 5.5.5

1. **If we had a bigger house, we would invite you to spend the holidays with us.** Hypothèse irréelle dans le présent (ils n'ont pas une maison plus grande) d'où l'emploi de WOULD + infinitif simple dans la proposition principale.
2. **If we had known that you enjoyed the countryside, we would have invited you.** Par rapport à la ph.1, on change de temps puisqu'on exprime une hypothèse dans le passé : past perfect dans la subordonnée de condition HAD KNOWN; WOULD + infinitif parfait dans la proposition principale.

3. **Would you have come with us if we had invited you?** Question : ne pas oublier de reproduire une structure de phrase interrogative en anglais. Du point de vue du conditionnel c'est un cas semblable à ph. 2 (irréel du passé).
4. **If you had been more careful, you would not have spilt ketchup on the table.** Irréel du passé (voir ph. 2, 3).
5. **I would gladly lend them money if I was/were sure that they would pay me back.** Hypothèse envisagée comme fictive dans le présent, c'est pourquoi dans la subordonnée de condition on emploie le prétérit modal : avec la première et troisième personne du singulier on emploie souvent WAS dans la langue familière à la place de WERE forme normalement unique de BE au preterit modal.
6. **If I had known you were coming tonight, I would have done the washing-up.** Irréel du passé (voir explication ph. 2).
7. **If you had done the dishes last night, you wouldn't have to do it this morning.** Hypothèse dans le passé (past perfect modal) et qui a des conséquence dans le présent (WOULD + infinitif simple). MUST, auxiliaire présent, et SHOULD sont impossibles car ils n'expriment pas une obligation qui dépend d'une condition.
8. **If the entrance door had been locked, I would have had to get in through the window.** Hypothèse irréelle dans le passé (past perfect modal), et conséquences de l'ordre de l'obligation envisagées dans le passé (WOULD + infinitif passé). A nouveau, seul le substitut HAVE TO peut ici exprimer l'obligation (voir ph. 7).

Corrigé de l'exercice 5.5.6

1. **I would have liked to offer you whisky but my brother drank it all** OU **I wish I could have offered ...**
2. **I would be delighted if it suited you.**
3. **If everything has gone alright in the first leg** (étape dans une course), **the second should seem easy.** Hypothèse envisagée comme validable dans l'avenir. Dans la principale, l'auxiliaire modal SHOULD a une valeur épistémique, et exprime une quasi-certitude de la part de l'énonciateur.
4. **A member of the government is believed to have led secret negociations with the terrorists.** Le conditionnel est employé en français pour donner une information qui n'est pas encore sûre ou officielle. En anglais on ne peut employer dans ce cas un marqueur de condition. On a recours à la forme passive des verbes BELIEVE ou RUMOUR ou SAY.
5. **I should / would think it's day-light robbery!** Emploi de WOULD avec les verbes d'opinion pour exprimer un conditionnel. SHOULD est possible et correspond à une langue plus recherchée.
6. **How nice it would be to ski on real snow!** Attention à bien reproduire la structure d'une phrase exclamative sans dislocation du sujet en anglais (contrairement à ce qui ce passe dans l'énoncé français). Hypothèse irréelle sur un événement présent.
7. **The star is believed to be staying in a Swiss rest home at the moment.** Voir ph. 4.
8. **His mother would have been happy if he had stopped riding a motorbike sooner.**

5.6 La traduction du futur

Corrigé de l'exercice 5.6.1

1. **Whatever the calculator, one plus one WILL be two.** Dans les énoncés dans lesquels ce qui est représenté est atemporel, WILL permet d'exprimer une caractéristique. WILL

marque en fait que quelles que soient les situations futures envisagées, on prévoit que la propriété sera inchangée.

2. **Suzy WON'T talk to him.** Avec une négation, WILL peut exprimer un refus. Notez que sans la négation, on aurait l'expression d'une projection dans l'avenir : *Suzy will talk to him.*

3. **WILL you marry me ?** Dans les interrogations sans repérage temporel, où le locuteur s'adresse au co-locuteur, WILL prend une valeur de bonne volonté, sans que la valeur de projection dans l'avenir disparaisse totalement.

4. **SHALL I do the washing up ?** On emploie SHALL dans les phrases interrogatives qui sont en fait des suggestions (offre d'aide, proposition d'activité...) en attente d'être approuvées par le co-locuteur. La principale valeur de SHALL est la non-autonomie du sujet (ici, *I*) ce dernier se sentant dépendant (ici, dépendant du bon vouloir du co-locuteur).

5. **Strange things WILL happen in haunted houses.** Voir ph.1.

6. **I WAS GOING TO take my umbrella, but the rain has just stopped.** On emploie BE GOING TO pour exprimer un événement à venir qui a été décidé et/ou vers lequel on tend déjà. Dans cet énoncé, on a BE GOING TO au prétérit : la décision qui avait été prise de se munir d'un parapluie, a été révisée, elle est révolue.

7. **Suzy IS GOING TO get everything settled.** Voir ph.6. Expression d'un événement projeté en cours d'aboutissement, cette fois-ci dans le présent.

8. **Betray me once and I'LL kill you.** Un événement en déclenche un autre (si tu fais ça, je te fais ça). Impossible d'avoir BE GOING TO.

9. **WILL you come with me or what ?** WILL dans ce contexte interrogatif exprime une bonne volonté. Le locuteur interroge le co-locuteur sur ce qu'il est prêt à faire : *Tu es d'accord pour venir avec moi ou quoi ?* Il faut distinguer WANT de WILL : *Do you want to come with me ?*, où on a l'expression de la volonté, qui se glose : *tu veux venir avec moi ?*

10. **The doctor WAS GOING TO leave the operating room when he realized he had left his glasses somewhere.** Voir ph. 6.

Corrigé de l'exercice 5.6.2

Reportez-vous aussi au chapitre 4.

1. **Tomorrow I leave Istanbul. I fly to Paris./ Tomorrow I'm leaving Istanbul. I'm flying to Paris.** Quand il y a un repère temporel futur, le présent simple ou en BE+-ING peut être employé pour renvoyer à des événements envisagés comme programmés dans l'avenir. La forme en BE+-ING par rapport à la forme simple implique une intention du sujet.
Tomorrow I leave Istanbul (c'est un fait programmé).
Tomorrow I'm leaving Istanbul (fait programmé + intention du sujet).

2. **Eve is not having her sister-in-law in her house during the vacation.** Ici la valeur modale de BE+-ING est particulièrement accentuée à cause de la négation.

3. **When are you moving out ?** Ici, on considère le déménagement comme déjà programmé par le co-locuteur.

4. **Can/do you believe this ? Jane is getting married !** Pas de BE+-ING avec *believe*. Par opposition, dans la deuxième phrase, l'expression de l'avenir au présent + BE+-ING, est obligatoire : un événement a été décidé et projeté par le sujet. On remarque ici l'absence de repère temporel futur, qui dans ce contexte avec GET n'empêche pas l'interprétation future.

5. **Run for a change ! Don't you know we are in a hurry ? The train leaves at 6 o'clock sharp.** Généralement quand on se réfère à des horaires ou emplois du temps, on emploie le présent simple.

6. **I can't. I'm dining out tonight. But we are seeing each other tomorrow, aren't we ?** Evénements envisagés comme déjà prévus et certains.

AIDE-MÉMOIRE 5
EMPLOI DE WILL, SHALL, BE GOING TO

WILL :

— quand on prend une décision
— *Don't get wet – All right, I will take my umbrella.*
— dans les énoncés qui expriment des généralités. C'est une contrainte particulièrement importante dans le cadre de la traduction français → anglais.
Cette nouvelle formule de vacances va séduire les jeunes.
→ *This new vacation option will appeal to the young.*
— Quand l'événement à venir est envisagé dans une relation de conséquence avec un autre événement.
He has been drinking too much. He will soon be sick.
— quand la bonne volonté du sujet doit être prise en compte.
Ok, I'll come with you.

BE GOING TO :

— quand l'événement visé est déjà en cours de réalisation (et on en a des indices)
She is going to have a baby.
— quand l'événement exprimé a déjà été décidé par le sujet
Everything has been settled. I'm going to work for my Dad.

SHALL :

L'auxiliaire SHALL est de moins en moins employé dans la langue courante, sauf dans les questions dans lesquelles on demande l'opinion du co-locuteur et dans les tags des impératifs en LET'S.

— dans les questions, quand c'est la volonté du co-locuteur qui compte.
Shall we dance ?
— dans les questions, quand on a recours aux conseils du co-locuteur.
Tell me, what shall I do ? Shall I leave ?
(*Should* est aussi possible dans ce contexte)

Watch out !
Dans les propositions subordonnées de temps et de condition (+ certaines propositions relatives), on n'exprime jamais le renvoi à l'avenir. Donc pas de WILL, pas de SHALL pas de BE GOING TO mais du présent simple ou perfect

When I fall in love, it will be forever. (M. Monroe)
Call me when she has left.

Corrigé de l'exercice 5.6.3

1. **I have put my track suit on because I AM GOING TO PLAY / I'M PLAYING tennis with Tom.** La décision portant sur l'événement visé est antérieure au moment de l'énonciation (puisqu'il s'est déjà habillé). WILL impossible.

2. **Please don't call me Auntie, WILL you ?** L'auxiliaire WILL peut être employé dans les reprises dans les impératifs à la deuxième personne. SHALL n'est employé que pour les impératifs en LET'S, c'est-à-dire pour les impératifs à la première personne du pluriel.

3. **You're right, it's drizzling, I WILL take my raincoat.** L'événement exprimé *I-take my raincoat* est envisagé comme décidé en conséquence de l'approbation *you're right*. Donc WILL.
4. **Stop bouncing the baby or she WILL throw up !** Il y a ici aussi un rapport de consécution entre les deux événements représentés.
5. **The doctor said she WAS/IS GOING TO have twins.** Manifestement, il s'agit d'un processus enclenché. WILL impliquerait que le docteur en question est un charlatan qui lit dans la main et non sur les échographies. Dans le cas du discours indirect, la concordance des temps se fait en fonction du temps de la principale (ici, prétérit cf. *said*). Mais lorsque l'énoncé au discours indirect rapporte quelque chose qui est toujours valide, alors le présent simple est aussi possible.
6. **When I Ø stop smoking that WILL mean I'm in the graveyard.** Dans les subordonnées temporelles, la projection dans l'avenir est exprimée par un présent en anglais. Dans la proposition principale, on a l'expression d'une projection sans relation avec le présent, donc BE GOING TO est impossible.
7. **For my birthday this year my father WILL give me whatever I Ø choose.** Dans la proposition principale *for my birthday* renvoie à un point de repère dans l'avenir. Dans certaines propositions relatives le renvoi à l'avenir est systématiquement exprimé par un présent simple. Il s'agit de propositions relatives qui sont en relation d'implication avec la proposition principale : *I choose sthg → he gives it to me*.
8. **Let's go shopping, SHALL we ?** Voir ph. 2.

Corrigé de l'exercice 5.6.4

1. **Everything has been settled, they are going to see / are seeing the doctor together next Monday.** L'événement visé est envisagé "comme si c'était fait" : la décision a été prise, le rendez-vous organisé.
2. **He has been running for hours : he will (a) be exhausted when he stops (b).**
   a) Relation de consécution entre un événement (*run*) et l'événement prévu (*be exhausted*), d'où l'emploi de WILL. Avec BE GOING TO on n'a plus la valeur cause/ conséquence.
   b) Pas de WILL pour exprimer la projection dans les propositions subordonnées temporelles.
3. **What shall we do to help you ?** Le locuteur fait une offre au co-locuteur, et la réalisation de cette offre va dépendre de la volonté du co-locuteur. WILL impossible, car cela renverrait à la volonté du locuteur.
4. **Don't move the victims. Anyway the police are going to arrive.** Voir ph.1. Ne pas oublier les propriétés du nom POLICE, qui est toujours pluriel. On aurait aussi pu avoir : *the police will be here any minute now*.
5. **I will have finished this work by tomorrow.** Quand on envisage l'événement à venir en fonction de son résultat, on emploie WILL + HAVE + –EN.
6. **If you will look out of the window you will see that you car is badly parked.** Dans les subordonnées de condition l'expression de la projection est marquée par un présent simple. *Si tu fais ça, tu vas tomber → If you do that, you'll hurt yourself.* Mais le WILL peut apparaître dans les subordonnées de condition ou de temps avec une valeur de bonne volonté et correspond dans ce contexte en français à *bien vouloir*.
7. **When you (a) are an adult, you (b) may have rights but first of all you (c) will have to be an example for the younger people.** (a) Voir ph.2.b, (b) La modalité épistémique est compatible avec l'expression de la projection : *you may be a great dancer once you have grown up*, (c) MUST impossible. Pour exprimer une obligation future on a recours à HAVE TO.
8. **As soon as Laura has passed all her exams, she will go and travel round the world.** Dans la proposition temporelle subordonnée on a l'expression d'un événement à venir envisagé en fonction de son résultat. Dans ce contexte WILL est impossible (voir ph.2), on utilisera seulement le present perfect.

Corrigé de l'exercice 5.6.5

Il s'agit d'énoncés dans l'ensemble plus littéraires, donc on pourra voir les contextes où SHALL serait aussi possible. Attention, ALLER+INF ne donne pas souvent un BE GOING TO, contrairement à ce qu'on pourrait croire (voir ph. 5, 6, 8).

1. **I'll have another glass of water / Please, give me...** Le futur en français a parfois une valeur d'ordre. Impossible en anglais dans un contexte injonctif de dire *YOU WILL give me.... Soit on traduit par un impératif, soit on reformule l'énoncé entièrement.

2. **You shan't have to complain about me anymore, I swear. I shall deserve the forgiveness you offer me.** Le locuteur s'engage vis-à-vis du co-locuteur. Dans ce cas, SHALL est plus adéquat que WILL quand il s'agit d'un texte littéraire.

3. **Ok, I'll look (a) after Juliette while you talk (b) to her sister. Try (c) not to play the fool.** (a) La décision est prise sur le moment. (b) Dans la subordonnée temporelle qui est introduite par WHILE pas de WILL/BE GOING TO. (c) Voir ph.1.

4. **I told my mother everything. She's (a) buying/ going to buy the boots for me. I (b) will/shall have them when I get back home.** (a) événement envisagé comme déjà fait, (b) expression d'une simple visée (sans sens secondaire de volonté). WILL et SHALL sont tous deux possibles, le dernier exprimant dans une langue plus recherchée un engagement solennel.

5. **All right, since you're friends of mine, I will tell you how it all went off.** Relation cause/conséquence, donc WILL.

6. **(a) Go and have a look around and we'll (b) see how you manage.** (a) pas d'injonction exprimée en anglais par BE GOING TO ou WILL (voir ph.1), (b) relation cause/ conséquence, donc WILL.

7. **One morning, Martin stayed in bed and declared that he wouldn't (a) go to school. "Oh yes you will (b)", said his mother. "And I will take you there personally."** (a) expression d'un refus au discours indirect. *I won't go to school* → *He said he wouldn't ...* On aurait pu aussi avoir *that he was not going to school*, avec prédominance de la valeur modale de BE+ING (expression d'un refus). (b) Dans le discours direct maintenant, reprise positive sujet+aux de l'énoncé au discours indirect qui précède.

8. **"I must go" "Wait, I'll give you a lift."** Voir ph.5. Selon le moyen de transport (!) on aurait pu avoir, *I'll walk you home*.

Corrigé de l'exercice 5.6.6

Dans cet exercice, se pose le problème de l'expression de l'avenir dans les circonstancielles de temps (cf. aide-mémoire 5). Attention aux concordances des temps dans les phrases au discours indirect. Si vous avez des hésitations, transformez d'abord la proposition complétive pour en faire du discours direct, par exemple :
1. "*I'll go and pay them a visit as soon as I have finished my dissertation*".

Puis à partir de la phrase obtenue, passez les verbes et auxiliaires qui étaient à la forme présent au prétérit, et les verbes qui étaient au prétérit au past perfect.

1. **He told them he would go and pay them a visit as soon as he had finished his dissertation.**

2. **I won't let you come in until you tell / have told me your age.**

3. **She knew that when he came in he would wake her up.**

4. **I promise I will think about you every time I go into the backyard/garden.**

5. **Once the washing cycle was finished, he mustn't forget to get the clothes out of the machine.** MUST est tout à fait possible dans le discours indirect, bien qu'il ne soit jamais utilisé ailleurs pour référer au passé.

Corrigé du test de sortie

1. My teacher told me I must do these exercises anyway.
2. My teacher is rumoured / said / believed to have made these exercises.
3. I may have to do these exercises for next week.
4. It's high time I started to do my exercises.
5. I may not have done all the exercises but I had understood the problem all the same.
6. You might / could have done my exercises!
7. He might not have done all the exercises.
8. You needn't have done all the exercises for today, but it doesn't matter.
9. We were not supposed to do all the exercises before learning the lesson.
10. Do we have to do the exercises?

CORRIGÉS DU CHAPITRE 6.
GROUPE NOMINAL ET DÉTERMINANTS

Corrigé du test d'entrée

1. The news is good. There hasn't been any damage/There's been no damage.
2. Princess Stephanie doesn't like white roses.
3. I hardly ever eat anything between breakfast and lunch.
4. He's a good friend of mine, but he's no good as a shrink.
5. Marcel has gone out without a hat! He'll catch the flu!
6. Four hundred nurses have signed this petition.
7. He has made so little progress that he won't get his master's degree this year.
8. Mr Dugenou's three sons are still alive.
9. He spends whole nights doing crosswords even though he has to wake up at six every morning.
10. Most astronomers never read their horoscopes.

6.1 Types de noms et déterminants

Corrigé de l'exercice 6.1.1

1. **In the Netherlands even children** (pluriel irrégulier de *child*) **ride bicycles.** Normalement les noms de pays ne sont pas déterminés, ex. *France, Spain.* Mais attention à *The Netherlands, The United States,* formés à partir de noms communs.
2. **You'll have to go through Customs** (toujours pluriel) **once you've reclaimed your luggage** (indénombrable singulier).
3. **Mathilda stepped on the scales** (GB) **/ scale** (US) **/ and chose a pair of tweezers. She was thinking of buying new pink tights / a new pair of pink tights / for her dancing lessons.** Les noms d'objets formés de deux parties identiques (comme ici *scales, tweezers* et *tights*) sont au pluriel et n'ont pas de singulier qui leur correspondent. Ils peuvent être dénombrés en utilisant *a pair of ..., N pairs of ...* si c'est nécessaire.
4. **There were hardly any passers-by at such a late / ungodly hour, and the crossroads was deserted.** Pour *passers-by,* c'est le nom qui porte la même marque du pluriel, pas la particule. Attention à *a crossroads,* qui porte la marque –s au singulier.

181

5. **Economic crises** (pl. de *a crisis*) **are cyclical.**
6. **The honest politician is an endangered species** (*a species*, pl. *species*) **/ is becoming extinct.**
7. **The government wants to enforce/implement a new series** (*a series*, pl. *series*) **of preventative measures.**
8. **He was looking for larvae** (pl. de *a larva*) **to use as bait.**
9. **Our hypotheses** (pl. de *a hypothesis*) **have been confirmed / proved beyond doubt.**
10. **Selection criteria/criterions** (pl. de *a criterion*) **have been abandoned.**
11. **Our math(s) teacher has assured us that economics is easy.** Les noms en –ics renvoyant à une science sont au singulier.
12. **The young Welshman** (attention, pas *the Welsh*, qui veut dire « les Gallois ») **lay / was lying / on a bed in the damp / dank / barracks.** (attention au singulier : *a barracks*).

Corrigé de l'exercice 6.1.2

« Why are you taking so much furniture? *Furniture* est un indénombrable, toujours au singulier. Dans la suite du texte, toutes les reprises doivent être au singulier (*it*). **Where are you going to put it? You haven't found any accommodation** (indénombrable) **in London yet, have you?** » Sigourney said. **« The problem is I can't leave it here. I'm moving next week** (pas d'article devant *next* et *last* quand on se repère à partir du présent. *The next week* = la semaine suivante, *the last week* = la dernière semaine, *the week before* = la semaine précédente). **So in the meantime, I'll leave it / store it / at my grandmother's »** (= *my grandmother's place*), **Richard answered. « She lives near the Thames and spends all her time looking for evidence** (indénombrable) **of her husband's murder / that her husband was murdered. She believes the police** (toujours accordé au pluriel) **have good reasons for hushing up / covering up / the case ».**

Corrigé de l'exercice 6.1.3

1. **What terrible / awful clothes.** Attention *clothes* est toujours au pluriel, et on ne peut pas le dénombrer (*two clothes). S'il est absolument nécessaire de dénombrer, on peut avoir recours à *an article of clothing*, mais le registre est plutôt technique, ce qui se justifierait chez un marchand de vêtements, par exemple. **How can anyone wear such ugly trousers.** *Trousers* est toujours au pluriel. On peut éventuellement avoir *such an ugly pair of trousers*, mais ce n'est pas une nécessité.
2. **I've always got two pairs of glasses with me, in case I should lose one.** Ici en revanche le dénombrement exige la structure *two pairs of …*
3. **This spaghetti** (indénombrable, accord singulier) **is much better than last week's.** Attention, pas **the one we had last week*. : les indénombrables ne peuvent pas être repris par *one*.
4. **He hasn't given me much advice.** Indénombrable donc *much*, pas *many*.
5. **The Japanese** (adjectif de nationalité, pas de marque de pluriel) **eat raw fish.** Il s'agit de l'aliment, indénombrable. Voir aussi ph. 8.
6. **The police** (toujours accord pluriel) **are looking for further evidence** (indénombrable), **what they already have isn't enough.**
7. **These trousers** (toujours pluriel) **don't fit me, I'll choose another pair.** Voir ph. 1.
8. **The old Chinese man** (*Chinaman* relève d'un emploi vieillot ou humoristique. Attention *The Chinese* = les Chinois dans leur ensemble.) **caught all sorts of fish/fishes.** Lorsqu'on renvoie à l'animal en tant que tel (et non en tant qu'aliment, voir ph. 5), deux formes de pluriel sont possibles : le pluriel invariant *fish*, et le pluriel régulier *fishes*.
9. **He has given me very little information** (indénombrable, donc *little* et non *few*).

10.   **Popeye's spinach** (indénombrable, accord singulier) **looks much better than the spinach on my plate / what's on my plate.** Pas ~~*the one that's on my plate*~~ : les indénombrables ne peuvent pas être repris par *one*.

11.   **My grandmother's furniture** (indénombrable, accord singulier) **is awful.**

12.   **Your luggage** (indénombrable, accord singulier et reprise en *it*) **is very heavy, you should leave it here.**

13.   **The latest news** (indénombrable, singulier) **from my aunt is bad.**

14.   **Your hair** (indénombrable, singulier et reprise en *it*) **is dirty. You can't have washed it yesterday !**

15.   **The damage** (indénombrable) **may not have been caused by lightning** (indénombrable). Attention *damages* = les dommages et intérêts.

Corrigé de l'exercice 6.1.4

« **Why are you taking so much luggage ?** (indénombrable, d'où *much*, et reprise par *it*) **Who's going to carry it ? Answer me, Madeleine !** » said Sylvia. « **Well I need 5 pairs of trousers (a), a dozen shirts (b) and three jumpers. And two dresses, some underwear, a pair of pyjamas… ».**

(a) *Trousers*, comme *pyjamas, tights, glasses, binoculars*, etc. est un nom d'objet composé de deux parties identiques et indissociables. Ces noms sont toujours au pluriel, et ne peuvent pas être quantifiés directement par *one, two, three*... On emploie *a/one pair of trousers, two, three pairs of trousers* quand on veut les quantifier, ce qui est le cas ici. Mais si on n'insiste pas sur la quantification, inutile d'employer *a pair of* : *my trousers are dirty*.

(b) Attention aussi à *dozen*, qui se construit comme *hundred, thousand, million* : *a dozen shirts, two dozen shirts*, et ne se met au pluriel que lorsque le nombre de douzaines n'est pas précisé : *dozens of shirts*.

« **Alright, alright. I suppose you're also taking your bathing suit, when everybody knows the weather** (attention *weather* est indénombrable, on n'a jamais ~~*a weather*~~) **is awful in November in those parts of Scotland !** » (attention aux noms propres, voir ex. 6.1.1, ph. 1).

Corrigé de l'exercice 6.1.5

Attention à la traduction de LE/LA + INDÉNOMBRABLE et de LES + DÉNOMBRABLE PLURIEL dans cet exercice. Si l'interprétation du groupe nominal est générique (phrases impaires), on aura l'article zéro. Si elle est spécifique (phrases paires), on aura l'article défini. Attention, les adjectifs (voir ph. 7 et 9) ne servent pas à construire une situation spécifique.

1.   **Ø Doctors are not Ø all quacks.**

2.   **THE elephants you see over there were born at the zoo.**

3.   **Ø Linguistics is easier than Ø maths/math (US).**

4.   **Aha ! Here's THE Hungarian wine I've heard so much about !**

5.   **Robert doesn't like Ø fish, but he loves Ø chips.**

6.   **All THE doctors I saw told me I wasn't ill.**

7.   **Ø African elephants have Ø big ears.**

8.   **I don't need THE evidence you've brought me, I know he's innocent.**

9.   **I like Ø Japanese cooking a lot, but I believe Ø Chinese cooking is even more varied.**

10.   **I've forgotten THE sandwiches and THE beer again !**

183

AIDE-MÉMOIRE 1
GÉNÉRIQUE ET SPÉCIFIQUE

L'interprétation du groupe nominal est spécifique quand on renvoie à une situation précise définie dans le temps. Elle est générique dans le cas contraire, quand on renvoie à une généralité valable tout le temps.

Les formes de spécifique :

dénombrables singulier	dénombrables pluriel	indénombrables
there's **a cat** outside	there are **ø cats /some cats** outside	there's **ø milk/some milk** in the fridge
the cat is outside	**the cats** are outside	**the milk** is in the fridge

Les formes de générique :

dénombrables singulier	dénombrables pluriel	indénombrables
a cat likes milk	**ø cats** like milk	**ø milk** is delicious
the cat likes milk	pas ~~the cats~~	pas ~~the milk~~

On peut observer un parallélisme entre les indénombrables et les dénombrables pluriel, pour les formes de spécifique aussi bien que de générique.

Corrigé de l'exercice 6.1.6

Ø Doctor Roberts (attention, pas d'article devant un nom propre, même précédé d'un titre : *Ø Queen Elizabeth, ø Professor Jones*) **isn't really A doctor** (ici il ne s'agit plus du titre, mais de la fonction. N'oubliez pas l'article indéfini devant les noms en position attribut du sujet), **and THE name he uses is actually A false one. His real name is Smith, and he's AN undercover agent** (attribut du sujet) **for THE CIA; Ø undercover agents always have to use Ø false identities. Ø Doctor Roberts now has A split personality; and with THE end of THE cold war, he might be out of A job soon !** *Job* étant dénombrable, il faut l'article indéfini ici. Mais avec *work*, indénombrable, on aurait *out of Ø work*.

Corrigé de l'exercice 6.1.7

Nobody's ever explained to me why there are two types of dandruff (*dandruff* est indénombrable, ici on distingue deux sortes de pellicules avec *two types of*), **greasy and dry. Fortunately I haven't got any. My hair's perfectly healthy, thank you** (*hair*, indénombrable, s'accorde au singulier). **But I'll have to ask my hairdresser about it one of these days. He's always very glad to give you a little advice** (*advice* est indénombrable, donc quantifié par *a little*) **on hair care** (*care*, indénombrable).

Corrigé de l'exercice 6.1.8

On trouve parfois l'article zéro devant des noms au singulier qui sont par ailleurs dénombrables. Dans ce cas on renvoie aux propriétés qui définissent le nom et pas à un objet particulier. C'est souvent le cas avec les noms de repas, de saisons, de bâtiments institutionnels (l'église, l'hôpital, la prison, etc.), et de moments de la journée. Mais attention, il n'y a rien de systématique, il faut les apprendre avec leur contexte.

1. **Breakfast is served in the hall.** Peu importe quel petit déjeuner.
2. **I wish he didn't/wouldn't go to church so often.** On renvoie aux propriétés de l'église en tant qu'institution, pas à un bâtiment particulier.
3. **He will be in bed now.** Il s'agit du lit en tant qu'endroit où l'on dort, pas en tant que meuble particulier. **He wakes up at dawn,** moment de la journée, comme *at night, at noon, at dusk,* **even on Sundays / on a Sunday.** Remarquez la différence avec le français. Si vous dites *on Sunday,* cela renvoie à un dimanche précis, dimanche dernier ou dimanche prochain.
4. **Many Swiss people** (mais pas ~~many Swiss~~) **go skiing in winter.** C'est l'hiver en tant que tel, mais on pourrait aussi avoir *in the winter.*
5. **He left school** (peu importe quelle école, c'est la scolarité qui est en jeu) **at the age of 14.**
6. **This time I came by bicycle / on my bicycle, but next time I'll walk/go on foot.**
7. **I have bright ideas at night / during the night.**
8. **Don't forget to wash your hands before lunch.**
9. **He came back to town last week.** Attention, on dit *in town*, mais *in the city, in the country.*
10. **We have to learn chapter 5, from page 32 to page 45 / pages 32 to 45, for next week. There's a test on Wednesday.** Il s'agit de ce mercredi précis. Si on voulait dire « le mercredi » : *on Wednesdays.*
11. **She had to go back to hospital because her feet still hurt.**
12. **Don't forget to do the dishes/do the washing up after breakfast.**
13. **I'm not afraid during the day/in the daytime, but I'm a bit nervous at nightfall.**

Corrigé de l'exercice 6.1.9

« **If this is what you call progress** (indénombrable), **then we don't agree at all** », **old Professor Mouchot said to his son.** « **I've told you a hundred times** (apprenez à compter : *a hundred times, two hundred times*, et *hundreds of times*) **that adjectives** (générique, pas d'article défini) **don't take the plural form in English !** ». « **They don't ? It's the first time I've heard such a thing** »(attention à la place de *such*, avant l'article indéfini), **Alphonse answered.** « **Don't try to make a fool of me, or I'll call your mother, and she'll make you put on your pyjamas** (toujours pluriel, voir ex. 6.1.4) **and go to bed** » (pas de déterminant, voir ex. 6.1.8.).

Corrigé de l'exercice 6.1.10

Dans cet exercice, il faut faire particulièrement attention à ne pas calquer les emplois des déterminants sur ceux du français. Apprenez ces emplois avec leur contexte.

1. **Have you been crying ? You have A red nose and Ø puffy eyes.** Attention, pas *the nose, the eyes* ici.
2. **He was disapproved of by Ø U.S. diplomats as Ø Secretary-General** (il s'agit d'une fonction unique, donc Ø) **of THE United Nations, but as A person he was appreciated by all** (ce n'est pas un rôle unique, donc A).
3. **Do what Brenda tells you. She has AN eye for A bargain.** Dans le même genre, on dit *to have a (good) sense of humour,* pour « avoir le sens de l'humour ».

4. **When he found out he could have paid one dollar A pound for his tomatoes, he walked around with A pale face for weeks.** Emploi distributif de *A* : comme *50 miles an hour*, par exemple. L'emploi de *per* est perçu comme très soigné.
5. **Ø Weather permitting, the meeting will be held outside. Still, I wouldn't dream of going out without AN umbrella. I'm already running A temperature.** Attention, contrairement à ce qui se passe en français (avec un parapluie, sans Ø parapluie), *without* se construit comme *with* : *with an umbrella, without an umbrella*.
6. **What Ø terrible weather!** (attention, *weather*, étant indénombrable, n'est pas précédé de l'article indéfini. Mais on pourrait aussi dire *What a terrible day!*) **There has been A sudden fall in Ø temperature, and it has been raining steadily for THE past three days. And THE weather forecast for tomorrow is just as bad.**

Corrigé de l'exercice 6.1.11

Ø **psychology** : fonctionnement indénombrable (donc singulier), interprétation générique, renvoi à la notion de psychologie en tant que telle.

Ø **man** : attention, ce nom a un fonctionnement dénombrable : *a man*, pl. *men*. On emploie cependant Ø *man* sans article quand on renvoie au générique, à la notion d'être humain, à l'homme en tant qu'espèce. Attention, cela ne marche pas avec les autres animaux! Voyez *the dog*, plus bas.

A dog : fonctionnement dénombrable, singulier, interprétation générique (n'importe quel chien, pas un chien en particulier), l'article *A* pose l'existence d'un chien représentatif de tous les chiens.

Ø **cats / Ø birds** : fonctionnement dénombrable, pluriel, interprétation générique, renvoi à la classe de tous les chiens.

Ø **fish** : fonctionnement dénombrable, pluriel irrégulier (*a fish* pl. *fish*), interprétation générique, renvoi à la classe de tous les poissons (Le pluriel *fishes* existe aussi). *Fish* peut avoir un fonctionnement indénombrable, et dans ce cas il s'agit de poisson à manger : *I hate fish, but I love meat.*

THE dog : fonctionnement dénombrable, singulier, interprétation générique, *the dog* renvoie au chien en tant qu'espèce, et non à un chien particulier.

Corrigé de l'exercice 6.1.12

Apprenez ces emplois de A dans leur contexte. Ils ne correspondent pas à l'emploi de l'article indéfini en français.

1. **In (the) summer, he goes out without a shirt on.** Attention, contrairement au français (avec une chemise, sans Ø chemise), il n'y a pas de différence de construction entre *with* et *without* (*with a shirt, without a shirt*).
2. **This petrol station is open 24 hours a day, seven days a week.** Emploi distributif de A. L'emploi de *per* est perçu comme très soigné.
3. **He started out as a businessman and became a tramp overnight.** Emploi de A après *as* et en position attribut, lorsque le rôle attribué n'est pas unique. Mais on aurait Ø s'il s'agissait d'un rôle unique : *he is Ø President of the United States.*
4. **As a specialist in DIY** (*Do It Yourself*), **I can tell you this drill is useless.** Voir ph. 3.
5. **He was driving at 140 kilometres an hour / 90 miles an hour without a seat belt/with his seat belt unfastened.** Usage distributif de A. Attention à *without* (voir ph. 1).
6. **Such a miracle only happens once in a lifetime.**
7. **Is a half-truth better than a lie?** Ici *a half -truth* est un mot composé. Normalement *half* se place avant le déterminant : *half an apple*.
8. **He used to visit his in-laws once a week, but since Uncle Paul died, he's only been there twice a year.** Usage distributif de A.

9. **He was an intelligence officer during World War II.** Emploi de A devant l'attribut du sujet, quand le rôle n'est pas unique. Voir ph. 3.
10. **He ended up without a job, a friend or a home. He ended up jobless, friendless and homeless.** Attention à *without*! Voir ph. 1.

Corrigé de l'exercice 6.1.13

THE/Ø Ancient Egyptians and THE/Ø Aztecs did it. On peut soit employer Ø pour renvoyer aux propriétés qui définissent les Egyptiens et les Aztèques en tant que tels, soit employer THE pour renvoyer aux Egyptiens et aux Aztèques en tant que groupe social spécifique, différent des autres. *The* peut aussi être mis en facteur commun des deux noms coordonnés par *and* : *the Ancient Egyptians and Aztecs did it.* **Even Ø Neanderthal man did it.** Attention, *man* dans son emploi générique se comporte comme un indénombrable, voir ex. 6.1.11. **Every society has discarded Ø used packages, from Ø broken amphoras to Ø plastic bags. THE Germans** (ici il s'agit des Allemands en tant que groupe spécifique) **are hoping to become THE first to break THE habit with Ø stringent new rules that make THE country's manufacturing, retailing and packaging sectors** (THE détermine *country* : les secteurs spécialisés dans la fabrication, la vente et l'emballage du pays en question, l'Allemagne) **responsible for recycling THE wrappings and Ø containers** (THE peut être mis en facteur commun des deux noms coordonnés par *and*) **of everything they sell, right down to THE tops of Ø used toothpaste tubes.**

6.2 Quantification

Corrigé de l'exercice 6.2.1

L'interprétation des quantifieurs SOME, ANY et NO peut être soit quantitative, quand il s'agit simplement de se prononcer sur l'existence des éléments déterminés, soit qualitative, quand on se prononce sur les propriétés associées au nom lui-même. Avec des dénombrables singuliers, l'interprétation est qualitative (QLT). Avec des indénombrables ou des dénombrables pluriels, l'interprétation est le plus souvent quantitative (QNT).

1. **NO sensible human being would ever dream of learning to fly!** QLT : Il n'y a rien qui ait les propriétés de *sensible human being*. En conséquence, la quantité est nulle.
2. **Don't give me ANY cigarettes, even if I ask you for SOME.** QNT : c'est l'existence même de cigarettes qui est en jeu.
3. **Wow, Jimmy Connors is SOME tennis player!** QLT : Jimmy Connors a les propriétés de *tennis player* au plus haut degré. C'est un sacré joueur de tennis.
4. **You can't wear just ANY old dress to go to the party!** QLT : il ne s'agit pas de nier l'existence de robe, mais de se prononcer sur les propriétés de la robe en question : pas n'importe quelle robe. *Just* est l'indice d'une interprétation qualitative.
5. **Would you like SOME toast?** QNT. Quand on propose quelque chose à quelqu'un, on utilise SOME pour indiquer que l'on garantit son existence, même si la phrase est interrogative.
6. **Don't try to deceive him. He's NO fool.** QLT : il n'a rien d'un imbécile, il ne correspond pas aux propriétés qui définissent « imbécile ».
7. **ANY language teacher will tell you a good workbook helps.** QLT : n'importe quel.
8. **For SOME reason, he refused to answer my question.** QLT : pour une raison qui m'échappe, dont je ne peux définir les propriétés plus précisément.

9. SOME **people don't like oysters.** QNT et QLT. Il existe des personnes (QNT) qui ont pour propriété particulière de ne pas aimer les huîtres (QLT).
10. **There was hardly** ANY **wine left.** QNT. Pensez à cet emploi de ANY avec l'adverbe semi-négatif *hardly* : à peine, presque pas de vin.

AIDE-MÉMOIRE 2
COMMENT EXPRIMER LA PETITE QUANTITÉ

	petite quantité	quantité insuffisante
dénombrable pluriel	A FEW *people*	FEW *people* = *not many people*
indénombrable	A LITTLE *money*	LITTLE *money* = *not much money*

Vous pouvez penser à la différence entre « un peu » et « peu » en français. Notez aussi que pour exprimer la quantité insuffisante, on utilise fréquemment *hardly any* plutôt que *little* ou *few*.

Corrigé de l'exercice 6.2.2

1. **It's a shame you're late! I'm afraid we have very LITTLE spaghetti left.** Indénombrable.
2. **A LITTLE exercise won't do you any harm!** Indénombrable.
3. **What a relief! I've still got A LITTLE change for the meter.** Indénombrable.
4. **Hurry up! We have LITTLE time before the show starts.** Indénombrable.
5. **There are still quite A FEW problems to discuss.** Dénombrable pluriel.
6. **A LITTLE loose change is better than nothing at all!** Indénombrable.
7. **Would you like A LITTLE bacon?** Indénombrable.
8. **FEW people know what a clone is.** Dénombrable pluriel.
9. **Help yourself to A FEW peanuts.** Dénombrable pluriel.
10. **There's LITTLE butter left. I'm afraid we'll have to buy some more.** Indénombrable.

Corrigé de l'exercice 6.2.3

1. **Every year fewer people vote.** N'oubliez pas que FEW et LITTLE ont des formes de comparatif et de superlatif (FEWER, THE FEWEST, et LESS, THE LEAST), qui obéissent aux mêmes contraintes.
2. **I haven't got enough potatoes, I need several more.**
3. **There's hardly any furniture left to move out.** *HARDLY ANY* est plus fréquent que *VERY LITTLE*.
4. **His hair is getting thinner, but his beard is growing.**
5. **There's less food and water, but more and more people on the planet Earth.** Voir ph. 1.
6. **Stan has got the most toy cars, and Ollie's got the least.** Voir ph. 1.
7. **Do you really want some more chicken? There's hardly any left.** Voir ph. 3.
8. **Just a tiny piece of advice from your mother – in – law is better than nothing at all, isn't it?** Ici l'utilisation de *a piece of advice* se justifie parce qu'il s'agit d'opposer un

conseil à pas de conseil du tout. Mais attention, « je lui ai demandé un conseil » se traduirait *I asked him for advice*, ou *I asked for his advice*.

9. **Very few people have realized the importance of the tragedy.**

10. **He has received a lot of fan mail.**

11. **Someone must have forgotten to wash their feet!** Attention à l'accord de reprise au pluriel avec les indéterminés en SOME, ANY, EVERY.

12. **The defence was/were unable to produce an eyewitness.** *Defence* est un collectif, c'est-à-dire qu'il peut s'accorder au singulier ou au pluriel selon que l'on met l'accent sur l'unité du groupe ou sur la pluralité des membres du groupe. Autres exemples de collectifs : *family, government, faculty, audience, committee, team*.

13. **Please don't give me as much spinach as last time!** Attention, *spinach* est indénombrable.

14. **There were about 300 riot police, and only half as many demonstrators.** *Police* s'accorde toujours au pluriel. On ne peut le dénombrer qu'avec des grands nombres (comme c'est le cas ici). Pour dire « trois policiers », on emploiera *three policemen*.

15. **When I order spaghetti in an Italian restaurant, I like it when there's a lot of it, but not too much, with plenty/tons/ of tomato sauce.**

16. **Don't be such a bad loser! You've already won over two million pounds, don't you think it's more than enough?** Apprenez à compter! *Millions of pounds*, mais *two million pounds*.

AIDE-MÉMOIRE 3
LA TOTALITÉ ET LA PARTIE

Every + DENOMBRABLE SINGULIER permet de rassembler des éléments distincts qu'on passe en revue :
    Every record was carefully checked.
All renvoie directement à la totalité sans passer d'éléments en revue :
    All the money (INDENOMBRABLE)
    All the books, all your books, all those people (DÉNOMBRABLE PLURIEL)
All + générique (DENOMBRABLE PLURIEL) :
    All cats eat mice.
The / a whole + DENOMBRABLE SINGULIER OU PLURIEL
    The whole book = le livre dans son intégralité   *whole books* = des livres entiers

Attention, pour renvoyer à la totalité d'une période de temps avec des noms comme *day, night, week, month, year,* on emploie *all* sans déterminant : *I've been sleeping all day.*

Half the / a / my book (DENOMBRABLE SINGULIER)
Half (of) the / my money (INDENOMBRABLE)
Half (of) the / my books (DENOMBRABLE PLURIEL)

    Mais attention au nom composé (quand il existe) : *a half-dozen, a half-pint*

Part of the book / money
Most of the books / money
Most + générique : *Most cats eat mice.*

189

Corrigé de l'exercice 6.2.4

1. **It rained all day yesterday and the whole house had a musty/damp smell.** Attention à *day*! Pour renvoyer à la totalité d'une période de temps avec des noms comme *day, night, week, month, year*, on peut employer ALL sans déterminant.
2. **The guests were so depressed they drank all the whisky** (ALL + déterminant + indénombrable) **and part of the champagne** (remarquez l'absence de déterminant devant *part*). **All the children watched television.** Avec ALL et les indénombrables ou les dénombrables au pluriel, si on a du générique on n'aura pas de déterminant, si on a du spécifique on aura THE.
3. **Every hour, someone would try to go out for a walk, and everyone laughed at them.**
4. **The village doctor explained his whole philosophy to us** (sa philosophie dans son intégralité, il s'agit ici d'un certain système de pensée, pas de la discipline en général). **Unfortunately, everything he says has been common knowledge for centuries.**
5. **If that's all he has to say, he didn't have to spend / needn't have spent a whole hour** (une heure dans son intégralité) **explaining it to us.**
6. **The ad says all women will fall in love with this washing powder. Will they all?** ALL *women* : générique.
7. **When they saw the ad at the LWC, all the women were annoyed, and they all swore they would never use that brand.** ALL *the women* : spécifique (celles qui ont lu la pub au LWC).
8. **"I'll never be able to carry all the luggage, there's far too much". "I'll carry your briefcase, that's all I can do for you".**
9. **"All (the) Americans know the list of all the presidents" "And do they all know when they were in office?"** On peut avoir ALL *Americans* : tous les Américains en général, ou ALL *the Americans* : tous les Américains en tant que nationalité spécifique, différente des autres.
10. **"And how often is a new president elected?" "Every four years of course".** Remarquez que pour dire tous les deux ans, on peut avoir recours à la formule *every other year*.

Corrigé de l'exercice 6.2.5

La différence MOST/MOST OF THE + pluriel repose sur le même problème que celle de Ø/THE + pluriel, à savoir l'interprétation générique ou spécifique du groupe nominal. Voir aide-mémoire 1.

1. MOST **hairdressers' apprentices are under 18.**
2. MOST **Parisian hairdressers have learnt their job at Jean-Paul's.** Attention, l'adjectif (*Parisian*) ne change rien à l'interprétation générique.
3. MOST OF THE **hairdressers I have been to refused to shave my head.** Ici en revanche la relative indique l'existence de coiffeurs spécifiques.
4. **Yesterday, I read that** MOST OF THE **teenagers living in Paris wanted to have their hair dyed.** Contrairement à l'adjectif (Voir *Parisian*, ph. 2), *living in Paris*, placé après le nom, sert à indiquer l'existence d'adolescents spécifiques.
5. **Contrary to what** MOST **people think,** MOST **dinosaurs were herbivores.**
6. **In that film,** MOST OF THE **dinosaurs were created by computer.** *In that film* indique que l'on a affaire à des dinosaures spécifiques.
7. MOST OF **today's children dream of seeing real dinosaurs.** *Today's* sert de repère temporel qui indique que l'on prend en compte l'existence d'enfants spécifiques.
8. MOST **dinosaur skeletons have been found in deserts.**

9. MOST OF THE **dinosaur skeletons that were reconstructed by Dr Brown have fallen apart by now.** Relative restrictive, voir ph. 3. Pour les différents types de relatives, voir chapitre 7.

10. MOST **triceratops, which were over nine meters long, were quite harmless.** Relative appositive, voir chapitre 7.

Corrigé de l'exercice 6.2.6

Faites attention aux expressions de quantité, évitez le calque du français. Les différents emplois de *half* sont illustrés ici. *Half*, comme *all* et *both*, se place normalement avant le déterminant : *half an apple, half this apple, half my apple.* Cependant, dans les cas où *half* fait partie d'un nom composé, le déterminant se place avant. Apprenez les emplois dans leur contexte !

1. **To make this cake you need two hundred grammes of sugar/seven ounces of sugar, twice as much flour and half as much butter.** Remarquez que l'anglais est très différent du français. Si on avait eu un dénombrable pluriel au lieu d'un indénombrable, on aurait eu *twice/half as many.*

2. **In New York, hundreds of people are homeless.** Mais attention, *three hundred people*, pas de pluriel à *hundred* s'il y a un autre quantifieur devant.

3. **He gave me three ten-pound notes to hush me up, and promised me another 50 pounds** (remarquez cette construction) **if I don't tell the police the whole truth.**

4. **We received several hundred calls the first week, but only a few dozen the second week.** *Hundred, thousand, million, dozen* ne se mettent au pluriel que s'il n'y a pas d'autre quantifieur devant : *dozens of books.* Voir ph. 2.

5. **"Two halfs, please !".** Normalement le pluriel du nom *half* est *halves*, on trouve *halfs* pour les demi-pintes (abréviation de *half-pint*) et les milieux de terrain au football ou au rugby (abréviation de *halfback*).

6. **I didn't have the time to listen to all his advice, but I still remember half of it.** *Advice*, indénombrable, est repris par *it.*

7. **He managed to escape by climbing over a wall three meters/10 feet high** OU **a ten foot high wall.** Distinguer : *The wall is 10 feet high / A 10 foot high wall.*

8. **The garden is only twenty square meters.** Attention : *20 meters square* = 20m x 20m = 400m².

9. **He only ran a quarter of a mile before he collapsed.**

10. **He isn't as heavy as he looks. He must weigh about 70 kilos/12 stone/150 pounds.** *A stone*, pl. invariant *stone*, est une mesure de poids équivalente à 6,35 kg.

11. **The doctor has forbidden me to drink more than half a litre of wine a day.** *Half* se place avant le déterminant.

12. **He spends half his wages on records.** Voir ph. 11.

13. **It will soon be a month since tens of thousands of students started demonstrating in Syldavia to protest against King Ottokar's regime.**

14. **They were sitting in a half circle.** *A half circle* est un nom composé.

15. **You'll have to take a pill every half hour.**

16. **I would like two dozen unbroken eggs.** Voir ph. 4.

17. **The chess game lasted an hour and a half.**

18. **One and a half months have passed since I saw him. A month and a half has passed since I saw him.**

19. **Half the hoods in this town have connections with the drugs business.**

20. **He buried part of his savings at the far end of the garden.** Pas de déterminant devant *part.*

AIDE-MÉMOIRE 4
PARALLÉLISME DUEL / PLURIEL

Il y a parallélisme entre les déterminants du duel et ceux du pluriel :

pluriel :	*all*	*any*	*not... any*	*no*
duel :	*both*	*either*	*not... either*	*neither*

L'emploi du duel est obligatoire quand il s'agit de deux objets.

> *Both (of) her brothers play tennis very well.* Ses deux frères jouent très bien au tennis.
> *Either house would suit them.* L'une ou l'autre des [deux] maisons leur conviendrait.
> *They don't like either house.* Ils n'aiment aucune des [deux] maisons.

ATTENTION, *either, neither* et *both* ont d'autres emplois.

Corrélation : *Either you or me will have to do it. Neither you nor me can speak Russian. It admire both her style and her intelligence.*

Connecteur de reprise : *My sister didn't like the film, and I didn't either / and neither did I.*

Corrigé de l'exercice 6.2.7

A
1. **Do you realize both her brothers are albinos !**
2. **Neither of my grandmothers wear/wears dentures.**
3. **Either one of my parents may call.**
4. **Only two of us have any teaching experience.**
5. **There were trees on either side/on both sides of the road.** Ici on peut considérer chaque côté de la route de manière indépendante, ou l'ensemble que forment les deux côtés de la route.

B
1. **« Everyone should speak several languages ». « Too bad, I don't speak any ».**
2. **« I learned German and Spanish at school, but I can speak neither** (pronom). **I forgot them both ». « Which did you like best ? » « Neither** (pronom). **I found both very boring. »**
3. **« I think I would have liked to learn either Russian or Italian »** (corrélation *either...or*). **« I couldn't learn my favorite language either »** (*either* connecteur de reprise, la négation étant portée par le verbe). **« What was it ? » « Indonesian ».**
4. **« All languages are beautiful. No language is to be despised. Then again, some languages are more useful. »**
5. **« Which is more difficult ? German or English ? » « Neither** (pronom). **English looks easier, but no one in their right mind really believes that ».**
6. **« In fact, either you like a language, or you need it** (stucture corrélée *either...or*). **One way or another/ Either way** (déterminant), **you learn fast. But if you have neither** (pronom) **of these motivations, you just don't learn at all. »**
7. **« None of my teachers ever gave me a passion for either language** (déterminant) **I had to learn. And when I think there were people learning both Latin and Greek.... »** (corrélation *both... and...*)

8. « **So you didn't learn any ancient languages either ?** » (*either* connecteur de reprise, la négation étant portée par le verbe). « **No, I was attracted by none.** » (*any, none* : on pense à plus de deux langues)

9. « **But anyway, no one can say they can't speak any language at all, and you can't, either/neither can you.** »(*either* et *neither* connecteurs de reprise) « **What do you mean ?** » « **Well, you do speak your mother tongue, don't you ?** »

6.3   Génitif

Corrigé de l'exercice 6.3.1

1. **Anthony Holden's newly published book.** C'est le génitif qui détermine le nom principal *book*. Pas de déterminant devant le nom propre.
2. **Everybody's business.**
3. **Inigo Jones' powerful and lasting influence.** Voir ph. 1 et commentaire de la ph. 6.
4. **The reputation of the architect who built those churches.** Le cas possessif est impossible à cause de la relative qui suit le nom.
5. **The Prince of Wales' bestselling book.** *The* détermine *Prince of Wales*. C'est le génitif qui détermine le nom principal *book*.
6. **Many of the Princess's family, friends and counsellors.** N'hésitez pas à noter le génitif *'s* quand il porte sur un nom se terminant par le son [s] (comme *princess*). C'est quand le nom se termine par le son [z] que l'orthographe et la prononciation sont fluctuantes : *Mr Jones's daughter*, mais *Socrates' death*. Voir aussi ph. 3 et 5.
7. **Charles and Diana's butler.** Le génitif peut porter sur un ensemble coordonné.
8. **Their private lives.** Les possessifs sont des génitifs.
9. **Diana's butler's remarks.** On peut enchaîner deux génitifs.
10. **The Queen's speech... this autumn.** *The* détermine *Queen*, le génitif détermine *speech*. **This autumn's speech by the Queen.** On peut former un génitif à partir d'un repère temporel. *This* détermine *autumn*, le génitif détermine *speech*. **The Queen's autumn speech.** En construisant un nom composé (*autumn speech*) on renvoie à un type de *speech* (que l'on pourrait opposer à *her spring speech*, par exemple). Ceci implique que la Reine fait toujours un discours en automne.

Corrigé de l'exercice 6.3.2

1. **The young man's nerves.** Son attitude portait sur les nerfs du jeune homme. Génitif déterminatif, *the* détermine *young man*.
2. **My sister's idea.** Ce n'est pas ma sœur qui a eu l'idée de revenir tard. L'idée de ma sœur : génitif déterminatif, *my* détermine *sister*.
3. **A grocer's assistant.** John avait été commis dans une épicerie à Londres. Génitif générique, on renvoie à une catégorie de vendeurs. *A* détermine *assistant*.
4. **A second's thought.** Il a répondu sans réfléchir une seconde. Génitif de mesure, *a* quantifie *second*.
5. **A leather coachman's whip.** L'homme tenait un fouet de cocher en cuir dans une main. Génitif générique, on renvoie à une catégorie de fouets. *A* détermine *whip*, *coachman's* et *leather* qualifient *whip*.
6. **The men's responses.** Les réactions des hommes : génitif déterminatif, *the* détermine *men*.

193

AIDE-MÉMOIRE 5
LE GÉNITIF

1. Génitif déterminatif : c'est le cas le plus fréquent. Le génitif constitue alors le déterminant du nom principal :

[the young student]'s paper : le devoir du jeune étudiant.
the détermine *student, young* qualifie *student,* et le génitif détermine *paper.*
Les génitifs qui construisent des repères temporels sont de ce type :
[yesterday]'s papers, [this year]'s profits.

2. Génitif générique : parfois, le génitif construit une catégorie. Il joue alors le rôle d'un adjectif plutôt que d'un déterminant, et c'est le déterminant qui se trouve en tête du groupe nominal qui est le déterminant principal :

an old woman's handbag : un vieux sac à main de femme/féminin
a détermine *handbag, old* et *woman's* qualifient *handbag. Woman's* renvoie à un type de sac.

3. Génitif de mesure : on emploie aussi le génitif pour indiquer une mesure de distance ou de durée.

two weeks' absence = une absence de deux semaines / deux semaines d'absence
three miles' walk
Dans ce cas le nom principal (*absence, walk*) n'est pas déterminé, il fonctionne comme un indénombrable. Le déterminant qui se trouve en tête du groupe nominal (*two, three*) quantifie le nom marquant la durée ou la distance.
Dans ce cas, on a aussi la possibilité d'employer des noms composés :
a two-week absence, a three-mile walk.
Remarquez que *week* et *mile* ne portent pas de marque de pluriel.

Corrigé de l'exercice 6.3.3

1. **Professor Schnock's first two short stories were published last month.** N'oubliez pas que les noms propres, même précédés de titres (*doctor, professor, inspector,* etc.) ne sont pas déterminés. Attention, en anglais les ordinaux (*first, second, next,* etc) se placent avant les cardinaux (*one, two,* etc.)

2. **I followed all your sister's advice and only brought half my luggage.** Attention, *all* et *half* (ainsi que *both*) se placent avant le déterminant principal. Voir Aide-mémoire 3.

3. **Today's news is worse than yesterday's.** Génitifs déterminatifs (repérage temporel). Et n'oubliez pas que *news* est un indénombrable, donc singulier.

4. **After five months' study /a five-month study he handed in a very comprehensive report on the problem.** Génitif de mesure ou nom composé.

5. **I didn't follow all Mrs Irma's advice and only bought one children's book.** Voir ph. 2. Le deuxième génitif est générique, *one* détermine *book, children's* indique une catégorie de livres.

6. **Would you like to have last night's spinach, or would you rather have some spaghetti ?** Génitif sur un repère temporel, voir 6.3.1, ph. 10.

7. **Old General Poupard's wife was bitten by a snake last Sunday.**
   Pas de déterminant devant un nom propre, même précédé d'un titre (voir ph. 1) et d'un adjectif.

8. **Once he has had breakfast, he is all set and ready for the day's work.** Ce n'est pas un génitif de mesure mais un génitif déterminatif : *the day* sert de repère (et ne mesure pas une durée).
9. **Pope John Paul II's first two books sold millions of copies.** Voir ph. 1.
10. **It's only five minutes' walk / a five-minute walk from here to James' flat.** Génitif de mesure ou nom composé, voir ph. 4.

Corrigé de l'exercice 6.3.4

The husband of a colleague of mine (attention, on ne peut pas faire porter le génitif sur le pronom possessif *mine*, et voir remarque plus bas) **reminded me yesterday that his wife's birthday** (c'est le génitif qui détermine *birthday*, *his* détermine *wife*) **was tomorrow. He has organised a surprise party with most of her friends. I wonder if I should wear a dress, or just trousers** (inutile ici d'avoir *a pair of*, il ne s'agit pas de compter les pantalons) **as usual.**

Remarquez la construction *a colleague of mine*, dans laquelle il y a deux rapports de possession qui sont exprimés, l'un par *of*, l'autre par *mine*. C'est une structure possible quand le nom principal est indéfini. On peut comparer :

Henry's friend : génitif déterminatif, « l'ami d'Henri », nécessairement défini par le génitif.

One of Henry's friends : un individu parmi les amis d'Henri (ce qui implique qu'Henri a un ensemble défini d'amis).

A friend of Henry's : un ami parmi tout ce qui est à Henri, le plus proche du français « un ami d'Henri ».

Corrigé de l'exercice 6.3.5

1. **The doctor insisted that he should take a month off / a month's rest / leave.** Génitif de mesure, *a* quantifie *month.*
2. **I didn't give it a second's thought.** Génitif de mesure, *a* quantifie *second.* Ne pas confondre avec le nom composé, souvent au pluriel, dans des expressions comme *on second thoughts* (réflexion faite), *to have second thoughts about something* (avoir des doutes, changer d'avis).
3. **The literary season's first prize will be awarded next week.** Génitif déterminatif, repérage temporel.
4. **The farm is twenty kilometers' drive away from here, but only twelve kilometers' walk. It's up to you : fifteen minutes' drive or half a day's walk.** Génitifs de mesure. On peut aussi avoir des noms composés : *a twenty-kilometer drive, a fifteen-minute drive, a half-day walk.*
5. **I wonder what he will look like after ten years' absence.** Génitif de mesure.
6. **Today's weather forecast is in yesterday's paper.** Génitif déterminatif, repérage temporel.
7. **He asked for a year off/ a year's leave** (génitif de mesure) **to raise his late wife's three children** (génitif déterminatif).
8. **All I need is a good night's sleep.** Génitif de mesure. *A* et *good* portent sur *night.*
9. **I've still got half my grandmother's luggage in the car, I couldn't carry it all.** Génitif déterminatif. *Half* vient avant le déterminant principal que constitue le génitif *my grandmother's.*
10. **The daughter of a friend of mine will be here in an hour's time.** On ne peut pas faire porter le génitif sur *mine. An hour's time* est un génitif de mesure, *an* quantifie *hour.*

6.4   Noms composés

**AIDE-MÉMOIRE 6
NOMS COMPOSÉS**

C'est le dernier nom qui est le nom principal, le premier apporte une précision, à la manière d'un adjectif :
A **horse race** *is a race in which horses compete* : une course de chevaux.
A **race horse** *is a horse which has been trained for racing* : un cheval de course.
Faites bien la différence entre :
a beer glass = *a sort of glass used for beer* : un verre à bière.
a glass of beer = *a glass containing beer* : un verre de bière.
Attention, quand on exprime une relation de la partie au tout ou qu'on désigne un sous-ensemble, on ne peut pas construire de nom composé :
a piece of bread (pas *~~a bread piece~~*)
a group of people (pas *~~a people group~~*)

Corrigé de l'exercice 6.4.1

1. **mouse trap** (piège à souris), **speed trap** (route sur laquelle se trouvent des policiers embusquée pour prendre les conducteurs en flagrant délit d'excès de vitesse) , **trapdoor** (une trappe).
2. **cream cheese** (fromage frais à la crème), **cheese cube** (dé de fromage), **ice cube** (glaçon).
3. **self defense** (légitime défense), **interest rate** (taux d'intérêt), **self interest** (intérêt personnel).
4. **heatstroke** (insolation), **heatwave** (canicule), **wavelength** (longueur d'onde).
5. **lip reading** (lecture sur les lèvres), **reading lamp** (lampe de chevet), **speed reading** (lecture rapide).
6. **junk food** (nourriture peu diététique, cochonneries), **junk mail** (prospectus, paperasses), **mail order** (vente par correspondance), **food poisoning** (intoxication alimentaire).
7. **bookcase** (rayon de bibliothèque), **guidebook** (guide), **guide dog** (chien guide).
8. **shopping bag**, **dressing gown** (robe de chambre), **windowshopping** (lèche-vitrines), **window dressing** (arrangement d'étalage, au sens figuré : façade).
9. **chocolate cake** (gâteau au chocolat), **chocolate fish** (poisson en chocolat), **fishcake** (croquette de poisson). Attention ! On n'a pas de nom composé quand on a une relation de la partie au tout. On dira **a piece of cake, a piece of chocolate,** mais pas *~~a chocolate piece, a cake piece~~*.
10. **top floor** (dernier étage), **front teeth** (dents de devant), **front page** (première page, une). Mais on dira *the top of the page* pour le haut de la page, pas *~~the page top~~*, car le nom qui sert de complément est défini et spécifique.

Corrigé de l'exercice 6.4.2

Les noms composés sont en **gras**, les adjectifs composés en ***gras et en italiques*** et les noms sur lesquels ils portent sont <u>soulignés</u>, les trtaductions en *italiques maigres*.

Exiting **Baker Street tube station** (*la station de métro de Baker Street*) on a **weekday afternoon** (*l'après-midi en semaine*) in **midsummer** (en plein été) comes as a shock. The atmosphere feels more like a **teenage carnival** (*une fête foraine pour adolescents*) than the London of Holmes and Watson. Hordes of **schoolchildren** (*écoliers*) wearing ***tie-dyed*** <u>T-shirts</u> (*des tee shirts noués et teints*) and ***pastel-coloured*** <u>bumbags</u> (*des sacs banane aux couleurs pastel*) swig Coke and drop litter, and the only English being spoken is by cockney **wide-boys** (*escrocs*) soliciting ample Danish girls for **bus tours** (*des excursions en car*).

The children are, of course, waiting to enter Madame Tussaud's and the **London Planetarium** (*le planetarium de Londres*). The former boasts its traditional ***half-mile-long*** <u>queue</u> (*huit cent mètres de queue*) whereas the latter seems to hold comparatively little interest. In fact there is no queue at all, and entering seems a doddle.

José the **doorman** (*le gardien*) blocks the entrance. Standing next to José is Julie, the **doorwoman** (*la gardienne*), who is being harangued by a ***Burberry-wearing*** American <u>family</u> (*une famille américaine habillée chez Burberry's*). My optimism is quickly punctured. "Sorry. No people can come in. It's closed for an hour," she informs us. Has there been a **bomb scare**? (*une alerte à la bombe*) "No," she replies, "Someone is sick. "

Corrigé de l'exercice 6.4.3

un élastique : **a ponytail holder**; un fax : **a fax machine**; une crèche : **a day nursery**; la maternelle : **nursery school**; la tension : **blood pressure**; l'omoplate : **the shoulderblade**; un douanier : **a customs officer**; une tirelire : **a money box**; une télévision : **a television set**; un cil : **an eyelash**; un styliste : **a fashion designer**; un vendeur : **a shop assistant**; l'infographie : **computer graphics**; l'annulaire : **the ring finger**; une librairie : **a bookshop**; un policier : **a police officer**.

Corrigé de l'exercice 6.4.4

une carte de visite : **a visiting card**; une poignée de main : **a handshake**; une poignée de cerises : **a handful of cherries** (Pas de nom composé quand on désigne un sous-ensemble d'éléments) ; une pause-café : **a coffee break**; un chauffeur de taxi : **a taxi driver**; le confort matériel : **creature comforts**; un film classé X : **an X-rated movie**; un syndicat d'initiative : **a tourist information center**; un accident de train : **a train crash**; le numéro de téléphone à domicile : **the home number**; un drogué : **a drug addict**; un moniteur d'auto-école : **a driving instructor**; un troupeau de moutons : **a flock of sheep** (Pas de nom composé quand on désigne un sous ensemble d'éléments) ; la maladie de la vache folle : **mad cow disease**; un garde du corps : **a bodyguard**.

Corrigé de l'exercice 6.4.5

1. **Sunday's paper** : le journal de (ce) dimanche. Le génitif détermine spécifiquement la date du journal. **A Sunday paper** : un journal du dimanche : un type de journal qui parait tous les dimanches.
2. **A children's bookshop** : une librairie pour enfants. Le génitif générique permet de construire une catégorie de librairie spécialisée dans les livres pour enfants. **My children's teacher** : le professeur de mes enfants. Le génitif est déterminatif.

3. **This butcher's old knife** : le vieux couteau de ce boucher. Le génitif est déterminatif. **A blunt butcher's knife** : un couteau de boucher mal aiguisé. Le génitif générique permet de construire une catégorie de couteaux.
4. **A night flight** : un vol de nuit. Un type de vol qui a lieu la nuit. **A whole night's flight** : un vol qui dure toute une nuit. Génitif de mesure.
5. **The master bedroom** : la chambre principale. Un type de pièce. **The master's bedroom** : la chambre du maître. Le génitif est déterminatif.

Corrigé de l'exercice 6.4.6

Winter sun-seekers (*people who seek the sun in winter*)
Wind chill factor (*chilling influence of the wind on temperatures*)
The state's citrus farmers (génitif déterminatif, *the* détermine *state* et le génitif détermine le nom composé *citrus farmers*)
Emergency measures (*measures for use in an emergency*)
Chief executive (*a high ranking executive*)
Orange trees (*trees that yield oranges*)
Orange-juice prices (*the price of juice made from oranges*)
Upstate New York (*the northern part of the State of New York*)
Waterfall (*water from a river that falls straight down over rocks*)
Petrol pump attendants (*people who serve customers at pumps where petrol is sold*)
Power pylons (*pylons holding power lines*)
Yesterday morning's –10F, **Friday's –60F** (génitifs déterminatifs, repérage temporel)

Corrigé du test de sortie

1. Those of you who haven't listened to all my advice will regret it in a few years' time.
2. Do you have something for dry hair ? Shampoo, conditioner, anything ?
3. I used to know a woman who painted two dozen paintings a week.
4. – I went for a ten hour drive/ten hours' drive in that car over there.
5. – And what a car it is, too !/ And it's some car !
6. Prince Albert's trousers look a bit loose on you.
7. There's so little butter left that it's no use trying to spread it on this toast.
8. I spent all night wondering whether either of my grandfathers was deaf.
9. What are Doctor Martin's political opinions / politics ?
10. Finals are always the most difficult exams.
11. Half his furniture sold during the first half-hour.

CORRIGES DU CHAPITRE 7.
PROPOSITIONS RELATIVES

Corrigé du test d'entrée

1. The book you're looking for isn't at the library.
2. The ideas those people oppose are not new.
3. Never accept any money whose origin you don't know. / (the origin of which...)
4. She is always fighting with her mother, who(m) she loves.
5. The day she visited me, I had the flu.
6. Nobody answered my last letter, which did not really surprise me.
7. Everybody wonders who painted those pictures they are so proud of. / (of which they are so proud)
8. She's gone, that's all I know.

Corrigé de l'exercice 7.1

Dans ce corrigé, les propositions relatives sont placées entre crochets, pour les rendre bien visibles. Quand un pronom relatif est théoriquement possible mais peu vraisemblable, il est placé entre parenthèses.

1. **Tim fell in love with a girl [who was the daughter of the village grocer].** Ici, c'est simple : le groupe nominal commun aux deux propositions devient pronom relatif dans la deuxième proposition.
2. **Tim fell in love with a girl [Ø / that he met at the newsagent's].** Le relatif zéro est le plus vraisemblable en langue courante. *A girl who he met* serait d'un style nettement soutenu; *a girl whom he met* est exclu en anglais actuel. N'oubliez pas que l'exercice demande que ce soit toujours la deuxième proposition qui soit la relative. Sinon, on aurait pu fabriquer : *Tim met that girl [he fell in love with] at the newsagent's.* En respectant l'ordre, mais en utilisant l'autre groupe nominal commun (*Tim*), on aurait pu fabriquer : *Tim, [who met that girl at the newsagent's,] fell in love with her.*
3. **Some/The magazines [that / (which) were on sale at the newsagent's] were too expensive.** *Which* est d'un style plus soutenu (ici, trop). Comme le relatif est le sujet, on ne peut pas employer le relatif zéro.
4. **The magazine [Ø / that / (which) Tim wanted to buy] was too expensive.** Le relatif zéro est le plus vraisemblable.
5. **Some/The magazines [Ø / that / (which) Tim was looking for] were too expensive.** Le relatif zéro est le plus vraisemblable. Laissez bien la préposition *for* à sa place après

le verbe. La phrase *Some magazines [for which Tim was looking] were too expensive* est invraisemblable en anglais courant. La faute à éviter : ~~for that~~.

6. **The girl [Ø / that / (who) Tim borrowed some money from] was chatting with the newsagent.** Voir phrase précédente. *From whom* est invraisemblable en anglais courant.

7. **The girl [Ø / that / (who) Tim was a bit afraid of] turned out to be very nice.** Voir phrase précédente.

8. **Tim has met a girl [whose father is the village grocer].** Le groupe nominal en commun (*girl*) est complément du nom *father* (sous la forme d'un génitif) dans la deuxième proposition, on emploie alors le relatif *whose*. C'est simple : *whose* est le génitif de *who*, comme *girl's* est le génitif de *girl*. Bien sûr, pas ~~of whom~~, totalement impossible.

9. **The girl [Ø / that / (who) Tim fell in love with] was the daughter of the village grocer.** Voir ph. 6 et 7.

10. **Some books [whose covers were slighty soiled] were real bargains.** Le groupe nominal en commun (*books*) est complément du nom *covers* dans la deuxième proposition, ici sous la forme *of the books*, on donc *whose*. Comme *books* représente un objet inanimé, on pourrait aussi avoir, dans un style plus soutenu, *Some books [the covers of which were slighty soiled] were real bargains*, mais ce n'est pas du tout une obligation.

Corrigé de l'exercice 7.2

Dans ce corrigé, quand un pronom relatif est théoriquement possible mais peu vraisemblable, il est placé entre parenthèses.

1. **The people Ø / that / (who) Larry doesn't like are more numerous than the people he likes.** Rien n'empêche d'employer *that* pour des personnes, mais certaines personnes ont tendance à l'éviter quand il s'agit de quelqu'un de précis.

2. **Anyway, the people Ø / that /(who) Larry appeals to are not necessarily the same as those Ø / that /(who) Larry cares for.** Laissez les prépositions à leur place après le verbe. Les formes préposition + *who(m)* ont un air un peu trop solennel : *the people to whom Larry appeals are not necessarily the same as those for whom Larry cares.*

3. **And yet, some people Ø / that /(who) Larry never listens to are quite respectable.** Dans ces trois phrases, vous avez noté le peu de vraisemblance du relatif *who* : le Ø est plus courant.

4. **The people whose talent Larry recognizes are always very superior.** Le relatif *whose* entraîne avec lui en tête de la relative le nom *talent* (dont il est le déterminant).

5. **Larry only reads books Ø / that / (which) the best critics recommend.** En style écrit soutenu seulement, *which*.

6. **Larry isn't interested in the books Ø / that everybody talks about.** Il est inconcevable de dire *~~the books about which everybody talks~~*.

7. **Larry has a preference for books that / (which) are expensive and hard to understand.**

8. **Of course, Larry only watches programs that / (which) are shown at 2 a.m.** Comme le relatif est sujet, le zéro n'est pas possible.

9. **Few people watch the programs Ø / that Larry refers to/ alludes to in his conversation.** En style écrit soutenu seulement, *the programs to which Larry alludes.*

10. **All (the) works whose value / the value of which is too widely recognized are suspect in Larry's eyes.**

AIDE-MÉMOIRE I
LES PRONOMS RELATIFS

En anglais courant, préférez les relatifs zéro ou *that*, mais employez de préférence *who* pour les humains en position sujet (surtout s'ils sont individualisés) :

inanimé
The car that is in the street is mine. (sujet)
The car Ø / that you saw yesterday is my brother's. (objet)
humain
The girl who lives next door is American. (sujet)
The girl Ø / that you met yesterday is American. (objet)

Si le verbe exige une préposition laissez la à sa place habituelle, après le verbe :

The girl you talked to yesterday is Irish.
The gold they were looking for was a dream.

Corrigé de l'exercice 7.3

1. Deux solutions. (1) **Les ordinateurs qui sont d'un maniement facile ne coûtent plus très cher.** = "Seulement ceux des ordinateurs qui sont d'un maniement facile ne coûtent plus très cher", relative retrictive sans virgules. (2) **Les ordinateurs, qui sont d'un maniement facile, ne coûtent plus très cher.** = "Tous les ordinateurs sont maintenant d'un maniement facile, et ils ne coûtent plus très cher", relative appositive avec virgules. (1) **Computers that are easy to run are no longer very expensive.** (2) **Computers , which are easy to run, are no longer very expensive.** On pourrait (à la rigueur) employer *which* en (1); mais on ne peut pas employer *that* en (2).

2. **Les gens qui connaissent bien l'informatique peuvent gagner beaucoup de temps.** ="Seulement les gens qui connaissent bien l'informatique...", relative restrictive sans virgules. **People who know a lot about computers can save a lot of time.**

3. **L'informatique, qui a changé la vie de tout le monde, est-elle un bienfait ?** On ne distingue pas plusieurs sortes d'informatiques, donc relative appositive avec virgules. **Are computers, which have brought changes to everybody's lives, a good thing ?** *That* est impossible.

4. **John von Neumann, qui a inventé l'ordinateur programmé en 1948, n'imaginait pas ce que son invention deviendrait.** Il n'y a qu'un seul von Neumann, donc relative appositive avec virgules. C'est toujours ainsi avec les noms propres, sauf si on les retransforme en noms communs, par exemple *Le von Neumann que j'ai connu était le fils de l'inventeur de l'ordinateur.* **John von Neumann, who invented the programmed computer in 1948, did not imagine what would become of his invention.**

5. **Le premier ordinateur, qui occupait toute une pièce, n'était pas particulièrement rapide.** Il n'y a qu'un seul premier ordinateur. **The first computer, which filled a whole room, was not particularly fast.**

6. **Ma grand-tante Zelda, dont j'adore la cuisine à l'ancienne, adore se servir de son ordinateur portable.** Pourrait-il y avoir plusieurs grands-tantes Zelda ? Pas pour la personne qui parle, en tout cas. **My great-aunt Zelda, whose old-style / traditional cooking I love, loves to use her portable computer.**

7. Deux solutions. (1) **Les secrétaires que les ordinateurs ont chassées de leur travail n'aiment pas beaucoup le traitement de texte.** = "Celles des secrétaires que...",

relative retrictive sans virgules. (2) **Les secrétaires, que les ordinateurs ont chassées de leur travail, n'aiment pas beaucoup le traitement de texte**. = "Toutes les secrétaires ont souffert de l'innovation", relative appositive avec virgules.
(1) **The / Those secretaries Ø / that computers put out of work don't care much for word-processing.** (2) **Secretaries, who(m) computers put out of work, don't much care for word-processing.** En (1) la présence de la relative restrictive impose *the,* ou aussi *those.* Ce n'est pas toujours le cas : *Secretaries who / that don't like typing are not uncommon.* Tout dépend du contenu de la relative. En (2), il s'agit toujours de l'ensemble de la catégorie des secrétaires, c'est donc un générique, avec déterminant zéro, voir chapitre 6.

8. **L'ordinateur, dont nous ne pouvons plus nous passer, prendra de plus en plus de place dans nos vies.** Générique, la catégorie "ordinateur" dans son ensemble (il n'y a pas des ordinateurs dont on pourrait se passer), donc appositive. **The computer, which we can't do without any longer / without which we..., will take up more and more room in our lives.**

9. **La plupart des gens que je connais ne savent presque plus écrire à la main.** Nette restriction, ceux que je connais, et on applique sur cette catégorie le quantifieur *most.* **Most of the people Ø / (that) I know can hardly use a pen any longer.**

10. **Dans quelques années, nous aurons des machines qui pourront se glisser dans la poche.** Forte restriction (pas n'importe quelles machines). **In a few years' time, we'll have machines Ø / (that) we can slip into our pockets.**

Corrigé de l'exercice 7.4

1. **pronom relatif** : *whom,* **antécédent** : *son,* **type de relative** : **appositive.** Elle n'a donc qu'un fils. Si on avait une restrictive, cela signifierait qu'elle a plusieurs fils, et qu'elle n'est fière que de l'un d'entre eux.

2. **pronom relatif** : *which,* **antécédent** : *old movie magazines,* **type de relative** : **appositive.** La relative vient "après coup", elle ne sert pas à définir les magazines.

3. **pronom relatif** : *which,* **antécédent** : *movie,* **type de relative** : **restrictive.** On pourrait avoir zéro ou *that,* dans un style moins soutenu.

4. **pronom relatif** : *which,* **antécédent** : *He told me the truth,* **type de relative** : **appositive.** Le relatif *which* reprend l'ensemble d'une proposition, d'où en français : *ce qui m'a beaucoup surpris.* Le relatif *that* est impossible, mais on pourrait dire : *He told me the truth, (and) that surprised me a lot,* où *that* serait un démonstratif (= et ça m'a surpris).

5. **pronom relatif** : *whose,* **antécédent** : *Mr Smith,* **type de relative** : **appositive.** Forcément puisque *Mr Smith* est un nom propre.

6. **pronom relatif** : **zéro,** **antécédent** : *something,* **type de relative** : **restrictive.** On pourrait avoir *that. Something,* de sens très vague, a besoin d'être précisé par la relative.

7. **pronom relatif** : *what,* **antécédent** : **néant,** il est "inclus" dans *what,* **type de relative** : ne s'applique pas ici. *What* est un relatif particulier qui équivaut à "the thing which", et qui inclut ainsi son antécédent.

8. **pronom relatif** : **zéro,** **antécédent** : *all,* **type de relative** : **restrictive.** On pourrait avoir *all that I want.* Remarquez qu'en français (*tout ce que je veux*) l'antécédent est *ce.* Mais ce n'est pas parce qu'il y a *ce que* qu'on doit traduire par *what* : puisqu'en anglais il y a déjà l'antécédent *all, what* (qui inclut son antécédent) est impossible.

9. **pronom relatif** : *whom,* **antécédent** : *brothers,* **type de relative** : **appositive.** Ceci est la forme employée quand on se réfère à un groupe, soit pour indiquer qu'on prend tout le groupe (*both of whom, all of whom*) soit qu'on en prend une partie (*one of whom, several of whom*). En langue parlée, on préfère employer le pronom personnel : *both of them, all of them, one of them, several of them.*

10. **pronom relatif** : *where,* antécédent : *University College,* type de relative : **appositive**. Nom propre. *Where* est le relatif spécialisé pour le lieu.
11. **pronom relatif** : *when,* antécédent : *the year,* type de relative : **restrictive**. Encore un relatif spécialisé, *when,* pour le temps cette fois. Le français est moins précis : *où* pour le lieu et le temps. On pourrait avoir le relatif zéro : *the year Elvis Presley died.*
12. **pronom relatif** : zéro, antécédent : *the moment,* type de relative : **restrictive**. On n'aurait sans doute pas *the moment when...* en anglais actuel, mais *the moment that...* serait possible.

Corrigé de l'exercice 7.5

1. **the victory in which Francis was to play a part.** Mais aussi : *the victory Ø / that Francis was to play a part in.*
2. **Mum's trip to Russia, where I accompanied her.** Si l'antécédent est *Russia*; mais si l'antécédent est *trip,* on aura : *Mum's trip to Russia, on which I accompanied her,* parce qu'on dit *go on a trip.*
3. **the growth and progress of Little Charlie, for whom more money was needed.**
4. **The day when the boat was to be launched. / The day Ø the boat was to be launched.**
5. **the previous interviews, at which the victim's mother was present.**
6. **men of importance, to whom their governments turned for expert advice.** Mais aussi : **men of importance, who their governments turned to for expert advice.**
7. **Tina, in whose handbag I had left my wallet.** Tout le groupe nominal qui inclut *whose* vient en tête.
8. **I was back in the country for which I had been so bitterly homesick. / the country I had been so bitterly homesick for.**
9. **the kind of girl to whom it is necessary to apologize.** Mais aussi : **the kind of girl Ø / that /who it is necessary to apologize to.**

AIDE-MÉMOIRE 2
RELATIVES RESTRICTIVES ET RELATIVES APPOSITIVES

Les relatives anglaises ne sont pas systématiquement encadrées de virgules. Placer des virgules modifie le sens.

Relative restrictive
> *The musicians who had played all night took a break.* Les musiciens qui avaient joué toute la nuit ont pris un temps de repos. (seulement ceux qui avaient joué toute la nuit)

Relative appositive
> *The musicians, who had played all night, took a break.* Les musiciens, qui avaient joué toute la nuit, ont pris un temps de repos. (tous les musiciens)

Pour les relatives encadrées de virgules (appositives), on n'emploie pas *that* ni le relatif ø, on place une éventuelle préposition devant le relatif. Elles appartiennent à un style plutôt écrit.

> *On that track, the Red Vampires try to play like the Rolling Stones, for whom they obviously feel great admiration.*

Corrigé de l'exercice 7.6

Les parenthèses indiquent les formes peu vraisemblables en anglais courant, elles peuvent même être doubles.

1. **You'd never imagine the funny / queer people Ø / that / (who) you may come across in a station.** Laissez *across* après *come*, mais avant le complément de lieu.
2. **Things Ø / that / ((which)) you don't expect happen all the time.** Ici, c'est le contraire de la ph.1 : pas de préposition en anglais.
3. **If somebody offers to carry your suitcase, ask yourself if it is someone Ø / that / (who) you can trust.** Comme la ph.2.
4. **Don't hesitate to face the things Ø / that you are afraid of.** Très soutenu : *the things of which you are afraid.*
5. **To be or not to be. That's a question that 's never been answered / That is a question which has never been answered.** Selon que vous reproduisez de l'oral, ou que vous voulez faire digne.
6. **Nobody ever remembers the name of the king Ø / that / (who) Queen Victoria succeeded.** *Succeed sb* (= succéder à qqn), la construction est différente du français.
7. **There are many kings whose names nobody remembers.** Bien garder *name* juste après son déterminant *whose*, comme dans *their names.*
8. **I am sure it is a king whose name begins with a G.** En français, oui (Guillaume IV), mais pas en anglais (William IV).
9. **The ungratefulness Ø / that monarchs complain of / of which monarchs complain is a form of democracy.**
10. **The number of people Ø / that / (who(m)) Victoria survived shows that being a queen is a profession / calling that allows people to live to a ripe old age.**

Corrigé de l'exercice 7.7

1. **Tell me what you hate most.** Ici, le relatif est sans antécédent (parce qu'il inclut son propre antécédent), *what.*
2. **People, those who tread on your feet in the metro/underground.** Dans ce cas, toujours *those*, jamais *these*.
3. **Cars, those that won't start in the morning.** Même remarque, et en plus, jamais *which*.
4. **In this magazine, you'll find everything you love : news, games, pictures.** *Everything* est l'antécédent du relatif zéro. *What* est bien sûr impossible : puisqu'il inclut son antécédent, ça nous ferait deux antécédents.
5. **Sometimes, it starts raining in the morning, which I find deeply depressing.** Reprise de l'ensemble d'une proposition.
6. **What depresses me deeply is the alarm going off on a Sunday by mistake.** Pas de reprise ici, *what = something that.*
7. **Look at these three pictures, and show me the one you like best.** Au singulier, pas de démonstratif. Au pluriel, on pourrait avoir : *the ones you like best / those you like best.*
8. **Keep the most interesting photo, the one you wouldn't like to part with.** Voir la phrase précédente; attention à la place de la préposition.
9. **Isabel Sailor, the film star, was married six times, and finally she married her first husband again, the one she liked best.** Voir ph. 7.
10. **This magazine tells us that Isabel Sailor likes change, which everybody suspected.** Voir ph. 5.
11. **"Don't hesitate to throw away everything you don't use any more."** Voir ph. 4.
12. **"It's all over," that's all she said, and she left without looking back.** Quand *tout ce que* a un sens restrictif (= ça et pas plus), on emploie *all* (et non *everything*), mais toujours pas *what*, pour les mêmes raisons que précédemment, voir ph. 4 et 10.

Corrigé de l'exercice 7.8

En français, on a *dont* chaque fois que le relatif remplace *de + Nom*, c'est complètement automatique.

1. **Are pupils whose names start with a Z really lucky ?** Facile : *dont* est complément du nom *le nom (le nom des élèves),* même configuration en anglais, mais sous forme d'un génitif. Remarquez le pluriel de *names* : plusieurs élèves, plusieurs noms.

2. **That's a problem nobody has dealt with seriously / that's never been dealt with seriously.** *Dont* est complément du verbe *traiter de qqch*; en anglais le relatif est complément de *deal with.*

3. **In class, the first pupils whose names the teacher calls had better know their lesson.** *Dont* est complément du nom *le nom,* mais ils sont séparés; en anglais, il faut que *whose* et *names* restent ensemble, en début de proposition.

4. **The last pupils to be called have the time to learn the things they don't remember.** *Dont* est complément de *se souvenir de*; en anglais *remember* a un complément direct.

5. **Some teachers change the letter they use as their starting point.** Même problème qu'en 4 : *se servir de qqch.* Ø. *use sth.*

6. **What all pupils are afraid of is being examined first.** Facile : *avoir peur de qqch.* ↔ *be afraid of sth.*

7. **Maybe teachers avoid / leave out names whose pronunciation they don't know / they don't know how to pronounce.** Complément de nom, voir ph. 1 et 3.

8. **Should teachers pronounce foreign names according to the language of the country the pupils come from ?** *Venir de qqpart* ↔ *come from somewhere.*

9. **Can a teacher know how to pronounce a name whose origin he doesn't even know ?** Complément de nom, voir ph. 1 et 3.

10. **And then, there are those pupils whose names teachers never remember.** Complément de nom, voir ph. 1 et 3.

AIDE-MÉMOIRE 3
WHOSE ET DONT

Comme *whose* est un génitif, il n'est pas suivi de *the.* Il n'est jamais séparé du nom qu'il détermine (à la différence de *dont* en français) :

> *Maggie has never heard of the singer **whose song** they keep playing on the radio.* Maggie n'a jamais entendu parler du chanteur **dont** on n'arrête pas de passer **la chanson** à la radio.

Le français *dont* représente *de + Nom,* qui peut être complément de nom (comme dans l'exemple précédent, où il donne donc *whose*), mais aussi complément de verbe ou d'adjectif. Dans ce cas, tout dépend du verbe ou adjectif employé en anglais :

> Elle a un drôle de nom dont je ne me souviens jamais (se souvenir de). *She has a funny name ∅ / that I never remember.* (complément direct de *remember*)
> Le premier problème dont je veux traiter... (traiter de) *The first point I want to deal with...* (complément de *deal with*)

Corrigé de l'exercice 7.9

1. **Does the way a word is spelt change its meaning ?** En français *dont*, parce que *un mot s'écrit d'une certaine façon (de + Nom → dont).* En anglais, on pourrait théoriquement avoir *the way in which a word is spelt,* mais avec *the way*, le relatif normal est zéro.

2. **The day everybody agrees to write *thru* instead of *through*, everything will be simpler.** On pourrait employer *the day when*, mais ceci est plus courant. N'oubliez pas le présent dans la circonstancielle de temps.

3. **The reason why a spelling changes is often unknown.** Un relatif très spécialisé, *why* avec *reason*.

4. **The year Shakespeare died, nobody knew how to spell his name.** Voir ph.2.

5. **The country where the spelling is (the) simplest is probably Italy.** Mais ici, il s'agit bien du lieu, donc *where.*

6. **The way Webster reformed American spelling must be admired.** Voir ph.1.

7. **At a time when nobody is overly worried by spelling, some scholars show its usefulness.** Si *time* = *époque,* on emploie *when.* Si *time* = *fois, occasion,* relatif zéro : *the first time he met her.*

8. **In a sometimes complex way, spelling reflects the way a word is pronounced.** Voir ph.1.

Corrigé de l'exercice 7.10

1. **The dress you gave me is in the clothes basket / with the washing. As for my only skirt, which I hardly ever wear, I can't manage to find it. I think I'll wear the trousers I was wearing yesterday.** Bien distinguer (a) les restrictives (la première et la troisième) : surtout pas de *which* dans ce type de style, et (b) l'appositive (la deuxième) : *which* est obligatoire.

2. **B.F., whose passion for science was well known even in Europe, was greeted in Paris by dozens of scientists, among whom Buffon / B. being one of them / including B.** Le premier *dont* est facile. Le deuxième *dont* signifie "entre autres, parmi". *Among whom* est de style écrit.

3. **The 90 per cent of students that / who were surveyed, 60 per cent of whom had never gone abroad, would wish for more frequent exchanges with the other European universities.** Dans *60 % des étudiants, de* indique la relation entre la quantité et ce sur quoi elle porte, mais *de* + Nom donne automatiquement *dont.* En anglais, la relation est la même et ne peut pas s'exprimer autrement que par *of* (pas de ~~whose~~).

4. **The period I work on is unfortunately rich in various calamities, of which the main ones are epidemics, wars and famines / the main ones being... / mainly...** Même problème qu'en ph. 3. Pour faire plus simple, on emploie diverses formules.

5. **The hotel we stayed at every summer burnt down last month. / the hotel where we stayed.** Surtout pas ~~the hotel where we stayed at~~.

6. **It's the kind of person whose attitude can't be put up with.** Citons encore Churchill : "This is the sort of English up with which I won't put," disait-il pour se moquer du rapport d'un fonctionnaire à l'anglais trop guindé.

7. **The car I saw drive away was white. There were four people inside, two of whom were wearing hoods / two of them.... I recognized the driver : he's the man whose identikit is in every newspaper.** Voir ph. 3.

8. **The television (set), which, according to you, wouldn't work, had simply been / come unplugged. What worries / bothers me is who unplugged it.** La première relative est appositive (il n'y a qu'un téléviseur), donc *which.* Ceci pourrait être un extrait de lettre. A l'oral on aurait (par exemple) : *You said the television wouldn't work, but it had...*

9. **After a lot of talking, we finally agreed on the distribution of this product, which was no small matter, believe me.** *Ce qui / which* reprend la proposition précédente.
10. **Doctor Johnson, whose wife I met the day before yesterday, has given me a strange appointment. All I know is that he wants to meet me.** Ne pas séparer *whose* et *wife*. Ici, *tout* a un sens restrictif (= "et pas plus"), donc *all* et pas *everything*.
11. **Don Juan said to the farmer's daughter, "The day I met you is the day I had been waiting for all my life."** Quand le relatif qui représente *day* est complément de temps (premier cas : *I met you on a certain day*), on a zéro (parfois *when*), sinon (deuxième cas : *I have been waiting for that day*), on retombe dans le schéma normal des compléments de verbes.
12. **Here is the reason why he came / The reason why he came is this : he wanted to see the woman he had talked with for hours on/over the telephone, just for once.** *Why* est le relatif spécialisé pour *reason*. Par ailleurs, on dit *the reason **for** his visit*.

AIDE-MÉMOIRE 4
RELATIFS SPÉCIALISÉS

Après un antécédent qui représente un moment, employer *when*, ou zéro :
> *The year (when) he finally had a big hit, he had a car accident.* L'année où il a enfin eu un grand succès, il a eu un accident de voiture.

Après *the way* (= la manière), relatif zéro :
> *I don't like the way he sings.* Je n'aime pas la façon dont il chante/sa façon de chanter.

Après *the reason*, *why* :
> *That's the reason why he stopped singing.* C'est la raison pour laquelle il a arrêté de chanter.

Corrigé du test de sortie

1. Everything he said was in yesterday's paper.
2. He didn't speak much, which is not usual with him / not like him.
3. Of course, at the time he arrived, all the shops were closed.
4. Carefully choose the people you obey.
5. The people I've worked a lot with always remain my friends.
6. Yet another film whose ending I didn't understand !
7. How can I tell you the name of a person I don't even remember.
8. That man, with whom I worked a lot / who I worked a lot with, was a true genius.

LOUIS-JEAN
avenue d'Embrun, 05003 GAP cedex
Tél. : 04.92.53.17.00
Dépôt légal : 741 — Septembre 1998
Imprimé en France